Johann Heinrich Albonico

Nützliche Bemerkungen für Garten- und Blumenfreunde

Erstes Heft

Johann Heinrich Albonico

Nützliche Bemerkungen für Garten- und Blumenfreunde
Erstes Heft

ISBN/EAN: 9783744657242

Printed in Europe, USA, Canada, Australia, Japan

Cover: Foto ©Lupo / pixelio.de

More available books at **www.hansebooks.com**

Nützliche
Bemerkungen
für
Garten- und Blumenfreunde.

Gesammlet,
von
Johann Heinrich Albonico,
Rechts-Consulent und Raths-Syndicus
zu Döbeln.

Erster Heft.

Vorbericht.

Die Absicht dieser Blätter habe ich bereits dem Publicum in einer besondern, jedoch kurzen Ankündigung bekannt gemacht, und jetzt überreiche ich demselben, die mehrere Jahre hindurch gesammleten, zur Gärtnerey gehörigen Bemerkungen, wofür ich keine andere Belohnung, als die Zufriedenheit meiner Leser erwarte. Man wird mich keines Raubes beschuldigen, wenn ich aus größern Werken, oder aus einzelnen Zeitblättern zuweilen etwas Nützliches ausziehe und in meine Jahrgänge aufnehme; denn ich werde in solchen Fällen allezeit anzeigen, woher ich es habe, und muß ich daher diejenigen, so mich mit Beyträgen beehren, ebenfalls ersuchen, wenn sie aus andern Schriften etwas entnehmen, solches jedesmal genau zu bemerken. Von diesen Männern, deren schon mehrere mich zu unterstützen versprochen, soll es künftighin abhängen, ob ich diese Jahrgänge fortsetzen, oder wie stark selbige werden können. Alles was in die Gärtnerey, oder in die Gartenkunst einschlägt, findet in diesen Blättern einen

Platz, und jedermann soll es freystehen, seine gemachten nützlichen Bemerkungen durch diese Blätter bekannt zu machen; nur wird auch jeder mir seinen Namen nennen, indem von anonymen Verfaſſern nichts ins Publicum ſende.

Das Verzeichniß meiner Nelken-Sammlung habe ich hinten angefügt, und bin erbötig, eines jeden Verzeichniß, wenn es der Platz erlaubt, mit aufzunehmen; es muß mir nur eine deutliche und reinlich geſchriebene Copie davon zugeſendet werden. Daß in meinem Catalog den Blumen keine Preiſe beygeſetzt ſind, iſt die Urſache, weil ich den eigentlichen Blumen-Handel vorjetzo eingeſtellt habe, was aber die wenigen ganz neuen Samen-Producte betrifft, ſo ich ganz beſonders angeführt, und zur Zeit noch in keines Menſchen Hand weiter ſind, dieſe will ich, ſo viel es die Vermehrung erlaubt, dieſes Jahr um beygeſetzte Preiſe verlaſſen, dahingegen hoffe ich, daß in dieſem erſten Jahre ſolche von mir gegen Tauſch zu verlangen Niemand ſo unbillig ſeyn wird; indem ohnehin der Preis ſehr geringe iſt, und ſchon die geringe Anzahl derſelben, welche aus mehreren Hunderten ausgehoben, hinlänglicher Beweis iſt, daß keine mittelmäßige der Aufnahme in die Flor gewürdiget worden.

I.

Einige Regeln über das Beschneiden der Fruchtbäume.

(Als ein nützlicher Beytrag zur Gärtnerey aus dem 27. Stück der diesjährigen Leipziger Intelligenz-Blätter entnommen.)

Man hat bey dem Beschneiden der Fruchtbäume eine doppelte Absicht, entweder man sucht bloß dem Baume eine schöne Gestalt zu geben, oder die Fruchtbarkeit desselben zu befördern. Im ersten Falle muß man oft zu seinem eigenen größten Schaden, die besten Zweige wegschneiden, und die Hand arbeitet dann nur für das Auge. Im zweyten Falle aber arbeitet man um des Nutzens willen, indem man durch das Beschneiden die Fruchtbarkeit nach allen Zweigen hinzulenken sucht, so daß keiner untragbar bleibe, und dann bedarf man einiger besondern Regeln, wenn man seinen Zweck nicht verfehlen will.

Wenn man junge Bäume sieht, die niemals oder wenig beschnitten worden sind, so bemerkt man an denselben oft ellenlange Zweige, die nur an der Spitze einige wenige Knospen und Blätter haben, übrigens aber ganz kahl da stehen: solche Zweige können unmöglich nutzen; sie sind dem Baume nur eine Last, indem sie den übrigen tragbaren Zweigen vielen Saft wegnehmen. Um nun zu verhüten, daß nicht solche unnütze Zweige an den Bäumen entstehen, sondern lieber die Fruchtbarkeit nach allen Zweigen hinzulenken, muß man folgende Regeln beobachten:

1) Die Bäume werden gemeiniglich im Februar und März beschnitten. Hierbey ist aber noch die Ausnahme zu machen, daß man nämlich bey solchen Bäumen, die stark treiben, den Schnitt etwas später vornehme, als bey solchen, die nicht stark treiben, und zwar alsdann erst dieselben zu beschneiden anfange, wenn ihre Knospen stark angeschwollen, und dem Austriebe nahe sind.

2) Was im vorigen Sommer gewachsen ist, das heißt ein Schößling, oder jähriger Zweig, was den Sommer vorher gewachsen ist, ein zweyjähriger, u. s. w. Man zählet die Augen eines Schößlings also, daß das Auge, welches dem zweyjährigen Zweige am nächsten ist, das erste, das folgende das zweyte, und so das, welches an der Spitze des Schößlings sitzt, das letzte, genannt wird.

3) Man hat Holzzweige und Fruchtzweige wohl zu unterscheiden. Ein Holzzweig kann nicht anders, als durch den Schnitt, wodurch man ihn zwingt, neue Fruchtzweige hervor zu treiben, tragbar gemacht werden. Ein Fruchtzweig aber, wird durch Unterlassung oder Vernachlässigung sowol, als auch durch Unvorsichtigkeit des Schnitts zum Holzzweige, indem, wenn man den Schößling, aus dem letztern Auge hervorwachsen läßt, die übrigen Fruchtaugen ersterben. Holzzweige sind demnach,

a) alle Schößlinge, die aus einem zwey- oder mehrjährigen Zweige unmittelbar hervorwachsen.

b) Wenn ein Schößling beschnitten worden ist, so treibt er gewöhnlich im folgenden Jahre drey bis vier Zweige aus den letztern Augen: unter diesen ist der, aus dem letztern Auge, gewöhnlich der stärkste, und ist ein Holzzweig, die übrigen aber sind Fruchtzweige.

4) Weil man einen Holzzweig nicht anders nutzen kann, als daß man ihn zwingt, Fruchtzweige hervor zu treiben, so folgen daraus die zwey Regeln: daß man

a) alle Holzzweige kurz abschneiden muß. — Man läßt ihm nur 2, 3, höchstens 4 Augen, und zwingt ihn dadurch, daß er nur einen Holzzweig hervortreibt.

b) An einem Fruchtzweige müssen die Augen reifen, daß sie Blüthen und Früchte tragen; dies kann aber nicht geschehen, wenn die Augen Zweige treiben. Man muß also einen Fruchtzweig lange beschneiden, so daß man ihm, je nachdem der Baum gesund ist, und stark treibt, 6, 8, wohl auch 10 Augen läßt:

dann treibt das letzte Auge einen Holzzweig das nächste darunter einen Fruchtzweig, und die übrigen Augen setzen sich zum Fruchttragen.

Durch Beobachtung dieser beyden Regeln, erhält man den Vortheil, daß an einem Baume keine leere Zweige kommen, und daß jährlich Zweige da sind, die sich zum Tragen reifen, nnd andere, wirklich tragen; mithin keine unnütze Zweige ernährt werden dürfen.

5) Ob man sich nun gleich an vorige beyde Haupt-Regeln zu halten hat, so muß man doch auch auf die Beschaffenheit des Baums selbst sehen, und diese ist entweder zufällig, oder natürlich. Das Zufällige besteht darinnen, ob ein Baum stark oder schwach treibt. Je stärker er treibt, je mehr Augen muß man ihm lassen, damit er etwas zu ernähren hat, sonst treibt er zu stark, und die Augen, die sich zum Tragen bilden sollen, verwandeln sich in Zweige; im entgegengesetzten Falle, wird man also am Baume auch wenige Augen zu lassen haben, indem er sonst die Tragaugen nicht alle würde ernähren können. — In Absicht der natürlichen Beschaffenheit eines Bau-

mes muß man bemerken, wie alt das Auge in dem Fruchtzweige werden muß, ehe es blühen und Früchte tragen kann. Ein jähriger Fruchtzweig bringt schon im zweyten Sommer seine Früchte. Dies findet sich besonders bey den Pfirschen, die gewöhnlich aus jährigen Augen tragen; Apricosen, Zwetschen und Pflaumen, welche beyden letztern, gemeiniglich aus den 4 letzten Augen tragen, und auch aus den Zacken, welche eigentlich kleine Fruchtzweige sind, und jährlich nur ein Tragauge ansetzen. Bey dieser Art Bäume läßt man 10-12 Augen stehen.

6) Die letzte Art Bäume mag beschnitten werden oder nicht, so wächst im ersten Jahr ein Sprößling; einige Augen desselben treiben im zweyten Jahre Zacken, an welchen sich kleine Tragaugen formiren, die im dritten Jahr tragen. — Wird der Baum nicht beschnitten, so treiben nur die 3 oder 4 äußersten Augen solche Zacken, die übrigen ersterben, und so wird ein großer Theil des Zweiges unnütz. Hier läßt man 8-10 Augen; von diesen setzen die ersten 5-6 Zacken, die folgenden erzeugen einige Fruchtzweige, und das letzte treibt einen Holzzweig. Jene schneidet man so, wie die im vergangenen Jahre, diesen aber läßt man nur 3-4 Augen.

7) Alle Aepfel- und Virnbäume setzen ihre Tragekno8pen so, daß sie an sich schon kennbar sind. Bey diesen wird eine Zeit von 4 Jahren erfordert, ehe aus einem Auge ein Sprößling wird, der seine Früchte trägt. Hier verfährt man nach eben der Methode, nur mit der Ausnahme, daß man den Fruchtzweigen, nicht mehr als 6, höchstens 7 Augen läßt, weil diese Art Bäume selten mehr als 4 Tragaugen ansetzt.

8) Man wird oft finden, daß da, wo ein Holzzweig sich erzeugen sollte, sich statt dessen, ein schwacher Zweig erzenget hat, und der zweyte, der ein Fruchtzweig eigentlich ist, viel stärker, und zum Holzzweig tauglicher ist. Dieser Fehler entsteht gemeiniglich daraus, daß man den Schößling zu weit über dem letzten Auge weggeschnitten hat. Das Holz erkranket dann, erstirbt nach und nach herunterwärts, und das letzte Auge, welches einen Holzzweig treiben sollte, verdirbt entweder ganz, oder hat es schon getrieben, so wird es doch in seinem Wachsthum gehindert. Man muß daher das Holz, kurz über dem Auge wegschneiden, damit das Holz desto leichter überwachsen kann. Sollte sich aber dennoch, wie es zuweilen

der Fall ist, bey aller Vorsichtigkeit, der zweyte Schößling stärker zeigen, als der letzte, so thut man besser, man schneidet ihn, weil er als ein kranker gebohren worden ist, sammt dem Holze gerade über dem Auswuchs des zweyten weg, une läßt lieber diesem zum Holzzweige stehen.

9) Bey allen Espalierbäumen, besonders aber bey Pfirschen und Aprikosen, ist es nöthig, daß sie kurz vor oder nach Johanni, da der zweyte Trieb anfängt, noch einmal beschnitten werden. — Die Pfirschen und Aprikosen treiben aus zwey- und mehrjährigen Zweigen, Schößlinge, die an sich nichts anders, als Holzzweige sind; diese schneidet man im Sommer bis auf drey Augen weg, und zwingt sie dadurch, daß sie kleine Fruchtzweige setzen, die im folgenden Sommer schon tragen können.

V. — — n.

II.
Etwas über die Behandlung der Tulipanen.

Die Tulipane ist zur Zierde eines Gartens unentbehrlich, und gewiß das schönste Gewand der Flora. In keiner Blume sind die Farben so lebhaft, als in ihr, und in keiner so mannigfaltig. Die Hauptgänge in einem Garten, auf beiden Seiten, in schmalen Rabatten, mit Tulpanen belegt, giebt zur Flor-Zeit das herrlichste Schauspiel; keine Blume kommt ihr hierinnen gleich, und sie raubt in Rücksicht der auffallenden Pracht allen den Rang; allein eben diese schöne Blume ist auch die ungetreueste, und verlangt die vorsichtigste Behandlung; wenn nicht ihr Besitzer in wenig Jahren seine Rabatten mit schmutzigen oder einfärbigen Blumen besetzt sehen will. Seit mehreren Jahren habe ich mir viele Mühe gegeben, eine schöne Tulipanenflor zu erhalten, und nur erst seit zwey Jahren kann ich sagen, daß ich darin glücklich gewesen bin! ich habe dies zum Theil der gütigen Unterstützung eines Freundes, des Herrn Forst-Commissair Liebner, zu Bunzlau in Schlesien, zu verdanken, der mich nach und nach, nicht nur mit schönblühenden, sondern auch mit gesunden Zwiebeln, versehen hat; und besitzt dieser ohnstreitig in Deutschland die schönste Sammlung; da ich zuverläßig weiß, daß ihm 100 Zwiebeln in Holland auf der Stelle 100 Gulden gekostet haben; zum Theil aber hat mich meine ununterbrochene Aufmerksamkeit, und die viele Mühe so ich darauf verwendet, belohnt. — — Ich habe vorher gesagt, daß diese Blume die ungetreueste von allen Blumen sey, und ist keine Blume mehr dem Verlaufen der Farben oder gänzlichem Verderben der Zwiebel unterworfen, als eben diese; ersteres, nämlich das Verlaufen der Zeichnungs-Farben habe ich dadurch verhütet, daß ich die Zwiebeln schon Ende Junii, höchstens in den ersten Tagen des Monats Julii, aus der Erde nehme, und auf dem obern Boden abtrockne: letzteres aber, daß ich meinen-Blumenbeeten nicht zu fette Erde gebe, auch überdies jede Zwiebel in feinen weißen Sand setze; bey der ersten Vorsicht habe ich zwar den Nachtheil, daß ich nicht so viel, und wenigstens nicht so starke Brut bekomme, allein, da ich keinen Händler mache, so habe ich immer Brut genug, und wenn ich solche auch ein Jahr länger in Brutbeete legen muß, so schadet mir dies im geringsten nicht, da man ohnedem wenn man die Lust unterhalten will, alljährlich sich etwas neues anschaffen muß; außerdem in einigen Jahren, einem die Flor zu bekannt, folglich gleich= gültiger wird. — Bey der zweyten Vorsichtsregel, die Zwiebeln in Sand zu legen, genieße ich den Vor= theil, daß mir keine Zwiebel verfault, und daß eben darum, weil die Zwiebel weniger Feuchtigkeit an= nimmt, die Blume auch dem Verlaufen weniger aus= gesetzt ist; da es bekannt, daß bey allen Blumen, die zu große Nässe das Verlaufen der Farben bewirkt. — Ein guter Freund von mir in der Nähe hat zwey Jahre hinter einander, das Unglück gehabt, seine Tu= lipanenzwiebeln nicht aufgehen zu sehen, und beym Nachgraben, auch nicht die geringste Spur von einer Zwiebel gefunden; er hat sich alle Mühe gegeben, die Ursachen zu ergründen, und hat keine andere entdecken können, als daß er seine Blumenbeete mit zu fetter Erde angefüllt. — — Ich gebrauche aus diesem Grunde gar keine fette oder besonders bereitete Erde zu den Tulipanenbeeten: sondern ich habe den Ge= brauch, um meine Zwiebeln vor allzu großer Kälte zu verwahren, solche im Monat November eines Dau=

mens breit dicke, mit Gerberlohe zu decken, und lasse diese Lohe im Frühjahre, wenn die Kälte vorüber, dennoch auf den Beeten liegen, da sie denn die große Nässe, so zuweilen im Frühjahre eintritt, abhält, daß solche den Zwiebeln nicht schadet, auch die Beete von allem Unkraut rein hält. — — Im Monat Junii und mit Ende desselben, wenn, wie vorgedacht, die Zwiebeln ausgenommen werden, lasse ich diese Lohe untergraben, und die Beete ruhig liegen, dadurch die Lohe in Fäulniß übergehet, und lockere gute Erde bereitet, der ich im October, wenn ich die Zwiebeln wieder einlege, keinen weitern Zusatz gebe, als daß ich von einer guten geruheten, immer vorräthig habenden Erde, eines Fingers dick, aufschütte; mit dieser Methode genieße ich das Vergnügen, alljährlich die reinste und prachtvolleste Flor zu sehen, so, daß ich seit einigen Jahren, unter mehr als 1000 Zwiebeln, so auf meinen Rabatten liegen, kaum 4 Stück verlaufener oder einfarbige gefunden, welches gar kein Verlust zu nennen ist. — — Endlich muß ich auch bemerken, daß zu einer vollkommnen, und schönen Flor erforderlich ist, daß die Tulipanen hohe Stengel haben, und nicht so kurz über der Erde blühen müssen; das Letztere zu verhüten, müssen die

17

Rabatten, worauf Tulipanen liegen, nicht zu sehr der brennenden Sonnenhitze ausgesetzt seyn, welches letztere aber in einem freyen Garten auf keine andere Weise zu vermeiden, als daß man Dachungen über die Rabatten macht, von welchen ich nachbeschriebene als die bequemste und wohlfeilste gefunden.

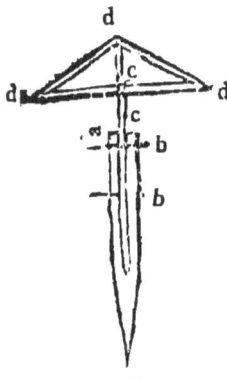

Ich lasse eine Gabel, wie in der nebenstehenden Figur, sub a a bemerkt, $1\frac{1}{2}$ Elle lang machen, welche an den Seiten einige Löcher b b haben muß, um kleine Hölzer durchstecken zu können; der Spalt in die Gabel ist 1 Elle lang, und der untere ungeschlitzte Theil, so eine halbe Elle lang, wird in die Erde geschlagen; in diese Gabel, deren Wände, oder um mich kunstmäßiger auszudrücken, deren Zangen, eine Latte breit seyn müssen, kommt ein Einschub oder eine Zunge, sub c c ebenfalls eine Latte breit, und $1\frac{1}{4}$ Elle lang; eine Viertelelle von oben herein, wird ebenfalls von Latten ein Triangel sub d d befestiget, dessen Basis eine Elle und einige Zoll hält, und so auf beyden

Seiten eine Leiste haben muß. 2 solche Figuren setzt man auf eine Rabatte, so 6 Ellen lang, und zwar an jedes Ende eine, dann läßt man 2 Rahmen gleichfalls von Latten, oder nur von Espalier=Latten fertigen, die so breit seyn müssen, daß solche an beyden Seiten des Triangels angelegt werden kön= nen, und damit solche nicht herunter fallen, hinter vorbemerktes Leistgen gelegt werden. Diese 6 Ellen lange und etwas über eine $\frac{1}{2}$ Elle breite Rahmen beschlägt man mit Wachsleinewand, oder mit einem Zwillig, den man mit Firniß bestrichen, so kann man die Rabatten sehr bequem unter Schatten bringen. In der Florzeit, und wenn die Tulipanen hoch ge= hen, kann man durch Hülfe der Löcher und der Höl= zer das Dach leicht erhöhen, und wird eine Flor, die man vor großer Hitze und Nässe mit solchen Da= chungen schützt, gewiß einige Wochen länger dauern, und das Vergnügen die geringen Kosten, so man dar= auf verwenden muß, ersetzen.

III.

Von Zubereitung der Erde zum Gebrauch der Blumen, besonders der Nelken.

Ueber nichts ist wohl mehr und weitläuftiger geschrieben worden, als über die Zubereitung der Erde zu Blumen, und vorzüglich zu den Nelken. Der sel. Dr. Weißmantel hat in seinem Blumisten bis zum Ekel davon gehandelt, und uns sogar gelehrt, wie wir mit dem Kuhhirten reden sollen, um Kuhfladen zu erhalten; allein er würde besser gethan haben, wenn er uns mit dieser künstlichen Erde gar nicht bekannt gemacht hätte, da ich gewiß glaube, und aus Erfahrung überzeugt worden bin, daß diese gekünstelte Erde nur Ungeziefer erschafft; auch die bey den mehrsten Nelkenbesitzern Ueberhand genommene Blattläuse ihren Ursprung daher haben, und weiß ich beynahe keine Sammlung mehr, deren Besitzer sich rühmen könnte, von diesem Ungeziefer ganz befreyt zu seyn. Aus dieser Ursache habe ich seit etlichen Jahren alle künstlich und mit Dünger präparirt=

Erde vermieden, wobey ich mich anjetzo vortrefflich befinde, und meine Nelken dieses Jahr eben die Gröſſe erlangten, so sie bey jener Erde hatten. — — Ich halte es daher einigermaßen vor Schuldigkeit, den Blumen-Liebhabern, die Erde, wie ich sie gebrauche, bekannt zu machen.

Im Herbste, wenn mein Garten von Küchengewächsen geräumet wird, laß ich eine Quantität Erde, und vorzüglich von den Gurkenbeeten durchwerfen, und auf einen Haufen führen, zu dieser thue ich etwas Asche und den Ruß, so beym Kehren des Schornsteins herunter fällt und gesammelt worden, dann nehme ich halb so viel alte und mehrere Jahre (je länger je besser) gelegene Teicherde, imgleichen einen Theil von der Erde, so aus dem verfaulten Gätekraute entstehet, welches bey mir sorgfältig gesammelt, und auf einen Haufen zum Verfaulen geworfen, auch in dieser Absicht mit Erde überschüttet wird. Diese 3 Gattungen Erde lasse ich, so lange es die Witterung erlaubt, öfters, und wenigstens alle 4 Wochen unter einander werfen, den Winter hindurch hingegen bleibt solche unter freyem Himmel liegen; bey herannahenden Frühjahre lasse ich diese

Erde, wenn solche abgetrocknet ist, durch ein Drath-Sieb treiben, und gebrauche sodann selbige zu meinen Nelken und Aurikeln, außer daß zu den letztern ohngefähr den 12ten Theil feinen weißen Sand darunter menge. Von dieser Erde halte ich beständig auf Vorrath, so daß ich zu allen Zeiten dergleichen bereit liegen habe.

Vielleicht wird mir Jemand einwenden, wo man die Teichererde, und vorzüglich die alte Teichererde, oder Teichschlamm, hernehmen soll? — Denen antworte ich, daß nichts ohne Mühe sey, in allen Gegenden giebt es Teiche, und muß man, wenn solche ausgefahren werden, den Teichschlamm auf einen besondern Platz werfen, und mehrere Jahre liegen lassen. Die meinige, so ich gebrauche, ist gewiß über 50 Jahre alt, und lasse ich solche über eine Meile Weges anhero fahren. Ich gebrauche aber jetzt sehr wenig; denn Frühjahrs und Herbstzeiten, wenn die Töpfe oder Kästen ausgeschüttet werden, lasse ich diese ausgeschüttete Erde wieder auf einen Haufen werfen, und solche einige Jahre ungestört liegen, damit sie wieder von der Luft geschwängert wird, oder, in Ermangelung des Raums, lasse ich sie über das Gätekraut schütten, wo sie das vegetabilische Salz an sich zieht; diese Erde bedarf nur einen kleinen Zusatz von der erwähnten Teich-erde, und sie ist alsdann völlig wieder brauchbar.

Eine solche auf vorbeschriebene Art zubereitete Erde giebt hinlänglichen Trieb, zumal wenn man die Vorsicht braucht, die Töpfe alle 4 Wochen mit frischer Erde aufzufüllen, und erzeuget kein Ungezie-fer, welches bey aller andern Erde, so mit Kuhmist oder dergleichen Düngung vermengt worden, nicht zu vermeiden ist.

IV.

Wie sind die auf den Nelkenpflanzen befindlichen Blattläuse zu vertreiben?

Kein größeres Uebel kann wohl einem Blumisten begegnen, als wenn die Blattläuse seine Flor überziehen. Die Mittel, so man, sie zu vertreiben, angewandt, sind unzählich; allein alles ist vergeblich, wenn sie sich einmal eingefunden. Das Absuchen derselben ist zu beschwerlich, und bey einer großen Flor fast unmöglich. Indessen glaube ich ein Präservativ-Mittel entdeckt zu haben, bey dessen zeitigen Gebrauch man seine Flor vor Blattläusen sichern kann. Ich mache es den Blumisten hiermit bekannt, ohne jedoch dafür Gewähr zu leisten, sondern bloß um weitere Versuche damit anzustellen.

Ein guter Freund von mir, so bey mir im Hause wohnet, und sich eine ziemliche Quantität Tobacksasche gesammlet hatte, warf diese Asche in einige Gießkannen, so mit Wasser gefüllt waren, und goß im Frühjahre auf einer meiner Stellagen, so über 100 Töpfe hält, die nicht längst eingesetzten Pflanzen damit, ohne daß ich etwas davon wußte. Von diesen Töpfen hatte nicht ein einziger Blattläuse, dahingegen auf den übrigen Stellagen sich dann und wann ein davon angesteckter Stock zeigte, den ich aus der Gesellschaft der übrigen bringen, oder wohl gar ausrangiren mußte. Erst späte entdeckte mir mein Freund seinen gemachten Versuch. Ich wünschte, daß mehrere Blumisten dieses Mittel anwendeten, und mir von dem Erfolge zu seiner Zeit Nachricht gäben, indem dieses für das Blumen-Publicum, besonders für Nelkenliebhaber sehr vortheilhaft wäre, auch würde ich nicht ermangeln, in Zukunft diesen Erfolg weiter bekannt zu machen.

V.

Wie geht es zu, daß unter den Samen-Nelken so wenig gute Sorten ausfallen; wenn gleich der Samen nur von den vorzüglichen Nelken genommen ist?

Bey den mehrsten Blumisten, die sich mit dem Eden der Nelken abgeben, habe ich wahrgenommen, daß öfters unter mehrern tausend Pflanzen kaum 10 gute, der Aufnahme in eine Flor würdige Blumen sich gezeigt haben, dagegen ich unter meinen, in Vergleichung jener, sehr wenigen Samen-Nelken, den größten Theil ausheben könnte, wenn ich nicht in meiner Wahl zu eigensinnig wäre, und nur die allervorzüglichsten mit andern schon vorhandenen nicht zu ähnlichen, der Aufnahme würdigte. Ich habe anfänglich den Grund hierbon in verschiedenen Ursachen gesucht, endlich aber gefunden, daß nichts als eine kleine Nachläßigkeit der Besitzer daran schuld ist. Gewöhnlich sind die Samen-Blumen in dem nehmlichen Garten, worinnen die Stellagen, mit den guten, zur Flor bestimmten Nelken stehen, befindlich; nun ist es ausgemacht, auch jedem mittelmäßigen Kenner der Blumen bekannt, daß letztere sich unter einander begatten, und daß die Natur diese Begattung, durch Luft, durch Insekten, und andere uns zum Theil unsichtbare Wege bewirkt. Läßt nun der Besitzer seine Samen-Blumen im Lande, wenn solche aufgeblühet sind, stehen, und abblühen, so kann es auch nicht anders kommen, als daß die im Lande blühenden schlechten oder wol gar einfachen Nelken den Samen der in der Nähe auf den Stellagen befindlichen verunedeln, mithin auch nur mittelmäßige oder schlechte Blumen daraus zu erwarten sind. Ich brauche daher die Vorsicht, jede Blume, so sich im Lande einfach zeiget, oder doch, nachdem sie aufgeblühet, der Auswahl in die Flor nicht würdig befunden wird, sogleich heraus zu reißen, wodurch ich den Vortheil genieße, daß nur wirklich regelmäßige und schöne Blumen in meinem Garten blühen, mithin keine Verunedelung des Samens Statt finden kann; -- daher ich eine ebenmäßige Vorsicht jedem Blumen-Liebhaber, der etwas Schönes aus Samen erzeugen will, anrathe.

VI.

Vom Bau der Nelke.

Jeder Blumist, und wer nur einigermaßen Kenner der Nelke ist, hat auch einen richtigen Begriff von dem Nelkenbaue. Allein der Geschmack ist verschieden, mancher schätzt den Rosenbau, mancher den Ranunkelbau, mancher den Halbkugelbau, ein anderer den Scheibenbau u. s. w. Ich aber schätze alle diese verschiedenen Arten, jeder ist in seiner Art schön, sobald der Bau nur regelmäßig ist. Um aber einen schönen Bau zu befördern, ist oft Hülfe nöthig.

Viele Liebhaber hassen die Blumen, so wegen vieler Krume platzen, und es ist richtig, daß eine solche Blume, wenn man ihr nicht zu Hülfe kommt, ein schlechtes Ansehen hat, und auf der Stellage keine Zierde ist. Um also einen schönen Bau der Nelken zu befördern, muß man ihr zu Hülfe eilen. Ich habe verschiedenes versucht und nachgeahmt, um das Platzen der Blumen zu verhüten, und ohne das

Publikum mit meinen vergeblichen Versuchen, oder den daraus entstandenen unangenehmen Folgen zu unterhalten, will ich lieber demselben das sehr leichte und bequemste Mittel bekannt machen, so ich vor einigen Jahren ebenfals von einem Blumisten, der mich auf einer Durchreise besuchte, erlernte.

Man nehme ein feines französisches Kartenblatt, und theile daselbe in 6 Theile; aus einem solchen Sechstheile schneide man einen Ringel a a wie beystehende Figur zeigt. In diesen Ringel schneide man auf der einen Seite von innen einen Einschnitt b, und auf der andern Seite von außen c, und lege sodann solchen Ringel dergestalt um die Knospe, daß der durch den Schnitt entstandene Haken b a in den Haken c a einschließe, so wird diese Figur ein förmliches Schloß machen, welches sowohl das Platzen der Knospe, und wenn solche schon aufgeplatzt ist, das Heraushängen der Blätter verhindert. Zugleich pflege ich an dergleichen Knospen die Hülse über die Hälfte hinweg zu schneiden, wodurch das Schloß gleichsam eine Un-

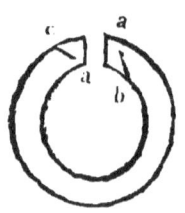

terlage hat, damit solches von der Knospe nicht herunter fahren kann, die Blätter legen sich über dies Schloß hinweg, und Niemand wird, so lange als die Nelke blüht, etwas davon zu sehen bekommen, mithin verunstaltet solches die Blume nicht, macht auch, da das Blatt sehr leicht ist, der Knospe keine Last, und man läuft nicht Gefahr, daß durch die Schwere derselben, die Knospe abgebrochen wird. Bis jetzo kenne ich kein besseres Mittel, und ich bediene mich dessen mit gutem Erfolge.

VII.

Beschreibung des gräflich Vitzthumischen Gartens zu Lichtenwalde zwischen Frankenberg und Chemnitz.

Dieses landschaftliche Gemählde, einer vielleicht nicht allgemein bekannten, aber von der Natur mit mannigfaltigen Reizen beschenkten Gegend, muß ich dieses Jahr lediglich darum hinweg laſſen, weil ich eben nicht Luſt habe, auf ungewiſſe Speculation mein gutes Geld zu wagen, da dieſe Abhandlung wenigſtens 4 Bogen Raum einnimmt, und ich zu dieſem erſten Hefte noch nicht 100 Subſcribenten erhalten habe. Vielleicht bin ich kommendes Jahr glücklicher, und will ich ſodann es nicht vergeſſen, dieſes Gemälde zu liefern, welches bis dahin noch mehrere Vollkommenheit erhalten ſoll.

VIII.

Verzeichniß der bey Endesbenannten im Jahre 1794 und 1795 aus Samen gefallenen vorzüglichen Nelken=Sorten, wovon er 50 Stück für 6', und 100 St. für 12 Rthl. verläßt, und den Nelken=Liebhabern hierdurch anbietet.

—•◦•—

1 **Lentulus**, w. H. P. mit viol. schöner Bau. unpf.
5 Diomedes, w. H. P. ros. Ranunfelb. unpf.
6 Gertrude, w. H. P. purpurbl. fast st. Blatt, groß
8 Amalthea, w. C. B. ros. viol. o
9 Thamyris, w. C. D. kupferrose unpf.
10 Athamas, w. r. P. inc. st. Bl. Rosenb.
11 Cassandra, g. H. P. ros. ohne Randzeichnung
13 Omphale, w. H. P. viol. baut sich selbst
14 Barnesia, w. H. P. feurig scharlach schön
15 Piremo, g. H. P. B. cram. u. purp. st. Bl.
16 Amalfi, g. H. P. dunkelviol. fast st. Bl.
20 Delfino, w. H. P. hochincarn. Ranunfelb. groß
22 Lanciano, w. H. P. viol. groß Ranunfelb.
23 Siragossa, w. H. P. cram. volle Zeichnung, groß
24 Pamphyle, g. H. P. B. cram. purp.

25 Lascaris, w. H. P. hochrof. ft. Bl. Rosenb.
27 Ostia, w. H. P. viol. viel Zeichnung
28 Viterbo, g. H. P. incarn. ft. Bl. Ranunkelb.
29 Gräfin Elira, w. H. P. purp. Ranunkelb. fast ft. Bl.
30 General Lindt, g. H. P. B. feu purp. fast ft. Bl. sehr groß
33 Adira, w. E. B. rof. viol.
34 Olinde, w. E. D. rof. ft. Bl.
40 Cassiope, w. H. P. aschgr. groß
42 Salerno, w. H. P. incarn. viel Zeichnung
43 Gravina, w. H. P. dunkelcram. ft. Bl. groß
44 Larissa, w. H. P. cram.
45 Spalatro, g. H. P. B. rof. viol. starke Zeichnung
46 Cephalonia, g. H. P. B. rof. purp. fein gezeichnet.
47 Palermo, w. h. P. viol. sehr groß
48 Canna, w. H. P. feurig inc. ft. Bl.
50 Thermia, g. H. P. incarn.
52 Orbitello, w. H. P. Porcellainblau, groß
53 Mirandol, w. H. P. B. incarn. purp. ft. Bl.
54 Polim, g. H. P. cham. sparf. Zeichn. fast ft. Bl.
60 Circe, w. H. P. B. rof. viol.
62 Capilanata, g. R. P. B. feu. purp. groß
67 Agnesia, g. H. P. rof. ft. Bl. Ranunkelbau
68 Zoroaster, g. E. B. feu br.
70 Malvasiria, w. H. P. B. rof. dunkelviol. groß
71 Veronese, g. H. P. B. rof. purp. sparf. S. ft. Bl.
74 Thimo von Nordeck, w. H. P. B. inc. purp. ft. Bl.
76 Morpheus, w. H. B. rof. viol. Ranunkelbau

77 Bargula, w. H. P. feu. purp. st. Bl.
79 Agamemnon, g. H. P. B. feu. purp. fast st. Bl.
80 Abt Fontana, w. H. P. dunkelaschgrau
83 Graf von Gleichen, w. H. P. B. ros. purpurviol. sparf. Zeichn. st. Bl.
87 Basilicata, g. H. P. B. cram. br. fast st. Bl.
89 Coronelli, w. H. P. B. ros. purp. sparf. Z. st. Bl.
90 Colossaeum, w. H. P. inc. sehr groß
91 Malebranche, w. H. P. purp. groß
95 Fürst Albanus, w. H. P. hochseu, vollgezeichnet
94 Montasia, g. H. P. B. ros. viol. st. Bl.
97 Herzog von Braunschweig, w. H. P. dunkelviol. st. Bl.
99 Doge von Venedig, g. H. P. B. feu. cram. st. Bl.
100 Stalimene, w. H. P. B. feu. purp.
101 Montefiascone, w. H. P. aschgr.
102 Ulrich von Cosheim, w. H. P. B. ros. viol.
104 Correggio, w. H. P. B. ros. viol. sparf. Z. st. Bl.
105 Leonidas, w. H. P. purp. ohne Seiten Linie, st. Bl.
106 Learchus, w. E. B. ros. viol.
107 Plaisante, g. H. P. hochinc. sparf. Zeichn. st. Bl.
109 Erymanthe, w. H. P. viol. st. Bl.
111 Saladin, w. E. B. ros. viol.
114 Alcire, w. H. P. aschgr.
115 Nicanor, w. H. P. B. ros. purp. st. Bl.
116 Thamar, g. H. P. cram. groß und regelmäßig
118 Cythere, w. H. P. aschgr.
120 Dido, g. E. B. inc. br. st. Bl.
121 Eduard, w. H. P. viol.

124 Candace, w. H. P. B. rof. viol. sparf. Z. st. Bl. 153
125 Etienne, w. H. P. B. rof. viol. Rosenb. 154
126 Eugenia, w. H. P. cram. fast st. Bl. 155
128 Servilia, g. H. P. B. rof. purp. 156
130 Germanicus, g. H. P. beschter purp. st. Bl. 157
131 Leers Brillante, w. H. P. cram. volle Z. sehr groß 158
132 Tamesiris, w. H. P. viol. rein gezeichnet, groß 159
133 Glycere, g. H. P. mit weiß, und seltenen Rosa= 160
Strichen 161
134 Montalegre, w. H. P. B. inc. purp. groß
135 Pygmalion, w. H. P. rof. halb Kugelbau, groß
136 Jacobine, w. H. P. dunkelpurp, reine Zeichn. groß 162
137 Agnes von Wildungen, g. H. P. B. rof. purp. 163
138 Ulfar, w. H. P. feurig scharlach 165
139 Minnehold, w. H. P. B. rof. viol. sparf. Z. groß 166
140 Wilhelm von Mayenthal, g. Fr. P. B. rof. purp. 167
st. Bl. 168
141 Emma von Ruppin, g. H. P. dunkelviol. 169
142 Argenide, g. H. P. B. rof. purp. 170
143 Alcino, g. H. P. viol. 171
144 Don Juan, Bl. Er. rof. u. viol. in gelb. 172
145 Gemiano, g. H. P. pompad. 183
147 La Chenvrese, w. H. P. B. rof. dunkelpurp. 174
148 Amasia, w. H. P. viol. fast. st. Bl.
149 Montalto, w. H. P. besondere incarn. st. Bl. 175
150 Aegina, w. H. P. purp. sparf. Z. st. Bl. 176
151 Gräfin von Rohrbach, w. E. B. rof. viol. 177
152 Rinaldo, g. H. P. B. rof. purp. 178

153 Herrmann von Unna, g. H. P. B. rof. purp.
154 Montreale, w. nb. P. B. inc. pnrp.
155 Anna Boley, w. H. P. B. rof. schwarz purp.
156 A propos, g. fr. P. B. kupferroth dunkelviol. st. Bl.
157 Barsinoe, w. H. P. dunkelbr. groß
158 Josephe, g. H. P. B. purp. rof. letzteres selten, groß
159 Abt v. St. Emmeran, w. H. P. B. rof. dunkelv. st. Bl.
160 Formosa, g. H. P. hochrof. Rosenb.
161 Rittmeister Lehmann, w. H. P. B. rof. purp. st. fast o mit einiger Hülfe unpl. über 3 Zoll, übertrifft alle in dieser Art, ohne Vermehrung
162 Aba Thulle, w. fr. P. rof. st. Bl. groß
163 Palmosa, g. E. D. lichte viol. o groß
165 Honorea, w. H. P. B. rof. viol. spärf. Z. st. Bl.
166 Medrefe, w. H. P. dunkelviol. groß
167 Narbonne, g. H. P. B. rof. purp. st. Bl.
168 Phoenissa, g. H. P. B. rof. purp. fast st. Bl.
169 Paul Rubens, w. H. P. dunkelbr. fast o groß
170 Salamandria, w. H. P. B. rof. viol.
171 Callimachus, w. H. P. B. rof. dunkelviol. st. Bl.
172 Chalon, w. h. P. dunkelbr. st. fast o
183 Oristano, g. H. P. B. rof. purp.
174 Miß Janthelli, w. P. B. rof. purp. contrastisch gez. st. Bl.
175 Alcala, w. H. P. B. rof. viol. st. fast o sehr groß
176 Bertha von Woellstein, g. H. P. B. inc. dunkelpurp.
177 Graf von Keffernburg, w. H. P. B. rof. dunkelviol.
178 Oriolo, g. h. P. B. cham. viol. st. Bl.

179 Apollonia, g. H. P. pompad. fast st. Bl.
180 Charidion, w. H. P. viol. st. Bl.
181 Philadelphia, g. E. D. chair st. Bl.
182 Desiderable, w. R. P. B. incarn. purp. st. fast o
183 Grand Triomph, g. H. P. B. hochrof. purp. st. Bl.
184 Cambresis, w. H. P. B. rof. viol. fast o ohne Verm.
185 Epialtes, g. H. P. viol. fast st. Bl.
186 Tolentino, g. nd. P. B. blaßroth purp.
187 Bernhardine, w. fr. P. purp. st. Bl.
188 Limonsin, g. H. P. B. incarn. pomp. d.
189 Lucas von Leyden, g. H. P. B. kupferroth, br.
190 Barbieri, g. H. P. pompad. brennend in Farben
191 Tarello, w. H. P. viol. fast 3 Zoll
192 Albrecht Dürer, w. H. P. B. rof. dunkelviol. st. Bl.
193 Potofi, g. H. P. B. rof. purp. auffallende Grundfarbe
194 Pucabillus, w. H. P. B. lichtviol. unpl. fast 3 Zoll
195 Violette imperiale, w. H. P. purpurbl. unpl.
196 Rofa virginale, w. H. P. kupferrof. groß
197 Semender, w. H. P. viol. groß
198 Aristophanes, w. H. P. B. rof. purp.
199 La grande Chartreuse, w. H. P. viol.
200 Adelphi, g. H. P. brennend pompad. o
201 Piastro, w. H. P. viol. Bl. sehr groß
202 Sophie Waller, w. H. P. brennend scharl.
203 Alcino, g. H. P. B. rof. viol.
204 Benedetto, g. H. P. aschbl. st. Bl. groß
205 Agnes von Kollenberg, w. H. P. B. rof. viol.
206 Franca villa, w. H. P. dunkelpurp.

207 Leßino, w. H. P. viol. groß
208 Nicaria, w. H. P. purpurbl. groß
209 Camillo, w. H. P. B. incarn. purpurbl. st. Bl.
210 Almeria, w. H. P. hochros. kurz gezähnt
211 Graveline, w. H. P. braun, kurz gezähnt
212 Fürst von Fürstenberg, w. H. P. purpurbl. st. Bl.
213 Sostrata, w. H. P. pompad. fein gezeichnet
214 Emma von Hochheim, w. H. P. B. ros. viol. st. Bl.
215 Lanfranco, g. H. P. viol. st. Bl.
216 Siragossa, w. H. P. B. ros. dunkelpurp. st. Bl.
217 Maria Tindoret, g. H. P. brennend pompad.
218 Nanni von Udine, w. H. P. B. ros. viol. sehr groß
219 Isolani, g. H. P. B. ros. viol. ohne Vermehrung
221 Graf von Papenheim, g. H. P. B. hochros. viol.
222 Eberhardt von Mohrenfels, g. R. P. viol.
223 Maryonne, w. H. P. B. ros. viol. sparf. Z. st. Bl.
225 Eulalia, w. H. P. purp. st. Bl. groß
226 Zamore, w. H. P. viol. fast st. Bl.
227 Aeschinus, w. H. P. purp. groß
228 Phormio, w. H. P. B. ros. viol. groß
229 Morea, w. H. P. B. ros. purp.
230 Dalegre, w. H. P. viol. flos in flore, blüht aber gut heraus
231 Montmelion, w. H. P. B. ros. viol. groß
232 Antivari, g. H. P. pompad. sehr groß
233 Tortua, w. H. P. violetroth
235 Altamon, w. H. P. viol. fast. st. Bl.
236 Graf von Flandern, g. H. P. cham. st. Bl.

237 Monte Olivetto, g. ub. P. inc. fein gez.
238 Lunello, w. H. P. pompad.
239 Cibolo, w. H. P. viol. ft. Bl.
240 Megador, g. H. P. B. kupferroth, br.
241 Philomena, w. H. P. licht. viol. fein gez.
242 Portenone, g. H. P. B. chair. viol. ft. Bl.
243 Olyka, g. E. B. rof. viol. faft ft. Bl.
244 Euclio, w. H. P. B. rof. viol. kurz gezähnt
245 Nautilus, g. H. P. pompad.
246 Perilla, w. h. P. kupferrofe o
247 Empedocles, w. H. P. viol.
248 Corallina, w. H. P. B. rof. viol. ft. Bl.
249 Sciolto, w. H. P. hochfen.
250 Caribona, w. H. P. B. rof. viol. grof
251 Manfredonia, w. H. P. incarn. ft. Bl.
253 Amalia Greding, w. H. P. B. feu purp. ft. Bl.
254 Francelina, w. E. B. feu blaßrof. ft. Bl.
255 Touraine, g. H. P. cham. groß, faft ft. Bl.
256 Doncula, w. fr. P. aschbl.
257 Farinelli, w. E. B. feu purp. ft. Bl.
258 Cremona, g. H. P. B. rof. viol.
259 Duc de Braganza, w. H. P. purp. ft. Bl.
260 Brigitta, w. H. P. cram. schöne Zeichnungsfarbe
261 Cunoffa, w. H. P. B. rof. viol. faft ft. Bl.
262 Montroial, g. H. P. B. rof. viol.
263 Hispaniola, g. H. P. B. auror. purp. sehr groß
264 Romeo, w. H. P. hochrof. viol. ftreif Bl.
265 La Griotte, w. H. P. dunkelviol. ft. Bl.

266 Baroccio, g. H. P. rof.
267 Asbeth von Erlbach, g. h. P. B. ponceau. viol.
268 Clara von Elderstädt, w. H. P. B. rof. viol. st. Bl.
269 Almedina, g. H. P. cham. feurige Grundfarbe
270 La baſſee, w. H. P. aſchgr.
271 Abt von St. Hubert, w. H. P. kupferweſe, faſt ſt. Bl.
272 Wilhelmine Greding, w. H. P. B. cram. viel.
273 Otto von Wertheim, w. H. P. purp. ſehr groß
274 Bernhard v. Adelſingen, w. H. P. B. inc. purp.
275 Ernſt von Falckenhelm, w. H. P. purp. ſt. Bl.
276 Acone, g. H. P. purp. ſchöner Bau
277 Albania, g. H. P. cram. ſt. Bl.
278 Port Louis, g. H. P. B. inc. purp.
279 Pergula, g. H. P. cram. groß
280 Charlotte Wernau, w. H. P. purp. groß
281 Arica, w. H. P. viol. vollgezeichnet
282 Ochrida, g. H. P. B. inc. purp.
283 Trepani, w. H. P. purp. ſt. Bl.

Verzeichnete, ohne alle Lobeserhebung beſchriebene Nelken, welche von zwey bekannten Blumiſten bey mir aus dem Lande gehoben, benamt und beſchrieben worden, und worunter gewiß keine gewöhnliche Blume befindlich, will ich den Blumenliebhabern, in ganzen und halben Hunderten, um obbemerkten, gewiß ſehr mäßigen Preis verlaſſen.

Nur muß ich zugleich bitten, mich mit dem einzelnen Verkaufe in Dutzenden zu verschonen, da theils meine Geschäfte es mir nicht erlauben, mich ins Kleine einzulassen, theils auch mir dieses eine zu weitläuftige Correspondenz verursachen würde, die ich aus mehr als einer Rücksicht vermeide. — Ich habe wieder mehrere hundert Schock Pflanzen in Samen-Beeten stehen, und will alles das Neue, was sich künftig zeigen wird den Nelkenliebhabern eben so billig sehr gern mittheilen.

Johann Caspar Lehr,
Gräflich Einsiedelscher Gärtner zu Gersdorf bey Roßwein.

IX.

Verzeichniß derer bey dem Herrn Premier=Lieutenant und Bürgermeister **Ranfft** zu Freyberg im vorigen und heurigen Jahre aus Samen gefallenen neuen Nel=ken=Sorten, welche derselbe um die bey=gesetzten Preise verläßt; und davon, so wie von sämmtlichen neu erhaltenen Sor=ten derselben diesen Herbst einen Nach=trag zu seinem vorjährigen Nelken=Ver=zeichnisse herausgegeben, so bey ihm gra=tis zu bekommen ist.

― ∘•∘ ―

a) Weiße Picotten.

8 Ramondini, h. brennend incarnat in schönem Weiß, st. Bl. lgh. unpf. *** über 2 Zoll 20 gr.
10 Lautherburg, h. purp. mit starken Streichen, schön gezeichnet, klgs. unpf. Halbkugelbau, durch=aus schön, über 2 Zoll   1 thlr.
13 Claufs, ft. Carmoisin, vollgezeichnet, klgs. lgh. unpf. über 2 Zoll   20 gr.

38 Friederike v. F. h. hellcolombin in blendend Weiß
st. Bl. lgh. unpl. über 2 Zoll, schön   20 gr.
76 Arria, r. feu, fein und vollgezeichnet, st. Bl.
unpl. Ranunkelbau, über 2 Z.   18 gr.
82 Paetus, h. purpurbraun in Hagelweiß, st. Bl.
unpl. über 2 Zoll   22 gr.
84 Lord Bridport, h. rothbraun, klgz. lgh. unpl.
über 2 Zoll, gemischter Bau   20 gr.
117 Sebaldus Nothanker, h. aschbl. haarfein gezeichnet, klgz. unpl. 2 Zoll   18 gr
125 Spitzbarth, h. hochrose in Hagelweiß, * baut sich
schön, 3 Zoll   1 thlr.
128 Hamilton, h. hellviolet im blendenden Weiß, st.
Bl. *** und Ranunkelb. unpl. über 2 Zoll, sehr
sauber   22 gr.
137 Thiele, h. aschblau, in reiner Grundfarbe, fein
gezeichnet, klgz. * baut sich gut, und ist sehr
schön   1 thlr. 8 gr.
142 Monbodde, fr. lackroth, stark und vollgezeichnet,
lgh. unpl. über 2 Zoll   18 gr.
151 Foote, hellkupfer, nur mit Pyramidal-Zeichnung
in Hagelweiß, lgh. unpl. über 2 Zoll   22 gr.
158 Thurlow, h. dunkelkupfer, unpl. klgz. über 2
Zoll   18 gr.
165 Melograni, h. pompad. st. Bl. * baut sich wie
Castor über 3 Zoll, eine Prachtblume 1 thl. 8 gr.
191 Macpherson, h. kupferig, inc. st. Bl. lgh. fast
3 Zoll   18 gr.

240 Gallo, h. hochrof. in Hagelweiß, lgh. unpl. voll=
blätterig, über 2 Zoll 18 gr.
243 Hamilcar, h. aschviol. in Milchweiß, o* Ranun=
telbau, über 2 Zoll, schön im Bau und Zeichn.
22 gr.
254 Von Petrowicz, h. violetter Purpur, in reinem
Weiß, fast st. Bl. * über 3 Zoll durchaus schön 1 thl.
259 Smollet, fr. braun, vollgezeichnet, fast st. Bl. *
über 3 Zoll, eine Hauptblume 1 thlr.
343 Tardiva, h. hochfeu, fein und vollgezeichnet, un=
merklich gezähnt * über 2 Zoll, gemischter Bau
20 gr.
376 Graf von Beust, fr. lackroth, vollgezeichnet, klgz.
lgh. doch * 3 Z. schön gebauet und gezeichnet 1 thlr.
380 d'Argenteau, h. dunkelviol. in Hagelweiß, fein
gezeichnet, fast st. Bl. lgh. unpl. über 2 Zoll,
vortrefflich gebaut 22 gr.
423 Sapineau, fr. kupferich feu, fein und vollgezeich=
net, klgz. lgh. unpl. über 2 Zoll, gut gebaut 22 gr.
425 de Puisaye, nb. blauroth in Hagelweiß, vollge=
zeichnet, fast st. Bl. lgh. unpl. über 2 Z. - 2 gr.
427 Colli, h. kupferfarb. in Hagelweiß, haarfein gez.
klgz. lgh. unpl. über 2 Zoll 20 gr.
429 Mortimer, h. dunkelviol. welches schwarz scheint,
ill. rar. mit schmalen Rändchen o lgh. durch Hülfe
unpl. über 2 Zoll, baut sich musterhaft 1 thl. 8 gr.
430 Goliath, nb. hellviolet regelmäßig in reinem
Grunde gezeichnet, klgz. * baut sich langsam, er=

recht aber, bey einem herrlichen Kugelbau, die Größe von 4 Zoll. Eine Prachtblume in allen Betracht   1 thlr. 16 gr.

b) Gelbe Picotten.

11 Alvinzy, h. braunroth in Goldgelb, vollgezeichnet, mit weißer Unterlage, klgz. lgh. unpl. Halbkugelbau, über 2 Zoll, schön in allen Betracht   1 thlr.

15 Prinzessin von Wales, h. iuc. in Zitronengelb, bloß mit pyramidalischer Zeichnung, lgh. unpl. üb. 2 Zoll, fällt durch ihre hellen Farben sehr ins Auge   22 gr.

88 Macbride, h. carmoisin in Schwefelgelb mit starken Streichen gezeichnet, lgh. unpl. über 2 Zoll, bant sich als Halbkugel sehr schön   22 gr.

109 Stoano, r. brennendzinnober, fein und vollgezeichnet, o lgh. unpl. über 2 Zoll   22 gr.

112 Heuriette Holberg, r. asch=gris de lin in sehr blasser Paille, mit gleicher, feiner und voller Zeichnung, st. Bl. lgh. unpl. über 2 Zoll, eine Prachtblume   1 thlr. 12 gr.

148 Garrik, nb. pompad. vollgezeichnet, st. Bl. lgh. unpl. über 2 Zoll, sehr sauber   20 gr.

167 Minerva. h. pompad. mit weißer Unterlage, fast st. Bl. lgh. unpl. über 2 Zoll   16 gr.

231 Tanered, nb. inc. in Blaßpaille, fast st. Bl. unpl. über 2 Zoll   16 gr.

245 Hero, h. rofe in Paille mit weißer Unterlage *
3 Zoll, baut ſich als Halbkugel vortrefflich her=
aus   1 thlr. 4 gr.
150 Caumartin, h. chamois, flgs. lgh. unpl. über 2
Zoll   16 gr.
299 Duc d'Offuna, h. inc. mit weißer Unterlage, ill.
rar. * 3 Zoll, gut gebaut   20 gr.
304 Von Bender, h. carmoif. Hochgelb, flgs. * 3 Z.
von Bau, Farbe und Zeichnung vorzüglich ſchön
                                                       1 thlr. 4 gr.
349 Franckenberg, nb. braun in Goldgelb, fein und
voll gezeichnet, flgs. lgh. unpl. über 2 Z. 22 gr.

c) Weiße Picott=Bizarden.

98 Julchen R... h. inc. br. in Hagelweiß, flgs. lgh.
unpl. Ranunkelb. über 2 Zoll   20 gr.
102 Henriette Th.... h. feu. purp. in ſchönem Milch=
weiß, ill. rar. o lgh. unpl. über 2 Zoll, vortrefflich
                                                       1 thlr.
141 Cavaceppi, fr inc. br. ill. rar. haarfein gezeich=
net, flgs. unpl. über 2 Zoll   18 gr.
216 Gottlieb R... h. inc. rof. purp. * 3 Zoll, ſo ſchön
im Bau, als abſtechend in Farben   22 gr.
218 Spinola, h. incarn. br. faſt ſt. Bl. lgh. unpl.
über 2 Zoll   18 gr.
226 Ferguſon, h. feu purp. regelmäßig auf jedem Blat=
te in hagelweißem Grunde, ſt. Bl. lgh. aber *

erreicht mit Hülfe eine Größe von mehr als 3 Zoll, ist in allem Betracht eine Prachtblume vom ersten Range 1 thlr. 16 gr.

229 Hotham, r. feu, br. st. Bl. lgh. unpl. über 2 Zoll 18 gr.

248 Maſſiniſſa, fr. blutroth, dunkelpurp. fein und vollgezeichnet, st. Bl. lgh. unpl. über 2 Zoll, sonderbar abstechend in Farben 22 gr.

253 Erkel, h. feu purpur, letzteres wenig in Hagelweiß, * über 2 Zoll 20 gr.

974 Babet, h. inc. viol ill. rar. o *** lgh. unpl. über 2 Zoll 18 gr.

d) Gelbe Picott-Bizarden.

72 Gentille, h. inc. purp. in Hochgelb mit weißer Unterlage, ill. rar. flgz. lgh. unpl. über 2 Zoll 18 gr.

228 Nadasti, h. blaßcarmoisin, puce, weiß untergelegt, lgh. unpl. über 2 Zoll, gut gebaut 18 gr.

247 Sophie, h. blaßcarmois. br. weiß untergelegt, flgz. lgh. unpl. über 2 Zoll 20 gr.

377 Charrette, h. carmois. aschbl. fein gezeichnet, st. Bl. lgh. unpl. über 2 Zoll, sehr sauber 22 gr.

e) Feuerfaxe.

127 Vollsack, inc. in Gelb getauscht purp. gestreift flgz. unpl. üb. 2 Z. schön geb. u. leuchtend in Farb. 20 gr.

143 Gibbon, hochrof. in Gelb getuscht, carm. gestreift
unpl. über 2 Zoll — 16 gr.
301 Graf von Lehrbach, ponceau, carmoisin, in röthlich gelb, feuerfarartig picottirt * über 2 Z. 18 gr.
353 Ma favorite, roth nb. mit Strichen in Punkten, in röthlich gelb getuscht, fast it. Bl. lgh. unpl. über 2 Zoll 20 gr.

f) Weiße Doubletten.

173 Jeanne d'Arc, E. kupferig feu, breit und schön gestreift o lgh. unpl. über 2 Zoll 18 gr.
210 General von Noftiz, E. röthlich violet, breit und schön gestreift o lgh. unpl. 3 Zoll 22 gr.
233 Duc d'Alcudia, E. bläulich hochrose, st. Bl. lgh. unpl. über 2 Zoll, gut gebaut 18 gr.
502 S. Vittore, E. hellviolet o* 3 Zoll, gut gebauet, regelmäßig und breit gestreift 20 gr.

g) Weiße Bizarden,

6 Watson, d. incarnatrose, cerif. st. Bl. unpl. wenn man sie zeitig lüftet, schön gebaut, über 3 Zoll 22 gr.
232 d'Iranda, E. bläulichrose, violetter Purpur, o lgh. unpl. über 2 Zoll, sehr abstechend in Farben 18 gr.

302 Jacques Droz, C. blaßrose violet o * 3 Z. 20 gr.
404 Glorer, C. feu purp. o * über 3 Zoll, schön in
   Farben und Bau , 22 gr.

    h) **Gelbe Bizarden.**

168 Wilberforce, C. incarnatrose, braun, Hgz. Igh. unpl.' über 2 Zoll, baut sich schön und fällt ins Auge   1 thlr.

Diese neuen Nelken=Sorten hat der Herr Lieutenant Raufft, nebst noch mehrern von andern Orten her erhaltenen in einem besondern Nachtrage bekannt gemacht, welcher bey ihm, so wie das Verzeichniß seiner Aurikel=Sammlung gratis zu haben ist.

X.

Verzeichniß der vorzüglichsten im heurigen 1795. Jahre bey Endesbnannten gefallenen Samen-Nelken, welche um beygesetzte Preise, und nicht anders, zu haben sind.

26 Amalia Albonico, w. H. P. aschgr. feine Zeichn. st. fast o über 2 Zoll   18 gr.
46 Lamia, w. H. P. viol. rar. illum. o über 2 Z.   18 gr.
90 Sinothe, w. H. P. pompad. hat flos in flore, kurz gezähnt, über 3 Zoll   16 gr.
88 Thietberga, w. ud. P. mit viol. fast aschbl. hat flos in flore, blüht gut heraus, sehr groß   16 gr.
87 Voorhelm, w. H. P. purpurbl. st. fast o starke Knospe mit einiger Hülfe unpl. fast 3 Zoll   20 gr.
14 Waldrada, w. H. P. aschgr. sehr fein und voll gez. fast st. Bl. über 2 Zoll   18 gr.
77 Zeuxis, w. H. P. aschroth, kurz gezähnt, regelmäßig gzeichnet, über 2 Zoll   16 gr.
24 Omphale, g. H. P. mit einem besondern Noth, hochgelben Grunde, sehr kurz gez. üb. ½ Zoll   22 gr.
12 Terentius Varro, g. r. P. cram. st. Bl. vollgezeichnet, über 2 Zoll   16 gr.

39 Bischof-von Bangor, w. H. P. B. hochros. br. rar. illum. in glänzend weißem Grunde o *** über 2 Zoll 18 gr.
60 Marschall von Baſſompiere, w. H. P. B. aschroth viol. reinlich gezeichnet, kurz gez. über 2 Z. 18 gr.
69 Oberea, w. H. P. B. inc. br. außer der Pyramide ein schmal. Rändch. st. Bl. große Knospe, 3 Z. 1 rth.
28 Piſo, w. H. P. B. aschroth, aschbl. fein gezeichnet, st. fast o über 2 Zoll 18 gr.
4 Signore Beliguera, w. H. P. B. hochfeu. purp. st. Bl. über 2 Zoll 22 gr.
22 Quardilla, w. H. P. B. scharl. dunkelpurp. voll und contrastisch gezeichnet, st. Bl. fast 3 Zoll, ein Prachtstück, hat aber nur 2 Senker, o. B.
86 William Erzbischof v. Yorck, w. H. P. B. aschgr. viol. letzteres selten o *** über 2 Zoll 16 gr.
30 Fredegunde, g. fr. P. B. ros. purp. herrl. Grundfarbe, contrastische volle Zeichnung, baut sich prächtig über 2 Zoll 22 gr.
33 Graf Dochester, g. H. P. B. inc. br. letzteres sparsam, st. Bl. daumen starke Knospe, mit einiger Hülfe unpl. fast 3 Zoll 22 gr.
35 Hiparchia, g. H. P. B. aschgr. auror. st. Bl. herrliche Grund- und Zeichnungsfarbe, über 2 Zoll 1 thlr.
63 Nicarete, g. H. P. B. ros. inc. viol. sehr fein gezeichnet, kurz gezähnt, große Knospe 3 Zoll 22 gr.
83 Xenocrates, g. H. P. B. ros. viol. ersteres

Pastellartig gezeichnet, fast st. Bl. große Knospe braucht Hülfe, 3 Zoll 20 gr.
15 Xenares, w. E. D. blaßrof. breit und reinlich gezeichnet, o über 2 Zoll 20 gr.
43 Kleonymus, w. E. B. inc. br. sehr voll gezeichnet, st. Bl. über 2 Zoll 20 gr
38 Inka Atabalipa, g. E. B. rof. viol. ersteres etwas getuscht, st. Bl. brillant in Farben, 3 Zoll ohne zu platzen, bauet sich herrlich, in allen Betracht ein Prachtstück, kann aber nur ein Senker abgelassen werden, und nicht anders als 1 rthl. 8 gr.
51 Mamerkus Skaurus, g. E. B. rof. viol. letzteres selten, schmal, jedoch reinlich gezeichnet, kurz gezähnt, sonst ohne Fehler, über 2 Zoll 20 gr.
52 Aphrodite, Feuerf. in ledergelben Grunde, besonders cram. Picottmäßig getuscht ** fast o über 2 Zoll, selten, und Jedermann auffallend 18 gr.
70 Adolphine Schumann, aschgraue Doublette mit inc. schöner als Vue de N. über 2 Zoll. 20 gr.
72 Albonicos Gellert, kupferfarbene Bis. inc. br. schön im Bau und Zeichnung über 2 Zoll. 22 gr.

Vorstehende Saamen-Blumen sind mit aller Genauigkeit geprüft, und unter mehrern hunderten der Auswahl gewürdiget worden; künftige Flor wird die Beschreibung weit übertreffen, und ich bin es gewiß überzeugt, daß Niemand an diesen Blumen einigen Tadel finden soll. Ich habe auf alle Regeln so zu ciner vollkommenen Blume gehören, Rücksicht genommen, und nicht vergessen, daß Hogarth Richtigkeit, Mannigfaltigkeit, Gleichförmigkeit, Deutlichkeit, Verwickelung und Größe, als Schönheits=Regeln vestgesetzt, welche auch mein Maaßstab gewesen sind. Ich zweifle daher nicht, daß ich dem Blumen=Publicum durch Aufnahme dieser neuen Nelken=Sorten, und durch Mittheilung derselben ein angenehmes Geschenk mache, und hoffe auch darüber Verzeihung, daß ich solche im ersten Jahre nicht gegen Tausch weggebe, indem sie sonst zu gemein werden, mithin schon einen großen Theil ihres Werths verlieren würden, da man bey der jetzigen großen Menge Nelken=Liebhaber, ohnedem auf die Seltenheit einer Blume mit sehen muß, wenn man anders etwas besonders haben will, doch muß damit kein Neid verbunden seyn, den ich auf der andern Seite weit mehr hasse, aus welchem Grunde ich auch nur einen sehr mäßigen Preis denen vorstehenden Blumen beygesetzt, der in Rücksicht meiner Bekannten noch einen Rabatt leidet, worauf aber Fremde keinen Anspruch machen dürfen.

J. H. Albonico.

XI.

Nelken-Verzeichniß

des

Raths-Syndicus

Johann Heinrich Albonico

zu Döbeln,

aufs Jahr 1795.

Vorerinnerung.

So sehr mich auch der im letztern Winter erlittene Verlust gedrückt, so hatte ich doch das Vergnügen, diesen Sommer, eine Sammlung von 600 Sorten auf meinen Stellagen blühen zu sehen, und wenn einige blumistische Herrn Collegen aus dem im Frühjahr in denen Leipziger Zeitungen eingerückten Avertissement, den schiefen Schluß faßten, daß ich gar keine Nelken mehr hätte, wie solches kürzlich Jemand gegen einen meiner Freunde geäußert, so ist dis wohl eine Folge ihres Neides, und müssen sie sehr schlecht von meiner Einrichtung unterrichtet seyn; freylich brachte ich von mehr als 2000 Senkern, und von 700 Sorten, circa 400 Sorten aus dem Winter-Quartier; allein meine Freunde, denen ich hiermit öffentlich danke, unterstützten mich dergestalt, daß gleich nach Bekanntmachung meines Unglücks von allen Orten her ansehnliche Beyträge erhielt, so daß ich in kurzer Zeit meine sämtlichen Stellagen wieder besetzt sah, einiges kaufte ich hinzu, und diesen Sommer vermißte Niemand etwas in meiner Flor; indessen habe ich aus mehrern zusammenstoßenden Umständen, den Vorsatz gefaßt, den eigentlichen Blumenhandel aufzugeben, und sollen nur ganz neue Saamen-Blumen das Schicksal des Verkaufs haben, dagegen die im nachstehenden Catalog ohne Preis aufgeführten meinen Bekannten und mit mir bereits in Blumististischer Verbindung stehenden Freunden unter gewöhnlichen Bedingungen und gegen Tausch zu Diensten stehen, wobey ich jedoch erinnern muß, daß fremde und mit mir nicht in Verbindung stehenden Personen hierauf keine Ansprüche zu machen haben. Meine Sammlung selbst, ist diesen Sommer wieder von 600 Sorten bis auf 450 reduciret, weil alles, was nur einigermaaßen mittelmäßig erschien, ausgemustert wurde, und sind die beybehaltenen gewiß Blumen, so jederzeit den ersten Rang behaupten. Von meinen Freunden habe ich schon wieder einige Hundert neue gezeichnet, und künftige Flor wird es lehren, was davon beybehaltungswerth seyn wird, da ich sie denn auch bekannt machen werde. Ich eile nunmehr zur Beschreibung der Blumen selbst.

a) Picotten im weißen Grunde.

162 Agathe, h. viol. in blendend Weiß, sehr reinlich gezeichnet *** st. Bl. über 2 Zoll.
417 Aglaia, h. viol. reinlich gezeichnet, kurz gezähnt über 2 Zoll, o. B.
312 Alberoni, h. leafchtes Braunroth fast o über 2 Zoll.
195 Albonico, h. aschgr. kurz gezähnt, über 2 Zoll.
37 Alimena, sp. bräunl. viol. scharf und regelmäßig, auf jedem Blatte gezeichnet, über 2 Zoll, o. B.
67 Alvaros de luna A. r. lackroth, vollgezeichnet, st. Bl. über 2 Zoll.
473 Amalie, h. ponceau, o. B.
145 Amphitride, r. aschbl. sparsam in Senkern o. B.
295 Artamene, h. pomp. kurz gezähnt, * baut sich herrlich, 3 Zoll.
116 Balckland, h. br. A. rar. illum. in blendend Weiß st. Bl. 3 Zoll.
219 Bartolozzi, h, viol. st. Bl. * über 2 Zoll.
534 Baſſa von Aleppo, h. purp. voll gezeichnet, fast st. Bl. über 2 Zoll, o. B.
123 Beatrix, h. inc. reinlich und schön gezeichnet, st. fast o über 2 Zoll.

472 Belle Caroline, h. violetbl. in sehr weißem Grunde, auffallend gezeichnet, kurz gezähnt, über 2 Zoll.
564 Belle cramoifine, h. cram. o. V.
553 Belle Sophie, r. bläul. rof. o. V.
39 Cardinal Rifchelieu A. h. pompad. steifes ft. Bl. sparsam in blendendWeiß gezeichnet *** über 2 Zoll.
477 Carl Hoeffer, h. kupferroth, sehr fein, doch vollgezeichnet, fast ft. Bl. beynahe 3 Zoll, prächtig.
354 Caroline, fr. incarn. etwas gezähnt, sonst herrlich über 2 Zoll.
153 Caroline Foerster, h. hochrof. sehr fein und voll. fast römisch gezeichnet ** beynahe ft. Bl. über 2 Zoll macht ihrem Zusender Ehre.
353 Caroline Stolberg, h. dunkelviol. kurz gezähnt o.V.
234 Caftor, h. dunkelpurp. o. V.
427 Cerberus, h. morderée, mehr br. ft. Bl. über 2 Zoll, o. V.
5 Charlotte Lehmann, A. h. rof. ft. fast o vollgezeichnet, große Knospe mit wenig Hülfe unpl. 3 Zoll, verlangt fett Land, wenn sie schön blühen soll.
299 Chevalier Villeneuve, h. florentiner Lack, in blendend Weiß, voll fast römisch gezeichnet, pergamentsteifes fast ft. Bl. *** über 2 Zoll.
579 Chloe, h. aschgr. o. V.
546 Circe, h. br. dunkle Zeichnung ft. Bl. ** über 2 Zoll.
587 Comteffe d'Einfiedel, h. kupferrose, in glänzend weißem Grunde, rar. illum. o ** daumenstarke Knospe, unpl. fast 3 Zoll.

524 Conſtantinus magnus, ab. purp. in bleudend Weiß, bloße Rand=Zeichnung, unmerklich gezähnt, über 2 Zoll.
269 Cunigunde, nb. viol. kurz gezähnt über 2 Zoll.
48 Deiphobus, h. purp. in hohem Weiß, baut ſich zir= kelrund, über 3 Zoll.
205 Diego, d. h. ſcharl. ſchön gezeichnet. o. V.
289 Digby, h. mit einem beſondern Roth, ſo gleichſam wie mit Aſche überdünget iſt, kurz gezähntes faſt ſt. Bl. baut ſich auf einem ſehr hohen Stengel ſchön, über 2 Zoll.
464 Don Carlos, h. pompad. kurz gezähnt, faſt 3 Zoll.
213 Don Petro, fr. aſchroth, o. V.
360 Euphorbia, r. aſchgr. fein und regelmäßig gezeich= net, nur 2 Zoll groß, aber ſelten und ſchön.
508 Eveque de Merdin, fr. aſchfärbigen colombin o. V.
563 Feldmarſchall Moellendorf, h. aſchroth, o. V.
403 Florentine, h. lactr. ſchön gezeichnet, ſt. Bl. über 2 Zoll.
180 Friedrich v. Schoenfels, h. roſ. haarfeine, doch vol= le Zeichnung ſt. Bl. ** über 2 Zoll.
267 Friz, h. purp. ſt. Bl. faſt 3 Zoll.
33 General Clairfait, fr. cram. o ſchön gebauet 3 Zoll.
569 Geraldini, h. aſchblau, fein gezeichnet, faſt ſt. Bl. über 2 Zoll.
414 Gloria rubrorum, h. hochroſ. ſteifes faſt o über 2 Z.
124 GraefinMedina, h. ſcharl. prächtig gezeichnet, ſt. Bl. über 2 Zoll.

432 Graf Schwerin, h. purp. * braucht Hülfe pyramidalisch, jedoch vollgezeichnet, kurz gezähnt, über 2 Zoll.
31 Graf v. Elgin, A. h. dunkelbr. in blendend Weiß, kurz gezähnt über 2 Zoll.
589 Granadilla, sp. brennend scharlach, st. Bl. über 2 Zoll o. V.
386 Grandison, h. rof. reinlich gezeichnet über 2 Zoll.
117 Grand Pontife, h. scharlach, fein gezeichnet, schön gebauet, o. V.
581 Grazie, h. ponceau, pyramidalisch aber vollgezeichnet, kurz gezähnt, über 2 Zoll.
48 Hannchen, h. aschgr. etwas gezähnt * 3 Zoll.
21 Henriette v. Reibold, h. feu. o. V.
186 Herzog v. Rex, h. cram. vollgezeichn. st. fast o über 2 Zoll.
41 Hieronymus v. Martino, A, h. rofa o. V.
244 Horatius, h. viol. volle Zeichnung st. Bl. über 2 Zoll.
583 Hypatia, h. cram. in blendend Weiß, fast st. Bl. *** über 2 Zoll, o. V.
333 Idali, h. viol. o. V.
175 Jeanette, H. nd. dunkelpurp. kurz gezähnt fast 3 Zoll, o. V.
330 Ildefonse, h. rof. ist mehr aschrof. kurz. gez. * baut sich aber gut, über 2 Zoll.
111 Juweele v. Anhalt, h. pfirschblüth, voll fast römisch gezeichnet, kurz gezähnt, fast st. Bl. baut sich gut, über 2 Zoll.
261 Kant, h. incarn. hat nicht geblühet.

57 Kresners D. Reinhardt, h. purp. faſt. ſt. Bl. über
   2 Zoll, o. V.
138 Kresners Legationsrath Wend, h. purp. ſteifes ſt.
   faſt o über 2 Zoll.
258 La Floriſante, h. ſcharlach, hat nicht geblühet, o. V.
366 Lamurette, ſp. florentinerlack, ſt. faſt o über 2 Zoll.
363 Laura, h. roſ. ſt. Bl. zärtlich, über 2 Zoll.
594 Leers weiſſe Picotte, nb. blaßr. blühte nicht in glor.
246 Lentulus, h. viol. rar. illum. o über 2 Zoll.
317 Lipſienne, r. ſcharlach, ſehr regelmäßig und voll gezeichnet, kurz gezähnt, über 2 Zoll, o. V.
260 Liſette, h. ponceau, hat nicht geblühet.
 55 Lord Malmeſpury A. h. viol. in blendend Weiß,
   reinlich gezeichnet, ſt. Bl. über 2 Zoll.
220 Mariane Becker, h. aſchgr. *** kurz gezähnt, über
   2 Zoll.
585 Marius, h. aſchroth, rein und regelmäßig gezeichnet,
   kurz gezähnt, baut ſich vortreflich über 2 Zoll, o. V.
154 Mazarin, r. viel. ſt. Bl. über 2 Zoll, prächtig.
341 Millot, h. aſchgr. ſchön gezeichnet, etwas gezähnt *
   baut ſich gut, über 2 Zoll, o. V.
 61 Monaldini A. r. hochroſ. volle Zeichnung * baut ſich
   aber herrlich, ſteht lange in Flor, über 3 Zoll.
230 Nadine, h. dunkelpurp. blendend weiß, vollgezeichnet ſt. Bl. über 2 Zoll.
134 Northumberland A. h. viol. in blendend Weiß,
   ſammetartige, reinliche und contraſtif. Zeichn. ſehr
   hohen Stängel, kurz gezähnt, faſt ſt. Bl. 3 Z. ſchön.

379 Olivia, h. feu bloße Pyramide, faſt o nahe an 3 Zoll.
262 Orpheus, h. ceriſe hat flos in flore, blüht aber gut heraus, baut ſich ſchön und 3 Zoll, o. W.
365 Paiſanne, h. ceriſe, iſt gezähnt, über 2 Zoll.
599 Palmira, h. br. ſteifes ſt. Bl. gemiſchter Bau, über 2 Zoll.
209 Penteſilae, h. viol. ſt. Bl. * braucht Hülfe, faſt 3 Z.
441 Perlenſchnur, h. inc. faſt ſcharlach kurz gezähnt * braucht Hülfe, 3 Zoll.
18 Petrarca, r. dunkelbr. volle Zeichnung, unpl. 3 Zoll.
242 Philoſoph de Potsdam, h. viol. bloße Pyramide, o über 2 Zoll.
593 Pope, h. bleyſtift. o. W.
445 Porphiria, r. cram. mehr dunkelviol. * 3 Zoll. o. W.
190 Prinz v. Coburg, h. dunkelbr. kurz gezähnt ** contraſtiſch und auffallend gezeichnet, über 2 Zoll.
286 Pſyche, r. roſ. ſehr fein und voll gez. ſt. Bl. über 2 Zoll, baut ſich herrlich, eine auffallende Blume.
226 Ramler, h. feu. faſt. ſt. Bl. über 2 Zoll.
311 Ranffts Anaxagoras, h. inc. zuweilen auch als P. B. mit purp. kurz gezähnt *** faſt 3 Zoll.
268 Ranffts Don Carlos, h. hochroſ. ſchön gezeichn. ſt. Bl. über 2 Zoll.
429 Ranfts Julius Caeſar, fr. lackroth ſt. Bl. faſt 3 Zoll.
435 Ranffts Luckner, h. purp. in hohem Weiß, voll und ſammetartig gezeichn. o faſt 3 Zoll.
561 Romane, h. dunkelbr. etwas gezähnt ** platzt, baut ſich aber herrlich, 3 Zoll.

535 Rose feu de grandvaleur, h. ros. dunkle Zeichnungsfarbe, pyramidalisch gezeichnet, st. fast o über 2 Zoll.
224 Rose tendre, h. ros. st. Bl. sehr zart über 2 Zoll. o. W.
548 Rose touchante, h. ros. sehr fein gezeichnet, st. Bl.
über 2 Zoll.
271 Rudolph v. Habsburg, h. viol. sehr vollgezeichnet,
st. Bl. fast 3 Zoll.
361 Ruthenia, r. incarnatrose, in blendend weißem
Grunde, kurz gezähnt, baut sich schön, über 2 Zoll,
übertrift alles in der Art.
206 Saint Preux, h. purp. kurz gezähnt, über 2 Zoll.
362 Schach Nadir, h. hellviol. fast st. Bl. über 2 Zoll.
357 Seneca, h. aschgr. hat nicht geblühet. o. W.
27 Seraph, h. hochscharlach, volle regelmäßige Zeichnung, 3 Zoll prächtig.
332 Severa, nb. aschbl. viel Krume* baut sich aber wegen ihrer kurzen steifen Blätter=Stiele herrlich,
über 2 Zoll.
277 Sethos, h. purp. contrastisch und rein gezeichnet *
3 Zoll.
377 Sidow, r. aschrose, so zuletzt aschgr. wird, sehr fein
gezeichnet, o über 2 Zoll. o. W.
44 Siegismund Loffredo A. h. rosa, fein gezeichnet,
ganz kurz gezähnt, über 2 Zoll.
370 Vandigk, h. dunkelcolombin, blendend weißer
Grund, unmerklich gezähnt * baut sich aber herrlich, fast 3 Zoll, hat wenig ihres gleichen.
256 Vespasianus, h. lackroth. o. W.

191 Veſtalin, ſp. hochroſ. volle Zeichnung, kurz gezähnt, faſt 3 Zoll, empfiehlt ſich durchgängig.
372 Violet ſuperbe, r. cerife, ſt. Bl. faſt. 3 Zoll.
89 Wilhelmine Hüttner, h. pompad. voll faſt r. gezeichnet, ſt. Bl. über 2 Zoll.

b) **Picotten in gelbem Grunde.**

203 Aimable beauté, h. inc. mehr roſ. o über 2 Z. o. V.
161 Artemiſia, h. feu faſt ſt. Bl. über 2 Zoll.
62 Aſtaroth, h. viol. o. V.
584 Aurantia, nb. br. kurzgezähnt über 2 Zoll, o. V.
395 Belle brillante, h. br. brennende Zeichnung in ſchönen reinem Grunde, kurz gezähnt, über 2 Zoll.
452 Bell Emilie, h. cram. ſehr volle doch regelmäßige Zeichnung in reinem Grunde, faſt ſt. Bl. * baut ſich aber gut, über 2 Zoll, o V.
364 Bianca II. h. dunkelviol. hat nicht geblühet.
469 Cari Weickert, h. br. o. V.
307 Caſſandra, h. roſ. ſt. Bl. rar. illum. ſehr groß.
266 Caſſiopeia, h. aſchroth, ſehr fein gezeichnet, ſt. Bl. über 2 Zoll.
6 Ceres, blühte nicht in gloria. o. V.
419 Chlorinde, h. cham. expreſſiv gezeichnet, unmerklich gezähnt, über 2 Zoll
439 Chriſtel, h. incarn. ſt. Bl. fein gezeichnet, über 2 Zoll.
36 Clariſſe, h. cham. hohe Zeichnung * baut ſich gut über 2 Zoll. o. V.

350 Clariſſa II. h. incarn. prächtige Grundfarbe ſt. Bl. über 2 Zoll.
321 Clementine, h. br. ſehr voll gezeichnet, in ſchönem Grunde, faſt ſt. Bl. über 2 Zoll.
557 Clementine II. h. ſcharl. voll und auffallend gez. o faſt 3 Zoll, prächtig.
259 Conſtantia, h. feu, hat nicht geblühet.
430 Cydli, h. purp. vollgezeichnet, kurz gezähnt, faſt 3 Zoll.
235 Cythere II. cham. reinlich gezeichnet, kurz gezähnt, über 2 Zoll.
170 Delicateſſe, fr. carmin, ſt. Bl. über 2 Zoll.
94 Diadem de Nordhauſen, h. aſchgr. ſt. Bl. reinlich gezeichnet, über 2 Zoll.
252 Emilie, h. inc. feurige Zeichnung, in hochgelbem Grunde * über 2 Zoll, b. V.
56 Erſkine A. h. inc. feine regelmäßige Zeichn. ſchöne Grundfarbe, ſt. Bl. über 2 Zoll.
422 Faliſco, h. zinnober, kurz gezähnt, über 2 Zoll.
291 Fauſta II. h. inc. faſt ſt. Bl. über 2 Zoll.
600 Favorite ſuperbe, h. roſ. ſt. Bl. voll und ſchön ge= zeichnet, über 2 Zoll.
393 Flora, h. inc. im Geſchmack der Emilie, über 2 Zoll
558 General Elliot, h. br. mehr pompad. auffallende Grund= und Zeichnungsfarbe, kurz gezähnt, über 2 Zoll.
177 Gioconda, fr. purp. kurz gezähnt *** über 2 Z. o. V.
351 Gloria Nordhuſae, h. aſchr. kurz gez. ** über 2 Z.

104 Glorie de Jena, h. scharlach, hat nicht geblühet.
133 Hambden A. h. cram. in reinem Grunde, voll contrastischer Zeichnung, fast st. Bl. über 2 Zoll.
53 Heinrich Hesse A. h. viol. nicht geblühet. o. W.
9 Herzog von Montmuth A. h. scharl. fast o 2 Zoll.
115 Hieronymus Lobos A. h. br. nicht geblühet.
453 Honorata, nb. mehr fr. violetroth, brillant in Farben, unpl. 3 Zoll. o. W.
398 Illustrissima, h. br. in reinem Grunde, voll und auffallend gezeichnet, unmerklich gezähnt, über 2 Zoll.
168 John Howard A. h. braunroth, brillant in Farben, st. Bl. über 2 Zoll.
23 Kreßners Secretair Demiani, h. purp. kurz gezähnt, über 2 Zoll.
149 La Comteße, h. bläulich, cram. st. Bl. über 2 Zoll. o. W.
420 L'amoureuse, h. viol. dunkle Zeichnungsfarbe, st. Bl. über 2 Zoll.
65 Leopold, h. colombin, herrlich, aber o. W..
166 Lathonia, h. kupfericht, rof. o. W.
507 Lorenzo, h. kupfericht, rof. fein und voll gezeichnet, viel Krume, unmerklich gezähnt, 3 Zoll.
184 Lucinde, h. scharlach, blühte nicht, o. W.
349 Mabonne, h. dunkelroth, vollgezeichnet, kurz gezähnt, über 2 Zoll.
109 Marquis del Borgo A. h. pompad. ganz kurz gezähnt, schöne, ins Auge fallende Grundfarben, unpl. fast 3 Zoll.

183 Meta, h. aſchgr. mehr aſchroth, der Grund wird in der Sonne leicht weiß, über 2 Zoll.
 98 Minna, h. roſ. fein gezeichnet, faſt ſt. Bl. über 2 Z.
575 Mithridates II. h. cram. im ſchwefelgelben Grunde, ſcharf und vollgezeichnet faſt ſt. Bl. o. V.
316 Mon plaiſir, h. dunkelviol. hat nicht geblühet. o. V.
293 Olympia, h. purp. ** faſt ſt. Bl. über 2 Zoll.
119 Plato le philoſophe, h. purp. o prächtig, aber o. V.
 49 Praedominante, h. purp. mehr viol. unmerklich ge= zähnt, * ſehr groß.
263 Prinz Carl, h. viol. faſt ſt. Bl. beynahe 3 Zoll.
198 Priſca, nb. br. reine Zeichnung, im blaßgelben Grun= de, faſt ſt. Bl. über 2 Zoll.
500 Ranffts Alcmene, h. inc. im hochgelb. Grunde, bren= nende Pyramidal=Zeichnung, auf weißer Unterlage, ſchön gebauet, über 2 Zoll.
437 Ranffts Clairfait, h. purp. ſteifes kurz gezähntes Blatt *** über 2 Zoll. o. V.
442 Ranffts Duc de Broglio, h. lackroth o ** vollgezeich= net, über 2 Zoll. o. V.
240 Ranffts Frize, h. braun reinlich in Grund und Zeich= nungsfarbe, kurz gezähnt, über 2 Zoll, o. V.
488 Roſaſpiegel, h. hochroſ. o. V.
485 Roſe illuſtre, r. roſ. ſehr fein gezeich. blaſſe Grund= farbe, ſo in der Sonne leicht ausbleicht und weiß wird, faſt ſt. Bl. über 2 Zoll.
396 Roſe ſans epines, h. roſ. o. V.

324 Scylla II. h. viol. eine in Grund- und Zeichnungsfarbe auffallende Blume, über 2 Zoll.
78 Seifferts No. 720, nb. pomp. Grund- u. Zeichnungsfarbe auffallend, ist etwas gezähnt, sonst ohne Fehler über 2 Zoll. Ich habe sie ohne Namen erhalten.
424 Selmar, h. viol. kurz gezähnt, über 2 Zoll.
586 Socrates, h. bleystift, fein gezeichnet, st. Bl. über
2 Zoll.
272 Sophronispe, h. viol. feine Zeichnung, st. Bl. über
2 Zoll.
446 Sultane valide, h. cham. beym Abblühen verwandelt sich solches in ein besonderes Roth, kurz gezähnt,
* braucht Hülfe, fast 3 Zoll.
329 Tenerrima, h. rof. die Zeichnung hat weiße Unterlage, st. fast o über 2 Zoll.
384 Thomson A. h. viol, coursirt auch, nachdem sie in
den Händen der Wiedertäufer gewesen, unter dem
Namen Grand Triomph, hat flos, in flore, blüht
gut heraus, baut sich, wenn man die Hülse hinweg
schneidet, zirkelrund, steifes st. Bl. über 3 Zoll, bleibt
immer ein Prachtstück.
274 Veronica, nb. viol. * kurz gezähnt, 3 Zoll.
426 Volcker, ab. viol. st. Bl. *** über 2 Zoll.
334 Wilhelmine, h. cham. kurz gezähnt * große Blätter,
fast 3 Zoll.
568 Wustemann, h. dunkelrof. blühte nicht in gloria.

c) Weiße Picottbizarden.

457 Ambaſſadeur, r. roſ. purp. o. V.
516 Amor, h. roſ. viol. erſteres ſehr fein, letzteres fleck=
weiſe, ſt. Bl. über 2 Zoll.
543 Angelo, h. roſ. cram. ſt. Bl. rar. illum. über 2 Zoll.
496 Appelles, h. roſ. purp. ſt. Bl. über 2 Zoll.
483 Azemira, h. feu. pompad. letzteres fleckweiſe, hoch=
weißer Grund, ſteifes ſt. Bl. ſchöner Bau, über
2 Zoll. o. V.
512 Bellaſtro, h. roſ. viol. ſt. faſt o über 2 Zoll.
520 Bellona, h. ponceau, pomp. o feine Zeichnung, über
2 Zoll.
296 Bianca, h. ponceau, carmoiſ. * kurz gezähnt, 3 Zoll.
284 Candida, h. roſ. viol. faſt ſt. Bl. * ſehr groß.
390 Canot A. h. inc. pompd. ſt. Bl. rat. illum. blendend
weißer Grund ** über 2 Zoll. *
58 Caſſius, h. aſchroſ. viol. letzteres ſparſam, und blüht
zuweilen nur als Picotte mit aſchroſ. ſo zuletzt aſch=
grau wird, kurzgezähnt *** über 2 Zoll. o. V.
518 Caſtalide, h. ſcharl. br. letzteres ſparſam in blendend
Weiß, ſteifes ſt. Bl. über 2 Zoll.
150 Caſtamon, h. roſ. viol. o. V.
408 Chriſtalline, h. roſ. purp. das erſte paſtellartig, voll
faſt römiſch gezeichnet, o *** über 2 Zoll.
218 Clotho, h. roſ. viol. iſt mit ſans doute, eine Blume,
faſt über 2 Zoll, herrlich.
132 Coloroſa, h. kupf. br. o. V.

E 3

85 Corregio, h. rof. viol. o. B.
344 Cofa rara, h. rof. purp. steifes st. Bl. über 2 Zoll.
68 Coftanzo A. h. inc. br. kurz gezähnt, hohen Stängel, * baut sich mit einiger Hülfe, fast 3 Zoll.
409 Creufa, h. rof. br. steifes st. Bl. voll und abstechend gezeichnet, über 2 Zoll.
379 Daphnis, h. rof. viol. rar. illum. st. Bl. über 2 Zoll.
517 Duc de Jena, h. rof viol. feine scharfe und volle Zeichnung, * baut sich gut, fast st. Bl. über 2 Zoll.
229 Erafmus Schleicher, fr. scharl. cerife, fast st. Bl. * beynahe 3 Zoll.
80 Erdmann von Gersdorff A. h. rof. lackroth ersteres pastellartig, st. Bl. *** über 2 Zoll.
187 Euclides, r. rof. viol. st. Bl. fast 3 Zoll. o. B.
399 Freund Koehler, h. rof. purpurbl. st. Bl. * fast 3 Z. o. B.
392 Fleur roiale, h. rof. viol. kurz gezähnt, schön im Bau und Zeichnung, über 2 Zoll.
503 Graefin von Walderfae, h. rof. viol. rar. illum. steifes o über 2 Zoll.
207 Graf Artois, h. feu. cerife, st. fast o *** über 2 Zoll.
487 Graf v. Hertford, h. scharl. purp. * baut sich aber zirkelrund, über 2 Zoll.
151 Henritte, rof. viol. st. Bl. schön. o. B.
305 Hercules, h. rof. viol. fast purp. voll und contrastisch gezeichnet, fast st. Bl. herrlich, über 2 Zoll.
404 Herzogin von Weimar, h. rof. viol. steifes fast o rar. illum. über 2 Zoll.

301 Isabelle delicate, h. rof. viol. kurz gezähnt ** über 2 Zoll, schön.
148 Kaifer Zimifka A. nb. feu. br. o. V.
306 Klopstock, h. scharl. pomp. in hochweißem Grunde steifes fast o über 2 Zoll.
176 Kunz von Kaufungen, h. rof. purp. o. V.
501 Lachesis, h. inc. br. fein und sparsam gezeichnet, st. fast o über 2 Zoll.
498 La magnifique, h. feu. br. kurz gezähnt, * über 2 Z.
521 Landtag, h. hochrof. viol. steifes st. Bl. *** über 2 Z.
197 L'esperence a la couronne imperiale, h. scharl. pur= purbl. hat nicht geblühet.
400 Lord Weymouth, h. inc. purp. auffallende Grund- u. Zeichnungsfarbe, kurz gezähnt *** über 2 Z. schön.
223 Marc Aurel, h. rof. purp. voll fast römisch gezeich= net, contrastisch in Farben, fast o über 2 Zoll.
590 Milton, h. rof. afchr. viol. st. Bl. * über 2 Zoll.
238 Neptun, h. feu. cram. in hagelweißem Grunde, volle Zeichnung. st. Bl. über 2 Zoll.
92 Ofmann, h. scharl. morderée st. Bl. contrastisch und auffallend gezeichnet, über 2 Zoll.
502 Pantheus, h. scharl. cerife, in Hagelweiß. o rar. il- lum. ** über 2 Zoll.
237 Perl v. Eifenach, inc. br. o *** über 2 Zoll.
66 Pfeilschmidts Claudius, h. scharl. br. hat Zähne, über 2 Zoll. o. V.
159 Pfeilschmidts General Pfeilizfcher, h. inc. purp. kurz gezähnt, * 3 Zoll.

179 Pfeilschmidts Inspector Müller, h. kupf. puce schön und expressiv gezeichnet, kurz gezähnt, über 2 Zoll.
471 Pharus, h. feu. cram. o. V.
158 Phorbanta, h. inc. br. unmerklich gezähnt, übee 2 Z.
281 Pillackus, h. rof. purp. o. V.
567 Pindarus, h. feu. br. regelmäßige Zeichnung, etwas gezähnt, jedoch verbirgt ihr schöner Bau die Zähne, fast 3 Zoll. o. V.
375 Plaifanterie, h. scharl. mordereé, st. Bl. über 2 Zoll.
539 Polymnia, r. feu. br. hat nicht geblühet.
506 PrinzFerdinand inAltenburg, h. inc. br. rar. illum. o über 2 Zoll.
174 Prinz Ferdinand von Braunschweig, ft. rof. viol. letzteres fleckweise kurz gezähnt, über 2 Zoll.
530 Ranffts aimable, h. hochrof. florentinerlack, steifes ft. Bl. *** über 2 Zoll.
292 Ranffts Bias, h. feu. cerise, in hagelweißem Grunde, vollgezeichnet *** über 2 Zoll.
113 Ranffts Brunette, h. inc. pompad. voll und contrast. gezeichnet, fast ft. Bl. schön gebauet, über 2 Zoll.
394 Ranffts Comte de Vaux, h. scharl. pompad. kurz gezähnt, viel Krume, über 2 Zoll.
510 Ranffts Lotte, h. scharl. br. vollgez. unmerkl. gez. 2 Z.
326 Ranffts Prinz Eugen, h. inc, cerise, fast rar. illum. ft. Bl. o. V.
75 Ranffts Tacitus, h. feu br. mehr scharl. als feu, kurz gezähnt, baut sich schön, über 2 Zoll.
596 Rose delicieuse, h. rof. viol. o. V.

144 Schenk v. Vargula, h. feu purp. o. W.
17 Seneca, h. rof. viol. afchr. o. W.
165 Summa Summarum, h. rof. viol. o rein gezeichnet, über 2 Zoll, prächtig.
79 Theodora, h. inc. purp. letzteres sparsam, steifes st. Bl. reinlich gezeichnet, über 2 Zoll.
182 Timandra II. h. rof. purp. st. Bl. sparsam gezeichnet
* baut sich aber mit einiger Hülfe gut, 3 Zoll.
221 Veronica, h. feu. purp. kurz gezähnt, über 2 Zoll.
254 Virgilius, h. scharl. purp. vollgezeichnet, steifes o über 2 Zoll.
106 Von Herzberg, h. aschgr. purp. o. W.
2 Wendelin, h. roth, puce, fast o * über 2 Zoll, o. W.
208 Zoar, h. kupf. br. fast o über 2 Zoll.

d) Gelbe Picottbizarden.

411 Antiope, h. rof. purp. reine regelm. Zeichn. in herrl. Grundfarbe, baut sich zirkelrund, st. Bl. über 2 Zoll.
327 Bell' amante, h. scharl. br. blühte nur als Pic. mit br. kurz gezähnt, *** über 2 Zoll.
247 Benette', r. feu br. o. W.
471 Demoiselle n' Armand, h. feu cram: st. Bl. über 2 Z.
107 Diadem de Flora, r. roth purpurbl. o ** so dicht gezeichnet, daß man keine Grundfarbe sieht, über 2 Z.
29 Dominande, fr. rof. cram. st. Bl. über 2 Zoll, o. W.
257 Edlinger, h. inc. cram. ersteres pastelartig, schönes gelb, st. Bl. *** über 2 Zoll.

310 Egeria, h. feu br. o. B.
249 Electra, h. roth, colomb. erſteres ſelten, ſt. Bl. über 2 Zoll.
217 Emma, h. roſ. purp. faſt ſt. Bl. o. B.
348 Erbprinz, h. hochfeu, faſt ſcharlach und cram, ſt. mehr o baut ſich gut, über 2 Zoll.
105 Fichte, h. fleiſchfarbe, aſchgr. o. B.
146 Galattee, nb. roſ. cram. ſt. Bl. *** über 2 Zoll.
573 Gräfin von der Leyhen, h. roſ. cram. haarfeine Zeichnung, kurz gezähnt ** über 2 Zoll.
143 Grand Valeur, h. aſchroth, purp. Hat nicht geblüht.
102 Herzog von Beaufort A. fr. fen br. ſt. faſt o* baut ſich mit einiger Hülfe gut, faſt 3 Zoll.
 47 Hilario, h. hochroſ. purp. ſt. Bl. über 2 Zoll.
373 Hugo, h. zinnober cerife, ſt. faſt o** über 2 Zoll.
343 Hymen, h. roſ. lactr. ſt. Bl. über 2 Zoll.
505 Juweele de L. h. roſ. cram. o. B.
294 Kaiſer Leopold, h. feu purp. blüht oft nur als Picotte, mit purp. ganz ſt. Bl. über 2 Zoll.
121 Kremſier, h. inc. br. ein Prachtſtück, o. B.
225 Krone von Berenburg, h. inc. purp. * blühte nur mit purp. kurz gezähnt, über 2 Zoll.
490 La glorie, auch Königin von Spanien, h. inc. purp. iſt mir unter beyden Namen zugeſendet worden, und in den Händen der Wiedertäufer geweſen, hat ſt. faſt o über 2 Zoll.
108 La richeſſe, h. roſ. viol. das roſ. iſt paſtellartig, kurz gezähnt, über 2 Zoll.

188 Mercur, h. inc. purp. o. B.
514 Minna, h. inc. purp. o. B.
160 Montmorency, h. rof. purp. hat nicht geblühet.
245 Mozard, ital. kupf. afchgr. o. B.
200 O Jemine, h. lichte cram. br. auffallend, in Grund=
und Zeichnungsfarben, kurz gezähnt, über 2 Zoll.
459 Olympia II. h. rof. cram. ft. Bl. ** über 2 Zoll.
76 Pfeilfchmidrs Profeffor Henrici, h. rof. purp. o. B.
479 Philemon, h. rof. viol. o. B.
71 Pizziki, h. chair, afchbl. hat nicht geblühet.
211 Plato, h. inc. cerife, letzteres fleckweife, faft rö=
mifche Zeichnung, fteifes ft. Bl. * über 2 Zoll.
97 Plinius, h. fen. br. volle Zeich. ft. Bl.* über 2 Zoll.
1 Princeffin Maria Therefia, h. rof cram. o. B.
468 Prinz Ferdinand in Stolberg, h. rof. afchr. Ich ha=
be kein rofa gefehen, als Picotte mit afchgr. blühte
fie aber herrlich.
40 Prinz von Caftel franco A. h. inc. purp. im hochgel=
ben Grunde, voll gezeichn. faft ft. Bl. über 2 Z. o. B.
577 Propertuis, h. fen. br. vollgezeichnet, ft. Bl. über
2 Zoll. o B.
460 Reine d'Espagne, fr. rof. viol. o. B.
412 Sanspareille III. h. fcharl. cerife, kurz gezähnt, über
2 Zoll.
574 Scanderbeck, nb. dunkelrof. purp. kurz gezähnt
über 2 Zoll. o. B.
555 Seneca, h. rof. purp. o. B.
3 Seraphine, h. feu purp. hat nicht geblühet.

580 Thalia, h. dunkelrof. purp. kurz gezähnt, vollgezeich=
net, über 2 Zoll.
565 Veronese, h. rof. purp. st. Bl. über 2 Zoll, schön.
16 Veturia, r. rof, viol. o. B.
95 Zeno, h. hochrof. br. * über 2 Zoll, o. B.
91 Zopyrus, h. rof. purp. etwas gezähnt * fast 3 Zoll.

c) Weiße Doubletten.

288 Adelheid, E. rof. fast o *** über 2 Zoll.
171 Alcmene, E. inc. o schön, über 2 Zoll.
163 Appelles, E. scharl. st. Bl. *** über 2 Zoll, auffal=
lend, o. B.
562 Beatrix, E. rof. hat nicht geblühet.
122 Bell Emilie II. E. blaßrof. o. B.
448 Chloris, E. blaßfeu, st. Bl. *** über 2 Zoll, schön.
447 Feu brillaud, E. feu. o vollgezeichnet, über 2 Zoll.
152 General Riedefel, E. cram *** platzt, baut sich aber
gut, über 2 Zoll.
243 Graefin v. Lüttichau, E. blaßrof. o ** reinlich doch
vollgezeichnet, fast 3 Zoll.
112 Heroine, E. viol. o sehr voll, doch scharf und abste=
chend gezeichnet, über 2 Zoll. o. B.
96 Hecuba, E. viol. o in Grund= und Zeichnungsfarbe
auffallend, fast 3 Zoll.
196 Herzog von Teschen, E. rof. o frequent, doch re=
gelmäßig gezeichnet, über 2 Zoll.
515 Hughs, Melancholie, E. cram. o *** üb. 2 Zoll, sollte
eine Bizarde seyn, legitimirte sich aber als Doubl.

519 Jacobea, E. rof. o*** über 2 Zoll. o. B.
504 Kaifer Franz, E. feu. faſt ſcharlach, vollgezeichnet, faſt ſt. Bl. ſehr hoher Stängel, 3 Zoll, ſehr pralend.
278 Laelius, E. ponceau, o. B.
401 La grande blanche roiale, E. hochroſ. o. B.
322 La reine cendrée auch Abt, und Aebtiſſin v. Ruremonde, E. aſchgr. läuft unter breyerley Namen, hat ſcharfe reinliche Zeichnung, ſt. Bl. herrlicher Bau, über 2 Zoll, die einzige aſchgraue regelmäßige Donblette, die ich kenne.
39 Lord Moira, E. kupferroſe, o. B.
297 Luſitania, E. ächtkupfer, o. B.
54 Milo, E. viol. blühte nicht in gloria. Noch ein Jahr Probe.
264 Potemkin, E. aſchgr. breit doch ſcharf gezeichnet, faſt o über 2 Zoll.
466 Preis von Zſchochau, E. inc. o*** reinlich gezeichnet, über 2 Zoll.
212 Roſalia, E. hochroſ. volle jedoch ſcharfe Zeichnung o über 2 Zoll.
270 Roſa prima, E. roſ. o über 2 Zoll, ſchön.
533 Roſe bien faite, E. hochroſ. o*** breit doch reinlich gezeichnet, über 2 Zoll.
309 Siegward, E. viol. in Grund- und Zeichnungsfarbe hervorſtechend, ganz ſt. faſt o über 2 Zoll.
451 Venus Urania, E. aſchbl. Ich kann der Blume weder das ſchöne noch das ſeltene abſehen.

f) **Gelbe Doubletten.**

423 Agenor, E. blaßcram. Ich würde es ehr vor chair halten, kurz gezähnt, scharf und regelmäßig gezeichnet *** über 2 Zoll.
367 Bienvenue, E. chair o *** über 2 Zoll, behauptet immer noch ihren Platz.
318 Caius Mucius, E. blaß cram. o. W.
210 Dondon, E. viol. o. W.
454 Venus, E. lilla, blühte nicht in gloria.
178 Wilhelm von Mosen, E. chair, in schwefelgelbem Grunde, sehr leuchtend, st. Bl. über 2 Zoll.

g) **Weiße Bizarden.**

216 Acontius, E. ros. viol. blühte nur als Doublette mit viol. noch ein Jahr Probe.
416 Admetus, E. kupfer puce, hat nicht geblühet.
265 Alfred, E. ros. purp. letzteres sparf. o *** über 2 Zoll.
356 Attachante, E. ros. helle viol. letzteres selten, sehr zärtlich o über 2 Zoll.
523 Beauté formidable, E. ros. cram. o. W.
  8 Bell' Abesse, E. ros. viol. o *** über 2 Zoll.
 42 Blanchard, d. kupf. br. o. W.
476 Delicieuse, E. aschgr. puce, st. Bl. über 2 Zoll.
279 Deucalion, E. chair carm. o reinlich doch auffallend gezeichnet, über 2 Zoll.

550 Doge, E. rof. purp. blühete nicht in gloria.
438 Dolcimene, E. rof. viol. o *** über 2 Zoll.
323 Duc de Longueville, auch Raphael, afchgr. br. o frequent gezeichnet, fast 3 Zoll.
482 Erzherzog Carl, E. rof. dunkelviol. o. W.
566 Eulminatrix, E. kupf. purp. fast o daumenstarke Knospe, 3 Zoll.
486 Ganymedes, E. rof. puce, letzteres selten o über 2 Zoll.
140 General Elliot, E. inc. br. vollgezeichnet o über 2 Z.
382 Glycerion, E. rof. purp. o sehr scharf und reinlich gezeichnet, fast 3 Zoll.
157 Gloir d'Erford, E. chair, purp. hat nicht geblühet.
537 Graf v. Sandwig, E. chair. carm. st. Bl. über 2 Zoll, o. W.
388 Grosfürst, d. afchgr. purp. kurz gezähnt, über 2 Zoll.
425 Grosherzogin v. Toscana, E. rof. viol. st. Bl. über 2 Zoll.
233 Hydera, E. inc. purp. vollgezeichnet o ** über 2 Z.
20 Jolie Bizarde, E. rof. viol. reine Zeichnung, st. Bl. über 2 Zoll, o. W.
551 Kaifer Franz, E. kupf. puce, o * 3 Zoll.
7 Lord Douglas, E. rof. purp. o. W.
387 Lord Grandley, E. hochrof. purp. frequent gezeichnet, o über 2 Zoll.
181 Lottchen v. Rofenau, E. rof. viol. o. W.
278 Magnificenza, E. rof. purp. st. Bl. schön gezeichnet, fast 3 Zoll.

202 Marſchall Luckner, E. feu cram. °** o über 2 Zoll.
81 Memmia, E. roſ. viol. o. B.
536 Meſzaros, E. hochroſ. dunkelviol. voll und abſte=
chend gezeichnet o *°* über 2 Zoll.
302 Olaus, E. roſ. viol. o * über 2 Zoll.
467 Opulane, E. kupf. pompad. ſt. Bl. vollgezeichnet,
über 2 Zoll.
358 Plais de Juno, E. chair cram. o. B.
155 Palatin, d. kupf. puce, vollgezeichnet, etwas gezähnt,
über 2 Zoll.
509 Parnaſſus, E. aſchgr. puce, ſt. Bl. rein gezeichn. 3 Z.
381 Pethion, E. hochroſ. carm. o* baut ſich aber gut,
über 2 Zoll.
391 Pfeilſchmidts Cantor Weinlig, E. inc. br. o über
2 Zoll.
141 Pythagoras, E. fen. br. vollgezeichnet, o über 2 Zoll.
285 Ranffts Erich, E. hochroſ. purp. o *** über 2 Z. o. B.
342 Sapho, E. roſ. viol. o. B.
156 Tarquin, E. chair, viol. o reinlich und ſanft gezeich=
net, über 2 Zoll.
538 Thraſo, E. ſcharl. morderée, *o*** über 2 Zoll.
120 Vanvitelli, E. hochroſ. viol. vollgezeichnet o faſt
2 Zoll. o. B.
541 Zevs, E. roſ. purp. frequent gezeichnet, o über
2 Zoll. o. B.
402 Zopyrus, E. inc. br. voll und abwechſelnd gezeich=
net, ſt. Bl. faſt 3 Zoll.

h) Gelbe Bizarden.

545 Antonius, E. rof. br. hochgelbe Grund, unmerklich gezähnt, über 2 Zoll.
34 Ariadne, E. rof. cram. in ledergelbem Grunde, st. Bl. fast. 3 Zoll.
25 Baron Dahlberg, E. rof. br. o. B.
415 Belle de L. E. rof. viol. ersteres etwas getuscht, st. fast o über 2 Zoll, schöner als Dahlberg.
444 Capitain Cook, d. auror Grund, aschgr. roth und puce, nahe Fr.
484 Comte de Mirabeau, E. feu. br. o über 2 Zoll. blüht nicht alle Jahr in gloria.
383 Coadjutor, E. rof. purp. schmaale doch reinliche Zeichnung, kurz gezähnt, über 2 Zoll, weit schöner als Dahlberg.
64 Diadem de Freyberg, E. inc. br. auch chair, regelmäßig gezeichnet o über 2 Zoll.
32 Dido, E. roth cram. auch chair, im Geschmack der vorigen, aber etwas jedoch unmerklich gezähnt, sonst größer und schöner als jene, o. B. Wer mir eine Pflanze wieder zukommen läßt, wird mich sehr verbinden.
255 Donquichotte, E. chair, lichtbr. ersteres pastelartig, letzteres scharf doch schmaal gezeichnet, fast st. Bl. reine Grundfarbe *** über 2 Zoll.
355 Herzog von Würtenberg, E. bläulich rof. purp. blühte nicht in gloria.

F

389 Holla, E. Ifabell, braunroth. Hat nicht geblühet.
 11 Infantin v. Parma, E. rof. viol. o. V.
323 Ifagoras, E. dunkelrof. viol. erſteres etwas getuſcht, letzteres geſtreift, volle Zeichnung, kurz gezähnt, faſt 3 Zoll.
450 Krone v. Stolberg. E. hochrof. viol. in reinſten ſchönen gelbem Grunde, regelmäßig und ſcharf gezeichnet o*** über 2 Zoll, die regelmäßigſte gelbe Biz. ſo wir bis jetzo haben.
 99 La beauté d' Algairo, E. rof viol. reinlich im Grund und Zeichnung, faſt ſt. Bl. über 2 Zoll.
 45 Ninus, E. rof. viol. etwas gezähnt *** über 2 Zoll.
 50 Othanes, E. ponceau, purp. o. V.
137 Soſias, E. rof. viol. etwas gezähnt, ſonſt ſchön, über 2 Zoll. o. V.
591 Turmalin, E. rof. viol. o. V.

i) **Feuerfarc.**

251 Aebtiſſin, am Rande aſchgr. nb. getuſcht, viol. bandmäßig geſtreift, ſtark gezähnt, faſt 3 Zoll.
359 Alma viva, dunkel aſchgr. in auror. getuſcht, kurz gezähnt, über 2 Zoll.
 82 Compomanes A. gelbe Biz. Fr. mit einem dunkeln doch brennenden ponceau getuſcht, und braun geſtreift ganz ſt. Bl. über 2 Zoll, auffallend.
547 Columbus, hat nicht geblühet.
418 Cornelia, aſchbl. in auror. bandmäß. getuſcht, o. V.

443 De la braise, im Geschmack der Egytienne, hat aber feurige auror, und die aschgraue Randzeichnung ist etwas schmäler, übrigens ist sie schön und auffallend.

114 Fu triomphant, orange im Kelche, mit glänzendem aschgr. pyramidal. getuscht, schöner Bau, über 2 Z.

560 Ida, gelb mit aschgrau getuscht, o. V.

570 L'aubé du jour, aschgr. in auror. piccottirt, o. V.

428 Orion, hat nicht geblühet.

228 Philosoph, dunkles aschgr. pyramidalisch, auf jeden Blatte getuscht, o. V.

376 Plaisante, aschgr. in aurorgelb, nb. getuscht über 2 Zoll.

531 Pogatscheff, aschgr. roth, pyramidal. getuscht o. V.

489 Rother, ponceau in gelb getuscht, o o. V.

253 Sophronie, chair in blaßgelb breit getuscht o *** 2 Zoll. Darf wegen Delicatesse der Zeichnungsfarben keine Sonne sehen, so schön als selten, o. V.

340 Testembre, im Geschmack der Egyptienne, blühte nicht in gloria, ich suspendire daher mein Urtheil noch ein Jahr.

576 Vesuvius, auror. im Kelche mit einem besondern aschgr. sehr breit.

k) Concorden.

440 Juweele de Jena, aschbl. in Kupfer, schön, über 2 Zoll.

l) **Famösen.**

280 Penelope, mit rof. in Weiß getuscht. o. V.

m) **Einfärbige.**

173 Mohren-König, schwarz, über 2 Zoll.

n) **Extraordinaire.**
zu vorigen Classen nicht gehörige.

74 Belle de Schneeberg, o. V.
37 Gloir de Freyberg, in aschgr. glänzendem Grunde, inf. puce * 3 Zoll. o. V.
128 Graefin Charlotte, in einem besondern roth, so dem Kraproth ähnlich, breite und schmale weiße Streifen, voll gezeichnet, brennende Grundfarbe, kurz gezähnt, unplatzend und fast 3 Zoll.
410 Grenoble, o. V.
300 Juweel, rothgrundige Picotte, hat nicht geblühet.
494 Merveille d' Erfordt, in hochrothem Grunde schmale Bleystiftsstriche, etwas über 2 Z. Ich habe auch dies Jahr nichts besonders dran gesehen.
10 Naufistrata, im Geschmack des Preis von Schneeberg, aber schöner, o. V.
455 Panthaleon, rothgrundige Doubl. mit weiß * über 2 Zoll.
592 Panthaleon II. schöner u. mehr Zeichn. wie vorige.

273 Phoenix triumphans, aſchgr. Doubl. mit puce, über 3 Zoll.
147 Preis von Schneeberg, o. B.
215 Spinoza, ein Compagnon zu Panthaleon, rothgrundige Doubl. mit weißer Zeichnung, kurz gezähnt, baut ſich ſchön, über 2 Zoll.
497 Vue de N. in aſchgrauen Grunde, incarn. Streifen gezähnt, über 2 Zoll.

Erklärung.

derer im vorstehenden Catalog gebrauchten Zeichen und Buchstaben.

* bedeutet, daß die Blume platzt.
** Ranunkelbau.
*** Rosenbau.
**** Sphäroidischer oder Halbkugelbau.
st. Bl. stumpf Blatt.
o geschnitten Blatt.
h. holländische ⎫
r. römische ⎪
fr. französische ⎪
sp. spanische ⎪
ad. altdeutsche ⎬ Zeichnung.
nd. neudeutsche ⎪
it. italienische ⎪
E. englische ⎪
d. deutsche ⎭

o. V. Heißt ohne Vermehrung, und ist von diesen nur ein alter Stock, oder eine einzige Pflanze vorhanden.

A. sind meine ehemalige Zöglinge.

XII.

Ankündigung

an das Blumen-Publikum.

Herr D. Seelig in Plauen, welcher eine schöne Anrikel-Sammlung besitzt, wird künftiges Frühjahr, gleich nach der Flor, ein Verzeichniß davon herausgeben, und seinen Ueberfluß denen Liebhabern, um billige Preise, käuflich anbieten.

Bey Herausgabe des Zweyten Hefts wünschte ich — ein vollständiges Verzeichniß, aller in Sachsen befindlichen Blumisten liefern zu können, welches jedem Blumen-Liebhaber gewiß ein willkommnes Geschenk seyn müßte; um gleichsam die Glieder einer Gesell-

schaft kennen zu lernen. Ich ersuche daher alle Blu=
menfreunde hiesigen Landes, mir die in ihrer Gegend
befindlichen Blumisten, ihren Namen und Cha=
rakter, auf meine Kosten bekannt zu machen, und
ich will sodann im künftigen Hefte, ein Verzeichniß
davon nach Alphabetischer Ordnung, liefern.

Nützliche
Bemerkungen
für
Garten- und Blumenfreunde.

Gesammlet

von

Johann Heinrich Albonico,
Rechts-Consulent und Raths-Syndicus
zu Döbeln.

Zweyter Heft.

Leipzig,
bey Gerhard Fleischer, dem Jüngern.
1796.

La fageſſe autrefois, habitoit les jardins,
Et d'un air plus riant inſtruifoient les humains;
Et quand les dieux offroient un Elyfee aux fages,
Etoit ce des palais? C'etoit de verds bocages;
C'etoit de prés fleuris, fejour des doux loifirs,
Ou d'une longue paix ils goutoient les plaifirs.

    Mr. L'abbé de Lille.

I.

Entwurf zu einem Landschafts=Gemälde, in der Beschreibung des gräflich Wiz=thumischen Gartens zu Lichtenwalde.

Wer in diesem Entwurfe zu einem Landschafts=Gemälde die Zeichnung eines Brydones, oder den Pinsel eines Bairese sucht, wer den unsterblichen Maler des Seifersdorfer Thales zu finden glaubt, der lege diesen Heft, ohne etwas weiter zu lesen, aus der Hand, oder überschlage die Beschreibung, um vielleicht in der Folge dieser Schrift durch eini=ges, das ihm, wo nicht so angenehm, doch nütz=licher seyn könnte, genährt zu werden. — Ich habe nie Neapels Feen=Gebiete, nie Albanos herrliche Ge=gend gesehen, nie die rauhen, Schrecken erweckenden

Gebürge in der Schweiz mit staunender Bewunderung geschauet, um diesen ähnliche Bilder aufstellen zu können; noch weniger habe ich die Empfindung des Schönen nach vorgezeichneten Regeln studiret, sondern nur die ungekünstelte Natur ist in Deutschlands Gefilden mein Lehrer und Wegweiser gewesen. — Die Reize derselben in mehrern Gegenden unsers deutschen, und vorzüglich unsers sächsischen Vaterlandes, haben in mir Empfindungen geboren, die mich oft zu frohern Gefühlen stimmen, als irgend ein anderer Gegenstand bey Sterblichen nur erwecken kann. — Die reizenden Ufer der Saale, das lachende Gestade der Elbe, der Schoner und der Plauische Grund, sind das Ideal eines Paradieses; und an hundert Orten unsers von der Natur mit so vielen Schönheiten beschenkten Vaterlandes würde der geschickte Maler Stoff finden, ein Elysium zu bilden, wenn diese Gegenden das Glück hätten, von dem Fuße eines in dieser Absicht aufmerksamen Wanderers betreten zu werden. — Lichtenwalde, das mancher schon besungenen, und beim Andenken der Nachwelt dadurch aufbehaltenen Gegend den Rang raubt, soll der Gegenstand meines Gemäldes werden; und ich muß es nochmals wiederholen, — wenn der vielleicht voll Erwartung seyende Leser in selbigem Licht und Schatten nicht am gehörigen Orte findet, wenn er da nur Skizze gewahr wird, wo er ein vollkommnes Bild zu erblicken glaubte, wenn demselben das Colorit mangelt, so ihm Leben geben und es erhöhen sollte; — daß es keine Meisterhand gefertiget, die durch Regel und Anwendung der Kunst einige Vollkommenheit erhalten hat, und daß ich es vor nichts mehr, als einen bloßen Entwurf ausgebe, den eine geübtere Hand ausmalen mag. —

Lichtenwalde, das schon in jenen grauen Zeiten, welche Zweykampf und Faustrecht charakterisirten, die Vizthumsche Familie besaß, wovon Apel und Mussen Vizthum im funfzehnten Jahrhunderte in dem Brüder-Kriege, zwischen Churfürst Friedrich und Herzog Wilhelm, sich wichtig und zum Theil fürchterlich machten *), liegt zwischen der Stadt Chemniz und dem Städtchen Frankenberg, und zwar näher an dieser als an jener Stadt. Die Lage des Gartens und des herrschaftlichen Wohnsitzes ist auf der Höhe eines Felsens, die von Frankenberg aus jedem

---

*) v. Birken sächs. Helden-Saal.

Reisenden merklich, und dem wandernden Fußgänger ermüdend wird. — Angenehm wird der langsam hinauf schleichende Wanderer, nach überstandener Mühseligkeit, und nach erreichtem Gipfel des Berges, überrascht, wenn er im dunklen Schatten zweyer, dickbelaubten Baum-Reihen ein Wirthshaus findet. Ob es wohl dessen Stifter zu besserer und billigerer Aufnahme, als man gemeiniglich hier antrifft, erbauet haben mag: so giebt indeß schon die Lage dieses Hauses, und die Erquickung, so der Reisende bey Hitze drückender schwüler Sommertage im kühlenden Schatten dieser Bäume genießet, eine angenehme Ahndung von dem, was noch zu erwarten steht. — — Ich übergehe hier alles, was unter diesen Bäumen-Reihen zu finden, und unter mancherley Namen an Wirthschafts-Gebäuden da stehet, und eile in den schon vor mir liegenden und sichtbar werdenden Garten. — Dieser hat mehrere Eingänge. Sowohl links als rechts führen verschlossene Latten-Thüren in selbigen; so wie gerade aus die vorerwähnte Allee zu dem im Garten liegenden, aus selbiger sichtbar werdenden geschmackvollen herrschaftlichen Wohnsitze bringt. Es kommt auf den Führer an, durch welche er die Fremden eingehen lassen will; — ich wähle, da ich dies Paradies mehrmals besucht, den Eingang linker Hand, durch welchen man eine Ebene betritt, auf der ein Gewächshaus, eine Reitbahn, und ein acht Ellen tiefes Reservoir befindlich; man hält dies letztere für einen kleinen Teich, und wird in Verwunderung gesetzt, auf dieser Felsenhöhe das Wasser anzutreffen, zumal wenn man an die rund herum angelegte lebendige Heckenwand näher heran tritt, und dann schreckend die steile Höhe gewahr wird, auf welcher man sich befindet, und es kann nur die dem Auge entgegen stehende herr=liche Landschaft, die das vortreflichste, reizendste Naturgemälde darstellt, diesen Schreck vermindern. — Ich stand erstaunend, und vor Verwunderung gleichsam versteinert, hatte ich meine Augen fest auf die sich mir zeigenden Bilder geheftet; — schon woll=te ich meine Seele damit auffüllen, schon mich an ihnen ergötzen, und mit forschenden Blicken dieselben einzeln aufnehmen, als mein Führer mich höflich zum weitern Fortgange einladete. Ich mußte, wiewohl ungern, ihm folgen, und er führte mich durch ei=nige Heckenwände, mittelst mehrerer im Fels ge=hauenen Stufen, bis zu einer Esplanade herab, die auf allen Seiten, wohin ich mich nur wandte, dem Auge ein neues, aber immer reizendes Schau=

spiel gewährte. — Gerade vor mir stand das herrschaftliche Wohnhaus, dessen Inneres ich nicht zu besichtigen verlangte; es schien ein Viereck zu bilden, und ich erblickte nichts daran, so etwas ähnliches mit dem haben könnte, was man sich gewöhnlich unter der Benennung eines Schlosses vorstellt. — In jenen rauhen Zeiten mag es wohl eine Bergveste gewesen seyn, die aber vom Herzog Wilhelm im funfzehnten Jahrhunderte, nebst dem Städtchen Frankenberg, als er das Land um Rochliz und Chemniz verwüstete, eingeäschert worden *), und haben die jetzigen Zeitgenossen wohl weiter nichts, als die Bewunderung des Alterthums verloren, welches wahrscheinlich zu den gegenwärtigen geschmackvollen Anlagen, einen seltsamen Contrast machen würde, da der jetzige Wohnsitz durch seine Neuheit, und durch sein splendides Aeußere, welches doch keinesweges mit Verschönerungen überladen ist, mehr auf die Empfindung des gefühlvollen Wanderers wirken muß. — Ich will hierdurch nicht etwa dem Alterthume, oder den aus demselben zurückgebliebenen Ruinen, die Eindrücke auf die Empfindungen des menschlichen Her-

---

*) siehe an vorangeführtem Orte.

jens absprechen, sondern vielmehr zugestehn, daß die Stimmung, so sie erwecken, dem empfindsamen Manne erschütternd seyn mag; jedoch können sie das Herz ohnmöglich zur Freude stimmen, ohnmöglich Heiterkeit in der Seele erwecken, da sie uns nur an die Vergänglichkeit, an das Hinsterben — dessen vielleicht, was uns am liebsten war, erinnern, — und ich mag in dieser Absicht nicht gern die Bilder in der Natur aufsuchen: — Nur Wonne, nur Gefühle der Seligkeit, wünsche ich in dem Genusse der Natur zu finden, und wo ich diese vermisse, wo ich traurige, oder Furcht und Schrecken erregende Bilder sehe, glaube ich mich in der Gruft eines Menschen hassenden Einsiedlers zu befinden, und nicht in der glücklichen, Friede verkündigenden Hütte des zurückgezogenen, einsamen, und in dieser Hinsicht seligen, wonnetrunkenen Mannes, der nur das Geräusche verließ, um im stillen Frieden sich selbst zu genießen; — denn dazu bedarf es keiner traurigen Gefühle, — oder wohl gar Schrecken erweckender Bilder, — keiner Ruinen, — keiner Grausen erweckender Erdhütten, vielmehr heitern angenehme Bilder die Seele des Sterblichen auf, und machen ihn zum Freunde der schönen Natur. — — So war es mir auch angenehm, die Felsenwände, über deren Rücken ich jetzt herabgestiegen, nicht in ihrer Nacktheit zu sehen, und erfreuete mich, da ich sie mit grünen Hecken bekleidet, jedoch diese so gebildet fand, daß die Natur keinesweges versteckt oder verdrängt, sondern nur durch die Kunst gehoben wurde, die gleichsam da verschönerte, wo die Natur zu wenig gethan hatte. — Hier war man im Stande, die Festigkeit und Härte des Steines, den ich nach meiner wenigen mineralogischen Kenntniß, vor Granit hielt, zu beurtheilen, da man noch deutlich die Spuren sah, mit welcher Mühe und welcher Gewalt diese Felsenmassen gesprengt und wegsam gemacht worden waren.

Einen angenehmen Contrast bildeten diese dunkelschieferfarbenen, fast schwarzen Steinmassen mit denen in Bogen geformten grünen Heckenwänden, und überzeugten mich, daß die Hecken nicht, wie die jetzt tyrannisirende Anglomanie befiehlt, zu verbannen, und daß es Thorheit seyn würde, alle Kunst aus Naturgärten zu verjagen, da es doch gewiß ist, daß die Kunst, recht angewendet, die Natur erhebt und verschönert, man muß nur nicht zu weit von letzterer sich entfernen, und ihr mit schonender Hand zu Hülfe kommen. —

Ich wendete mich von hier gegen Mitternacht, und war um so mehr entzückt, über eine steinerne Brustmauer, so auf dieser Seite den Wohnsitz umschloß, das nehmliche Naturbild, das ich auf der Höhe des Felsens gewahr worden, wieder zu sehen, und ich will solches, da mein Führer so gefällig, hier etwas länger zu verweilen, und ich es ungezwungener betrachten kann, so viel meine Kräfte vermögen, zu beschreiben suchen.

Schon der erste Anblick erweckt Gefühle, die sich mehr empfinden als beschreiben lassen, und die Gegend ist mit so mannichfaltigen Bildern belebt, daß der Wanderer getäuscht da steht, und nicht weiß, wo er zuerst seinen forschenden Blick hinwenden soll. — Welche Reize des vor ihm liegenden Thales! — Welche Sprache der Natur für das Herz! und welch ungekünstelter und doch anziehender Geschmack in dem Bilde überhaupt sowohl, als in seinen einzelnen Theilen! — überall herrscht Ordnung und harmonischer Reiz in dem großen Ganzen, — überall ist Reichthum der Natur, und er wird trunken vom Genusse. — —

Unter der Brustmauer, und zum Füßen gleichsam, erblickt man eine, dem ungewohnten Auge fürchterliche Kluft, deren innern Wände mit mancherley Gehölzen bewachsen sind, die das Furchtbare zu mindern scheinen, und den schon zurückfliehenden Wanderer wieder an sich ziehen. Nicht ferne windet sich recht um den Fuß des Felsens die Zschope her, von deren Ufer das Städtchen Frankenberg, welches dieser Fluß von Lichtenwalde trennet, nicht weit entfernt liegt: — eine angenehme Ebene rund um das Städtchen auf dieser Seite, wo es noch mit vielen Gärten eingefaßt ist, giebt ihm ein malerisches Ansehen, das durch einen kleinen Tannenwald, so hinter Frankenberg liegt, und seine stolzen Wipfel wellenförmig über selbiges empor hebt, noch mehr gehoben wird: — hinter und über diesem Walde, etwas links, ragt das Schloß Sachsenburg, an einem entgegenstehenden Felsen gleichsam hangend, fürchterlich schön und majestätisch hervor, wodurch das Auge eingeschränkt, einen Ruhepunkt erhält, auf welchem es nur zu gerne verweilet; rechts verliert sich der entgegen stehende Felsen, und steigt nur langsam zur Erde hernieder, dahingegen derselbe links etwas schärfer abgeschnitten zu seyn scheint, und stellet sich den aufmerksamen Blicken des beobachtenden Wanderers auf beyden Seiten dieses Schlosses eine fast unabsehbare, theils mehr, theils weniger erhobene Ebene dar, die mehrere, und beynahe an zwanzig, mit unbewaffneten Augen sehr deutlich zu erkennende, bald kleinere, bald größere Dorfschaften zieren, so daß man ungewiß wird, bey welchen man verweilen, und das Schöne bewundern soll; überall herrscht Einfalt der Natur, und die Hütten dieser glücklichen, dieser beneidungswürdigen Bewohner vertreten die Stelle der Kunst, um jene zu erheben. — Bunte, mit dem herrlichsten, der geschicktesten Malerhand unnachahmlichen, Teppich, bedeckte Auen, werden dem Auge überall, wohin es reichen kann, sichtbar, und scheinen sich nur zu theilen, um dem schnell eilenden Flusse, der ihre flachen Ufer zu überschwemmen droht, einen geraumen Weg zu gönnen.

Sichrer nun weiden oder lagern sich abwechselnd die blökenden Heerden der nahen Bewohner, und vermehren die mannigfaltigen Gegenstände des Bildes. Gern wollte ich solches vollständig, und mit lebhaftern Farben malen, wenn anders mein Pinsel geschickt genug wäre, die Mannigfaltigkeit, Deutlichkeit, Verwickelung, und das Erhabene in jedem einzelnen Theile auszudrücken; daher sich meine Leser mit diesem allgemeinen Entwurfe des Schönen begnügen, und sich alles das in ihrer Einbildungskraft vorstellen müssen, was ich einzeln weder beschreiben noch malen kann. — Lange würde ich noch auf diesem Standpunkte verweilt, lange noch den unnachahmlichen Zauber der Natur, lange noch die Macht des unendlichen Urhebers bewundert haben, wenn sich mein Führer nicht von hier nach der entgegengesetzten Seite gewendet, und ich daher genöthiget war, seinen Tritten zu folgen. — Schon sahe ich gegen Mittag die herrlichsten, aber andere Naturbilder wieder, und wollte eben mit geizigen Blicken an eine daselbst befindliche Brustmauer fliegen, als derselbe den Weg rechts wählte, welcher durch einige Stufen erhöhet war: — etwas Bemerkenswerthes fand ich auf diesem eben nicht, als ganz unerwartet, eine ziemliche Anzahl in zwey Reihen vertheilter Springwasser, so wie die an dem herrschaftlichen Wohnsitze befindlichen, in einem Augenblicke zugleich in die Höhe stiegen, und durch ihren, in der Mittagssonne erhobenen, blendenden Silberglanz, dem Auge kein

unangenehmes Schauspiel gaben; durch das allge=
meine Geplätscher aber eine freudige Stimmung er=
weckten, die um so stärker war, da man auf dieser
Höhe nichts weniger als springende Wasser erwarten
konnte. — Ich erwähne derselben, so wie in der
Folge noch mehrerer, nicht etwa, um dem Bilde
dadurch ein höheres Colorit zu geben, da ich wohl
weiß, daß die Natur dergleichen erzwungene Kunst=
werke nicht bedarf, um verschönert zu werden, da
sie aber einmal vorhanden, und da dieser Garten
nicht sowohl ein bloßer Natur=, sondern auch ein
Kunstgarten ist, (und wer will den Besitzern ihren
Geschmack wehren) so kann ich solche auch nicht un=
bemerkt lassen; überdies sagt Tralles von den
Springbrunnen:

Man nütze in romantischen Revieren
sie sparsam! zeigt nicht die Natur sie auch?
Zeigt Jslands Eisland sie nicht häufig! Zieren
sie nicht die Schweiz, den Heerden zum Gebrauch. *)

Etwas entfernt, ein oder zwey Stufen tiefer, stieg
weit stärker als die bisherigen, eine Wassersäule

---

*) Garten der Natur, S. 70.

empor, deren Geräusch auch um so merklicher war. — Wir lenkten uns links, und traten bald unter zwey Reihen sehr hoher, dickbelaubter Bäume, welche durch ihren kühlenden Schatten gleichsam ein Dunkel schafften, das um so anziehender war, da auf der Abendseite diese Allee kein Ende zu haben, und sich in den Wolken zu verlieren schien, welche zugleich ein angenehmes Licht in dieselbe warfen: um dies allerdings auffallende Schauspiel zu bewirken, war auf dieser Seite ihre Lage um einige Fuß höher, als an der Morgenseite, und doch war, wegen Länge der Allee, dem aufmerksamen Wanderer diese Erhöhung unmerklich. — Die Bäume waren keinesweges durch die gewaltige Scheere eines Le Notre gestutzt und verdorben, sondern man sahe, daß der weisen Natur ihr freyer Wille gelassen worden, welche ihre Kinder zu einer prachtvollen, majestätischen Höhe gebildet, und ihre hohen Wipfel zum Dache der zwischen ihnen Wandernden ungezwungen gegen einander gebogen hatte.

Eine außerordentliche Stille, die nur durch das angenehmste Geräusch des von der Luft belebten Laubes dann und wann unterbrochen wurde, charakterisirte

sirte diese Baum-Reihen, und harmonirte mit dem Dunkel derselben; der Wanderer genoß hier gleichsam Erholung von dem Rausche und dem überfüllten Genuße, den ihm jene Bilder, jener Reichthum der Natur gewähret, deren Gefühlen er fast unterliegen müssen. — Zu geschwind für mich eilte mein Führer, aus dieser reizenden Parthie, die ich vor die schönste und anziehendste dieses Gartens hielt, seitwärts einem Rasenplatze zu, den zwey in einem Bassin neben einander stehende Springwasser zierten, die so stark waren, daß jedes derselben eine metallene Krone von fast unglaublichen Gewicht in die Höhe trieb. Auch hier stellten sich meinen auf alles aufmerksamen Augen, durch eine in dem angränzenden mit mancherley Grün schattirten Gehölze befindliche Oefnung, die reizendsten Bilder dar, und schon die Mischung der verschiedenen Strauchhölzer, durch welche man den Blick auf jene Naturscenen werfen mußte, erregte die angenehmste Stimmung. — Ich achtete so wenig auf die daselbst befindlichen Springwasser, daß ich nicht einmal das Gewicht der vorerwähnten Kronen bemerkte. — Ich wurde von hier über mehrere Plätze geführt, auf denen ich nichts Neues entdeckte. Zwar zogen einige stehende oder liegende, oft ohne allen Entzweck hingeworfene, steinerne Figuren, einen Blick auf sich; allein so wenig ich auch praktischer Kenner der Schönheiten des Alterthums bin; so konnte ich ihnen doch nichts Schönes, nichts Anziehendes abgewinnen, zumal auch ihr Aeußeres keine besondere Aufmerksamkeit erregte; und Winkelmann würde schwerlich ein Meisterstück des Cleomenes, einen Antinous aus der Odescalchischen Sammlung zu Aranjuez, oder Schätze aus der Gallerie Chigi in Rom darunter finden, um seinen gelehrigen Schülern nach diesen Modellen Unterricht von den Empfindungen des Schönen in der Kunst ertheilen zu können; daher ich selbige auch keiner weitern Beschreibung würdige, vielmehr mit jedem, der dieses Elysium besucht, beklagen muß, daß die Eigenthümer desselben solche unbedeutende Spielwerke dulden, die nur das Auge eines wahren Alterthumskenners, wenn er sich dahin verirren sollte, ärgern würden; und wie viel würde nicht dieser Garten gewinnen, wenn, statt ihrer, der Wanderer auf ein Denkmal der Freundschaft, ein Denkmal der Tapferkeit, auf einen Altar der Liebe, oder auf einen Tempel der Musen, auf einen Tempel der Tugend unerwartet stieß! —, wie würde ihn jener an seinen warmen, zärtlichen Freund, dieser an seine liebevolle Gattin oder Geliebte, jener an die Wissenschaften und die Quellen derselben, dieser an edle Handlungen erinnern, und ihn vielleicht zur Nachahmung erwecken! — Wie würde nicht die Schönheit, die die Natur über diesen Garten ausgegossen, erhöht werden! und welche Nahrung würde der gefühlvolle, geisterfüllte Mann finden, wo er jetzt gefühllos vorüber geht!

Der Garten ist, wie gleich anfangs erwähnt, auf einem Felsen angelegt, und also gehet alles stufenweise. Dadurch wird die Einförmigkeit vermieden, die Mannichfaltigkeit befördert, und die Erwartung um so mehr gespannt; da aus keiner Anlage die andere schon zu übersehen ist. — Ich wurde jetzt mehrere Stufen, wovon die letztern eine doppelte Treppe formirten, herabgeführt, und würde des ganz überflüssigen, den Erfinder nicht sehr ehrenden Kunststücks, wo durch Berührung einer Stufe, oder vielmehr nur eines Theils derselben, die sie Betretenden mit dem aufspringenden Wasser durchnäßt werden, mit Stillschweigen übergehen, wenn ich es nicht als Warnung denen damit Unbekannten vor nöthig hielt. — Unter dieser Treppe betraten wir ein Rundtheil, auf welchem ich nichts vorzügliches fand, außer daß aus dem Rachen eines Wallfisches das oft gesehene flüssige Krystall strömte, und bey seinem Ausflusse gleichsam die Hälfte eines Schirmes bildete, von welchem man, des blendenden Glanzes wegen, den die darauf fallenden Sonnenstrahlen bewirkten, und wie aus einem Spiegel zurück fielen, das Gesicht hinweg wenden mußte; — der Platz selbst faßte für mich nichts Neues oder Anziehenderes in sich; — ich eilte bald von demselben hinweg, und gelangte durch mehrere, ganz angenehme Parthien, wo das Bedauren, sie so leer zu finden, wieder in mir erwachte, zu einem Amphitheater von Springwassern, die sich vorzüglich dadurch auszeichneten, daß die herabfallenden Wasser auf dazu gefertigten Abstufungen, so mit glatten, breiten Steinen belegt waren, herunter walzten, und dadurch ebenfalls ein blendendes Schauspiel gewährten. Nachdem wir hier länger als vorher verweilt, kamen wir, nach einigen abermaligen Abstufungen, an einen Rasenplatz, der die Gestalt eines Hufeisens hatte, und auch, wie ich glaube, diesen Namen führte; dieser zeigte die nehmlichen Springwasser, die aber etwas stärker als die vorigen waren, sie umgaben ein großes Bette, worinnen sich das von ihnen herabfallende Wasser sammelte, und aus diesem sich, sobald es überfüllt, eine dem Auge fast widerstehende Spiegelmasse ergoß. — Indem man diese bewundert, entstehet im Rücken des Zuschauers ein nicht unbedeutendes Geräusch, man eilet an eine kleine Mauer, um über selbige hinweg zu sehen, und erblickt zwey Strudel, die fast in der Höhe eines Mannes das Wasser in einem Milchschaum von sich werfen, und Bewunderung erregen; — aber anziehender als alles wird hier das Bild, so die reizende Natur dem Wanderer zeigt, welches derselbe bey Durchirrung des Gartens, aus mehr als einem Standpunkte, schon wahrgenommen hatte, und hier nur kaun der fühlende Geist Nahrung finden, hier nur erhält er Stoff zu Genuß und Betrachtungen, hier schaut er und wird des Schauens nicht müde, hier wird er trunken vom Genusse, und doch werden seine Sinnen nicht gesättiget. *) — Rechts schlängelt sich die Zschope an dem Gehölze dieses Gartens herunter, und eilet im schnellen Fluge diesem Standorte vorüber, um

---

*) Becker Seifersdorfer Thal, S. 2.

links sich um den Berg zu winden, wo sie zu verschwinden scheint, ihr entgegengesetztes Ufer schmücken bunt bemahlte Auen, so mit Berg und Hügeln, und diese mit Gehölze bedeckt sind, die das forschende Auge alsdann einschränken, und es längst dem Fluß hinauf führen, um weiteres Feld zu suchen, wo ihm dann in ziemlicher Ferne das Schloß Augustusburg, auf dem Haupte eines Berges, und am Fuße desselben das Städtchen Schellenberg entgegen stößt. Diese ganze Gegend ist romantisch schön, und sind gleich die Bilder nicht so mannichfaltig, nicht so auffallend, als auf der entgegengesetzten, vorherbeschriebenen, mitternächtlichen Seite; so ist es doch angenehm, sie einzeln zu finden, und ihr sanfter Reiz scheint fast mehr wie jene auf das Herz zu wirken, um solches zu der Stimmung vorzubereiten, die in der Folge noch erhöhet wird.

Ehe ich diesen Platz verließ, ehe ich den Blick von dieser himmlischen Gegend zurück zog, durchschauete ich nochmals das Ganze, und Wonnegefühl erfüllte meine Seele; jeder Theil des Bildes war ein Elysium, und das Ganze ein Paradies. — Beneidungswerth ist der überglückliche Bewohner dieser

Auen, der die Reize der göttlichen Natur so ungehindert genießen kann, dem bey jedem Erwachen die Heiterkeit der Natur, auch Heiterkeit in seine Seele flößt, der froh den jüngern Morgen grüßt, der unverdrossen seines Tages Arbeit entgegen geht, und den der kühle Abend zum erquickenden festen Schlafe, und nicht zum matten, unruhigen Schlummer des Städters einwiegt. —

Doch ich vergesse mich; ich soll nur Gegenstände malen, nicht aber meine Empfindungen beschreiben. — Meine Leser mögen mir also weiter folgen, und mit mir in krummen Linien, durch dickbelaubte Gesträuche, zum Fuß des so lange betretenen Felsens herabsteigen: — dieser macht zugleich das diesseitige Ufer des Flusses, und ein breiter, bequemer Fußsteig führet zwischen diesen, und den mit dichtem Laubholze bedeckten Felsenrücken in der angenehmsten Stimmung zu einer, auf einem etwas breitern Platze befindlichen Ruhebank, und kaum hat der Wanderer solche, um sich zu erholen, eingenommen, so zieht ein starkes, von oben herabkommendes Geräusch sein aufmerksames Auge gegen die Höhe des Felsen-Gipfels, von welchem, in einer dazu ange-

legten Schlucht, durch alle vorbeschriebene Kunst=
werke gegangenes Wasser schäumend herabstürzt, und
daſſelbe zu seinem ersten Bette, in den oft erwehn=
ten Fluß zurück gehet. — Ich halte dies von allen
geſehenen Kunstwerken noch vors beste, und bin über=
zeugt, daß auch derjenige, der alle Kunst aus Gär=
ten verbannt, dieſem Waſſerfalle ſeinen Beyfall nicht
verſagen wird; wenigſtens kommt dieſer der Natur
am nächſten, und die Kunſt ſcheint hier nur der=
ſelben die Hand geboten zu haben, um der Schön=
heit dieſer Parthie den Stempel aufzudrücken, frey=
lich iſt es nicht der Strom, von dem jener Dichter
ſagt:

 Wer wagt's — — — —
— — — — — — —
 Den tobenden Veliner Strom zu zähmen,
 Wenn donnernd, tief er in die Nera fliegt. *)

ſondern es iſt ein ſanfter Waſſerguß, der für die
muntere Gegend paßt; er rauſchet nur, er donnert
nicht, und erfriſchet mild die ſüße Phantaſie. —
Gern wäre ich noch auf dieſem Platze ſitzen geblieben;

---

*) Tralles Garten der Natur, 2te Epiſtel.

so hinreißend war derselbe; gern hätte ich die von meiner Seele aufgefaßten Bilder geordnet, und gern hätte ich mich wieder erholet, da mein Herz von so mancherley Gefühlen beklemmt, und meine Seele berauscht war; indessen da ich dem Führer folgen mußte, so mußte ich mich auch von der bezaubernden Phantasie losreißen, und da ich noch nicht Gelegenheit gehabt, meinen Lesern zu sagen, wie das Wasser auf den Gipfel dieses Felsens gekommen, so will ich sie nunmehr mit der Kunst bekannt machen, die ganz allein Antheil daran hat, und es wird ihnen nicht mißfällig seyn, mir in dieser Absicht weiter zu folgen.' — Von diesem Sitze gehet der Fußsteig zwischen der Zschope und dem belaubten Felsen, noch ein ziemlich Stück Weges hin, bis endlich eine über einen Wassergraben gelegte hölzerne Brücke auf eine tiefe ebenfalls am Ufer des Flusses gelegene Wiese führet. Es war erquickend, nach oft durchwanderten Gesträuchen, und nach so mancherley Irrwegen, die alle einzeln zu beschreiben der Plan meines Entwurfs mir nicht erlaubt, die man aber wol schwerlich allein und ohne Führer zurückgelegt hätte, so ungehindert auf dieser weichen Decke der Natur dahin wandeln zu können. — Die am entgegengesetzten Ufer mit Bäumen bedeckte Erhöhung warf einen kühlenden Schatten auf selbige, und der Wanderer genoß hier Erfrischung, die er um so mehr benöthigt, da er bey jenen Kunstwerken mehrentheils der Sonnenhitze ausgesetzt gewesen war. — Auf dieser Wiese befanden sich mehrere zur Erholung angelegte Spiele, und vorzüglich eine Vogelstange, links aber eine Wassermühle, welche durch ihr Geräusch diesem Kreise Leben gab, den hineintretenden Wanderer aber belehrte' daß nur durch sie alle Künste dieses Gartens Leben erhalten; denn sie enthielt das Druckwerk, welches das Wasser bis in das auf des Felsens Haupte befindliche Reservoir getrieben, aus welchem dasselbe durch die verschiedenen Kunstwerke wieder herab fiel, und man konnte die Nothwendigkeit dieses Gebäudes um so weniger verkennen, da das Wasser nicht sowohl zu diesen Vergnügungen, sondern auch zum Gebrauche in der Wirthschaft hinaufgeleitet wurde. Das Steigen desselben geschah durch bleyerne Röhren, und es läßt sich wohl denken, daß diese Kunstwerke viel zu unterhalten kosten, zumal da ein eigener Kunstmeister darauf gehalten wird.

Ich wurde aus dieser Mühle, in angenehmen Gängen, durch dichtbelaubte Gehölze, den Berg wieder hinauf geführet, wo von Zeit zu Zeit Ruhebänke angebracht waren, um sich, weil die steile Höhe zu sehr ermüdete, wieder zu erholen, und trat endlich, ohnweit des herrschaftlichen Wohnhauses, wieder in jene Allee, die ich schon oben als die vorzüglichste Parthie geschildert, und genoß noch einmal das Vergnügen, ehe ich in selbige eintrat, um mich durch solche dem Ausgange des Gartens zu nähern, die herrlichsten Naturscenen, gegen Mittag sowohl als gegen Mitternacht mit einem Blicke zu überschauen, um dieses Elysium desto fröhlicher verlassen zu können.

II.
Ueber die Cultur der Nelke, von Herrn Amtmann Morgenstern in Sandersleben.

Die Nelke bedarf keiner Empfehlungen, keiner Lobreden; Jedermann kennt ihren Werth, und kein Stand versagt ihr den gerechten Beyfall. Die verdientesten Männer finden in der Cultur dieser schätzbaren Blume eine angenehme Erholung von ernsthaften Geschäften, und eine reiche Quelle von Freuden, die man in den Zerstreuungen und dem Geräusche der sogenannten großen Welt vergebens sucht. *) Aber nicht alle ihre Verehrer belohnt diese spröde Schöne mit dem erwarteten Vergnügen. Nur denen ist sie

---

*) Schön sagt Herr von Bülow in Hirschfelds Garten-Bibliothek S. 3. „der ist gewiß ein lauer Beobachter der Natur, ein Mensch ohne Gefühl, welcher keine Rührung, keine Bewunderung, kein geistvolles Auge, kein dankbares Herz bey den Schönheiten der

hold, die ihre mannichfaltigen Launen kennen, und diesen klüglich vorzubeugen wissen. Bey einer fehlerhaften Behandlung ist alles verloren; denn anstatt der erwarteten großen, prachtvollen, das Auge durch die schönsten Farben-Mischungen bezaubernden Blumen, erziehet man ekelhafte sieche Krüppel. — Schon mancher angehender Nelkenfreund ist durch diese anscheinende Undankbarkeit zurückgeschreckt worden, und hat mit Verdruß die Fahne der Blumisten mit dem Rücken angesehen. Wer hingegen durch anhaltende Aufmerksamkeit sich die nöthigen Erfahrungen erworben hat, und diese Blume richtig behandelt, der kann auch mit Zuversicht dem erwünschten Erfolge entgegen sehen. Wäre es daher wohl nicht zu wünschen, daß erfahrne Nelkenfreunde ihre Bemerkungen über die Cultur dieser Blume andern mittheilen möchten? Allerdings! es scheint mir sogar Pflicht zu seyn; denn ohnfehlbar muß die Nelke dadurch gewinnen, und wird zu einer immer größern Vollkommenheit er-

---

Erde blicken läßt, welcher den Eindruck verkennet oder nicht fühlet, welchen sie auf eine vernünftige Seele, auf gutgeartete Menschen machen.

Anmerk. d. H.

hoben, und welcher redlicher Nelken=Liebhaber wird nicht gerne dazu beytragen? Ich bin weit entfernt, die Behandlung anderer einsichtsvollen Kenner zu tadeln, oder die meinige als die einzige zweckmäßige anzupreisen, vielmehr räume ich gerne ein, daß andere auf ganz verschiedenen Wegen zu ihrem Zweck gelangen können. Allein, da ich bey meinem Verfahren, seit langer Zeit jedes Jahr, gesunde, reine und prachtvolle Blumen zur Blüte gebracht habe, so darf ich hoffen, daß es manchem, und besonders meinen Freunden angenehm seyn wird, meine Behandlung näher kennen zu lernen.

Ich mache mit der Zubereitung der Erde, als dem Wichtigsten, den Anfang. Diese geschiehet im Herbst, und bestehet aus abgetragener Mistbeeterde, verfaultem Unkraute, oder Rasen, und im Frühjahr gedüngt gewesenen Garten=Lande. Von jedem wird der dritte Theil genommen, alles unter einander gearbeitet, auf einen etwas hohen Haufen geschlagen, und zwar auf einem freyen Platze, wo Luft und Sonne freye Einwirkung haben. Wenn dieser Haufen im Frühjahr gehörig abgetrocknet ist, wird die Erde mit dem Handsiebe gesiebet, und sodann zur Füllung der

Töpfe gebraucht. — Meine Mistbeeterde besteht aus zweyjährigem Kuhmist, alter Wellerwand, Unkraut- oder Rasenerde, und gut gedüngt gewesenen Gartenlande, alles zu gleichen Theilen genommen.

Will man noch einfacher zu Werke gehen, so nimmt man alte verfaulte Rasenerde, und gutes Gartenland, jedes zur Hälfte, worin die Blumen ebenfalls wohl gedeihen. Je weniger man mit der Erde künstelt, je gewisser erziehet man gesunde Blumen. — Meine Töpfe sind von mittlerer Größe, haben 6 Zoll Höhe, eben so viel im Durchmesser, und keine Glasur; denn Tontöpfe trocknen leichter ab als steinerne und glasürte, und die Nelke wächst darinnen weit gedeihlicher. In zu kleinen Töpfen, macht sie zwar hohe Stengel, aber selten große Blumen, und fast nie viele und veste Ableger. In zu großen hingegen spindeln viel Ableger in die Höhe, oder werden zu stark, so daß sie im folgenden Jahre der Hohlsucht ausgesetzt sind.

Wenn die Nelkentöpfe gefüllt werden, so thue ich eine starke Hand voll dreyjährigen, ganz verfaulten Kuhmist unten auf den Boden, und fülle sodann den

Topf mit vorbeschriebener Erde, doch ohne sie einzudrücken. — Der Kuhmist ist den Nelken nicht nachtheilig, wenn er nur alt genug und hinlänglich verfault ist. Ich habe mich desselben, mit Gartenerde gehörig vermischt, immer bedient, und habe große und gesunde Blumen gezogen. Einer meiner blumistischen Freunde nahm zu seiner Nelkenerde einen dreyjährigen Kuhmist, ohne irgend einen andern Zusatz, und erzog darinnen prachtvolle und gesunde Blumen. Seine und meine Nelken sind nie von Blattläusen geplagt worden; und ich schließe daher nicht ohne Grund, daß dieses hassenswürdige Ungeziefer durch den Kuhdünger nicht erzeugt wird. — Die schicklichste Zeit zum Verpflanzen ist wohl der Anfang des Aprils; damit jedoch die im Winterquartiere gestandene Nelken sich wieder zur freyen Luft gewöhnen, so stelle ich sie acht Tage vor dem Verpflanzen in den Garten unter ein Obdach, und schütze sie für Nachtfrösten und heißen Sonnenschein.

Bey dem Verpflanzen in Töpfe sehe ich dahin, daß die Erde nicht feucht ist; weil im Nassen bearbeitete Erde nicht leicht wieder trocken wird, und die Nelke in lockerer Erde doch vorzüglich gedeihet. Die
Ab=

Ableger hebe ich mit einem zwey Zoll breiten Handspaten aus dem Winterquartier, oder stürze sie aus den kleinen Töpfchen in der Hand um, beschädige die Wurzeln so wenig als möglich, pflanze die Blume nie tiefer oder flächer, als sie vorher gestanden, in die Mitte des Topfs, und drücke die Erde unmerklich an die Pflanze. Die bepflanzten Töpfe stelle ich in einen langen Mistbeetkasten, den ich einige Tage mit Brettern bedecke, und dadurch die verpflanzten Ableger für Sonnenschein, und rauher Luft schütze: auch werden die Töpfe nicht sogleich nach dem Verpflanzen begossen, sondern erst nach einigen Tagen, wenn die oberste Erde abgetrocknet ist. Ehedem goß ich die Töpfe sogleich nach dem Verpflanzen; allein wenn es zu der Zeit stark regnet, und die Ableger auf das erstemal gleich zu viel Nässe bekommen, so kränkeln sie Monate lang und es erfolgt eine schlechte Flor. Haben die Pflanzen etwa 14 Tage in einem leeren Mistbeetkasten gestanden: so stelle ich sie in den Garten auf Latten oder Bretter, in langen Reihen, von Mittag gegen Mitternacht, wo sie ungehindert den wohlthätigen Einfluß der Sonne, des Regens, und der freyen Luft genießen können; keinesweges aber müssen sie unter Pflaumenbäumen, oder nahe an Rosensträuchen zu stehen kommen, weil sie von diesen die Neffen und andere Blattläuse erben. — In diesen langen Reihen bleiben die Töpfe stehen, bis die erste Knospe sich entwickelt, und nur dann erst kommen sie auf verdeckte Gestelle. Im Anfang des Juni räume ich aus den Töpfen die oberste Erde hinweg, und gebe jedem eine gute Hand voll dreyjährigen Kuhmist, den ich jedoch mehr nach dem Rande des Topfes, als nach den Wurzeln der Pflanze hinschaffe. Hiernach setzen sie dicke, daumenstarke Knospen, ohne welche nie große Blumen erfolgen. — Auch durch häufiges Begießen kann man seinen Blumen nachtheilig werden; dies muß nie geschehen, wenn die Erde in den Töpfen noch feucht ist, auch nie, wenn die Sonne noch auf die Töpfe scheint; sondern nur Morgens und Abends. Der freudige Wachsthum der Nelke wird durch zu häufiges Gießen gehemmt, sie werden bleich, und sterben am Ende gar ab. Weit besser verträgt diese Blume Trockenheit; denn diejenigen, welche ich beym Begießen einigemal übergehe, gedeihen nachher vorzüglich gut. — Bey dem Anbinden an Stöcke sehe ich dahin, daß der Stock hinter die Nelke, gegen Mitternacht zu stehen kommt, und daß, so lange die Stengel in die Höhe treiben, diese nur locker angebunden werden. — Auf den Gestellen ordne ich die Blumen so, daß in der Mitte jeder Reihe die höchste zu stehen kommt, und auf beyden Seiten immer kürzere folgen. Auch lasse ich immer eine weiße mit einer gelbgrundigen, und eine stark gezeichnete mit einer, die wenig Farben hat, abwechseln; dadurch erhält das Gestelle, welches ich enge latten, und dessen Rückwand schwarz anstreichen lasse, das Ansehen eines prächtigen Blumen=Berges, welcher das Auge unwiderstehlich, zu einem angenehmen Erstaunen hinreißt: Dieser Eindruck erfolgt besonders alsdann, wenn man den Vorhang des Gestelles aufrollt, und dem Auge und Geruch des Bewunderers den süßesten Genuß darbietet. Sobald ich die blühenden Blumen unter das Verdeck bringe, so werden diejenigen abgelegt, deren Knoten reif, und nicht mehr weich sind. Diejenigen, welche noch nicht die erforderliche Härte haben, werden so lange zurückgesetzt, bis sie zum Ablegen tauglich sind. Nach Verlauf von 14 Tagen nehme ich die abgelegten, und nun größtentheils verblühten Nelkenstöcke vom Gestelle herab, setze sie wieder in ihre vorigen langen Reihen, und besprenge die Töpfe jeden Abend mit der Gießkanne. Gemeiniglich haben sie vier Wochen nach dem Ablegen schon häufige Wurzeln, welches der Fall nicht ist, wenn man die Töpfe im Schatten lange stehen läßt.

Beym Ablegen bediene ich mich einer nicht fetten, mehr mit verfaulten Rasen vermischten, lockern Erde; diese befördert das Anwurzeln der Ableger, und verhindert zugleich den ihnen nachtheiligen starken Wachsthum.

Die Vermischung der Nelkenerde mit Sand habe ich ganz abgeschafft, weil er den Blumen wenig Nahrungstheile zuführt, und verfaulte Rasen-Erde ihnen weit zuträglicher ist. Bis zur Hälfte des Septembers lasse ich die abgelegten Töpfe unberührt stehen, sodann aber schneide ich die Ableger bey dem letzten Knoten von dem alten Stocke ab; dadurch werden sie gezwungen, sich von ihren eigenen Wurzeln zu nähren, und sind weniger empfindlich gegen das Ausheben.

Mit dem October fange ich an, die Ableger in ihre Winterquartiere zu stellen. Dies geschiehet in Kasten, ordinären Nelkentöpfen, und kleinen Töpfchen, die nicht ganz so hoch, aber etwas weiter sind als ein Bierglas. Diese Art halte ich für die beste; weil die Ableger vorzüglich darinnen gedeihen, und ganz matte, ja selbst wurzellose stark werden, wenn sie in solche Töpfchen kommen.

Für das Winterquartier nehme ich eben die Erde als beym Ablegen, um das Treiben zu verhüten. Wenn die Ableger verpflanzt sind, werden sie mit der Gießkanne übersprengt, und nachher in einen Treibkasten in den Schatten gestellt. Sobald sie ausgewachsen sind, kommen sie wieder ins Freye, daß sie vest werden; hier bleiben sie bis starke Fröste einfallen, sodann bringe ich sie auf ein luftiges Zimmer, gebe ihnen, so oft es nicht friert, täglich frische Luft, und lasse sie bis zum Frühjahr stehen. Die strengste Kälte schadet ihnen nicht, wenn sie nicht vorher zu warm gehalten sind.

Dies ist die Behandlung, der ich seit vielen Jahren schöne und gesunde Blumen verdanke, und wodurch ich mir und vielen theilnehmenden Freunden, die unschuldigste und angenehmste Unterhaltung verschaffe. — Möchte ich doch angehenden Blumisten, durch diesen kleinen Aufsatz nützlich werden, und sie ermuntern, sich mit allem Eifer einer Beschäftigung zu widmen, wodurch man sich und andern den Genuß so mancher wonnevollen Stunde erwirbt.

III.
Theorie der künstlichen Befruchtung der Blumengewächse, besonders der Nelken. *)

§. 1.

Wenn alle unsere Blumengewächse noch in ihrem natürlichen Zustande wären, so würden sie alljährlich und ohne Zuthun der Kunst von selbst Saamen tragen. Allein sie sind durch diese in einen ganz andern Zustand versetzt und dadurch fast alle ungeschickt gemacht worden, sich selbst zu besaamen, wozu sie doch von der Natur, nach der Beschaffenheit und nach der Lage ihrer in einer Blume befindlichen beyderley Zeugungstheile, bestimmt worden sind.

---

*) Als ein Anhang zu vorstehender Abhandlung von der Cultur der Nelke; aus Mosers Abhandlung über Feld= und Gartenproducte entnommen, welches Buch überhaupt jeden Naturliebhaber, denkenden Oekonomen und Gartenfreunde zu empfehlen ist.

§. 2.

Unter solchen Gewächsen, die unfähig sind, sich durch Saamen fortzupflanzen, und in der ihnen eigentlich zukommenden Bildung abweichen, fallen uns diejenigen, welche gefüllte Blumen tragen, zuerst in die Augen. In jedem Falle entstehen die gefüllten Blumen, indem die zwischen den Blumenblättern und den Weibchen befindlichen Körper, am gewöhnlichsten die Staubgefäße in Blumenblätter verwandelt werden. Hiernach nennt man sie 1) halbgefüllte Blumen, wenn nicht alle erwähnten Zwischenkörper oder die Staubgefäße zu Blumenblättern geworden sind; 2) ganzgefüllte Blumen, wenn außerhalb den Fruchtknoten, oder dem Griffel nichts als Blumenblätter zu sehen sind. Meistens entsteht also die Vermehrung der Blumenblätter durch die Verwandlung der Staubbeutel.

§. 3.

Wir finden die einfachen und nur wenig gefüllten Nelken größtentheils noch in ihrem natürlichen Zustande, und diese tragen auch noch gerne und gemeiniglich von selbst Saamen. Aber bey den gefüllten geschiehet dieses nur sehr selten, und immer nur zufälliger Weise, wenn man ihnen nicht durch die Kunst zu Hülfe kommt, und mehrere, vornehmlich die ganz großen Blumen, sind zum Saamentragen schlechterdings ungeschickt, weil ihnen der Eyerstock (Germen) gänzlich fehlt, der mit Blumenblättern statt der Saamenkörner angefüllt ist.

§. 4.

In den meisten, auch nur mittelmäßig gefüllten Nelken sind die Pistille so verlängert, daß sie weit über alle Blumenblätter hervorragen, und folglich durch einen beträchtlichen Raum von den Staubfäden entfernt stehen, wodurch alle Selbstbefruchtung gehindert wird, indem der Saamenstaub nicht mehr an die entfernte Narbe des Pistills gelangen kann, und selbst der Naturtrieb, mit welchem sich das Pistill durch seine Krümmung und Beugung gegen die untern und mehrentheils zwischen den Blumenblättern liegenden Staubfäden neigt und die Befruchtung sucht, ist hier unwirksam. Kömmt diesen schmachtenden Liebhabern nicht eine Mücke, eine Biene, oder ein anderes mitleidiges Insekt, das zwar nicht die Absicht hat, das Geschäft der Befruchtung zu verrichten, sondern durch Aufsuchung des in der Nelke befindlichen Honigs seine eigene Bedürfniſſe zu befriedigen, zu Hülfe, und trägt auf ſeinen Flügeln, oder an den Füßen den ohngefähr an den Staubfäden abgeſtreiften und aufgefangenen Saamenſtaub auf die Narbe des Piſtills; ſo muß die arme Nelke ohne Beſaamung verwelken.

Dies iſt die Urſache, warum die Nelken ſo ungern und ſo ſelten Saamen tragen. Hierzu kömmt noch, daß der Saamenſtaub ſo leicht, wenn er zur Nachtzeit, am Morgen oder Abend ſich hervorgiebt, und durch den Thau befruchtet und zum ſchnellen Aufſpringen dadurch genöthiget wird, oder wenn dieſes gar durch einen Regen geſchiehet, verdirbt, oder durch ſein voreiliges Auffſpringen zur Befruchtung ganz untauglich gemacht wird. Ein ſolcher Saamenſtaub, deſſen äußerliches Anſehen, da er aufgeſchwollen erſcheint, und in Klümpchen zuſammenhängt, gleich ſeine verdorbene Beſchaffenheit verräth, kann niemals eine Befruchtung, wenn er gleich in Menge auf die Narbe aufgetragen wird, bewirken. Und ſelbſt die allzugroße Maſtung, wodurch die Nelken und andere Blumen vermittelſt der Pflanzung und der fetten Erde, worein wir ſie zu ſetzen pflegen, vergrößert werden, können das Saamentragen derſelben verhindern. Es ſindet hier allerdings eine Aehnlichkeit mit den allzufetten Thieren Statt, bey welchen gemeiniglich das Vermögen sich fortzupflanzen, durch ihre Fettigkeit unterbrochen wird.

§. 5.

Alle diese Hindernisse, oder doch die mehresten derselben können durch eine künstliche Befruchtung der Nelke gehoben werden, wenn ein guter reifer Saamenstaub auf die ebenfalls reife weibliche Narbe des Pistills vermittelst eines Haarpinsels aufgetragen wird.

Es müssen hiebey folgende Regeln genau beobachtet werden.

Erstlich: Wähle man eine beliebige frisch aufgeblühte Nelkenblume, die befruchtet werden soll.

§. 6.

Zweytens: Untersuche man genau, ob sie eine gesunde Saamenkapsel (Germen) habe, und ob das Pistill, und vornehmlich die obere an der Spitze desselben befindliche Narbe zur Befruchtung geschickt sey. Diese ist aber tauglich, wenn sie mit Härchen besetzt und etwas rauch anzusehen ist. Noch zuverläßiger wird man von ihrer Tauglichkeit überzeugt werden können, wenn entweder mit scharfen bloßen Augen, oder nur mit einem mäßigen Vergrößerungsglase die weibliche Feuchtigkeit auf der Narbe bemerkt werden kann.

Das Pistill ist noch nicht zur Befruchtung geschickt, wenn es noch ganz glatt, glänzend und ganz gerade aufgerichtet erscheint, und meistentheils giebt es seinen Trieb zur Begattung selbst durch die Bewegung und Krümmung seines obern Theils gegen die unter ihr liegenden männlichen Staubfäden zu erkennen; und sobald diese Krümmung ihren Anfang nimmt, so wird man die rechte Zeit zur Auftragung des Saamenstaubes haben.

Wie aber nicht leicht allgemeine Regeln Statt finden, die nicht wieder ihre Ausnahmen haben, so ist es auch hier. So kann es sich zuweilen zutragen, daß das Pistill und dessen Narbe schon reif und mannbar in der noch unaufgeblühten Blume ist. So kann es auch öfters, insonderheit an den wenig gefüllten und kleinen Blumen, geschehen, daß das Pistill nicht über die Blumenhülse hervorwächst, sondern mit dieser eine gleiche Höhe behält, und auch sich nicht krümmt. Ein solches Pistill hat diese Krümmung, womit es sich nur nach den Staubfäden hinneigt, auch nicht nöthig. Denn diese liegen in diesem Fall gerade über den Pistillen, bedecken sie und lassen von selbst ihren Saamenstaub auf die Narbe fallen. Wer dergleichen Blumen mit niedern Pistillen hat, und sie doch gerne mit Saamenstaub von einer andern Blume befruchten will, der muß an ihnen die Staubfäden zeitlich, und noch ehe sie stäuben, abschneiden.

§. 7.

Drittens: Suche man unter den aufgeblühten Nelken guten, reifen und tauglichen Saamenstaub aus, der an den frischaufgesprungenen Staubkölbchen zu finden ist. Eine Blume ist in Erzeugung dieses Saamenstaubes und in der Oefnung ihrer Staubfäden oder Antheren langsamer oder eilfertiger als andere. Manche Blumen stäuben gleich beym Aufblühen, manche erst den andern, dritten, ja öfters mehrere Tage hernach, und man ist, wenn man nicht eine sehr zahlreiche und sich auf viele hundert belaufende Nelkenflor hat, oft genöthigt, von der ersten besten Blume den Saamenstaub aufzunehmen, weil wir gerade an denen Blumen, die wir am liebsten dazu gebrauchen, gar keinen, oder wenigstens keinen tauglichen Saamenstaub finden.

Der Saamenstaub ist aber tauglich und fruchtbar, wenn er erst nach 9 Uhr Morgens und vor 5 Uhr Abends, so lange nämlich die Sonne die Blume bescheint, und den Thau davon abgehalten hat, durch die Oefnung des Staubkölbchens hervor gebrochen ist. Haben sich die Staubkölbchen in der Nacht oder früh Morgens oder Abends geöfnet, und hat der Thau darauf fallen und sie benetzen können; so können sie so wenig zur Befruchtung gebraucht werden, als wenn sie sogar beregnet worden wären. Ja man muß sich bey Aufnehmung des guten Saamenstaubes selbst sorgfältig hüten, daß man ihn nicht einmal durch starkes Anhauchen befeuchte; denn jede Nässe macht ihn zur Befruchtung ungeschickt.

§. 8.

Viertens: Hat man tauglichen Saamenstaub gefunden, so nimmt man mit dem Haarpinsel, der weiche Haare hat, denselben von den Antheren ab, und bringt ihn auf die Spitzen der Narbe des Pistills, wobey es nicht gleichgültig ist, ob der Saamenstaub in den Spalt der Narbe oder deren Spitzen aufgetragen wird, sondern er kann und darf allein auf die letztern gebracht werden.

Man muß auch mit Auftragung des Saamenstau͞bes nicht allzu sparsam seyn. Denn nicht alle Körnchen haben einen fruchtbaren reifen Saamen (Sperma) in sich: viele davon sind untauglich zur Befruchtung, und man verfährt demnach weit sicherer, wenn man eine ziemliche Anzahl solcher Stäubchen aufträgt. Es ist auch rathsam, daß man, um anders in seiner Sache gewiß zu seyn, nach einer oder zwo Stunden diese Bestäubung wiederhole.

§. 9.

Fünftens: Nehme man diese Befruchtung an einem trocknen und wo möglich an einem Tage vor, woran die Sonne scheint, und wenn nicht bald ein Regen zu befürchten ist. Dieses steht nun nicht allemal in unserer Wahl, und es fällt manchmal in der Nelkenflor ein etliche Tage dauerndes Regenwetter ein. Daher bringe man die in den Töpfen stehenden Nelken, die auf diese künstliche Art befruchtet werden sollen, in ein Haus oder unter eine hinreichende Bedeckung, um dann die künstliche Befruchtung vornehmen zu können. Nur müssen die befruchtenden Blumen noch ein Paar Tage vor dem Regen verwahrt werden.

§. 10.

Sechstens: Die Wahl der Blumen, die man befruchten oder mit deren Saamenstaub man eine andere schwängern will, muß dem Geschmack der Liebhaber überlassen werden. Es kömmt darauf an, ob man Picotten, oder Bisarten mit weißem oder gelbem Grunde, oder aschgraue oder sonst gefärbte, ob man Blumen mit ausgezackten oder runden Blättern haben will. Wünscht man z. E. die letztern, so wird man wohl thun, wenn man dazu beyde mit runden Blättern wählt. Will man gelbe Blumen haben, so müssen entweder beyde, oder wenigstens der eine Theil gelb seyn, u. s. w.

§. 11.

Wenn übrigens alles gut gemacht ist, was zu einer glücklichen Befruchtung der Blumen erfordert wird; wenn die Saamenkapsel wirklich voll Saamen steckt: so kann es doch noch geschehen, daß man keinen tauglichen Saamen bekömmt. Wenn die Nelkenstöcke durch allzufette Erde oder durch einen treibenden und anästenden Guß zu fett gehalten werden: so springen die Saamenkapseln auf der Seite auf, und man siehet die noch weißen Saamenkörner blos liegen. Geschiehet dieses, so fault aller Saame, und man erhält nicht ein reifes Korn. Diesem schlimmen Zufall kann dadurch vorgebeugt werden, daß man die Nelkensorten, welche man zum Saamentragen bestimmt hat, in einer etwas magern Erde unterhält. Man wird davon noch den Vortheil haben, daß dergleichen mager gehaltene Nelken auch mehr Saamenstaub abwerfen, an dem es ohnehin öfters zu fehlen pflegt.

Aus eben diesem Grunde sollen auch an einem zum Saamenziehen bestimmten Nelkenstocke mehrere Knöpfe gelassen und nicht ausgebrochen werden, weil eben diese zum Befruchten vorzüglich geschickt sind, auch mehrern Saamenstaub geben.

§. 12.

Den zweyten Fehler ziehen sich die Saamenzieher selbst zu, wenn sie aus übereilter Begierde, zeitig und schwarzen Saamen zu sehen und abnehmen zu können, die noch unreifen Saamenkapseln drücken und zum Aufspringen nöthigen. Ist nun der Saame noch weiß und wirklich nicht reif; so ist auch die ganze Saamen-kapsel dadurch zu Grunde gerichtet, und der Saame

in

in einer solchen beschädigten Kapsel kann nie vollends reif werden.

Der reife Saame muß ganz schwarz sehen, und soll vorher nicht abgenommen werden. Bis zu dessen Aussaat wird er am sichersten in den Kapseln gelassen, und an einem gemäßigten temperirten Orte aufbewahrt, wo er weder von einer zu heftigen Kälte Schaden nehmen, noch von der Ofenwärme austrocknen kann. Wer aber durchgehends hierin vorsichtig zu Werke geht, und alles, was zum Saamenziehen erforderlich ist, nach der hier gegebenen und auf Erfahrung und Versuche gegründeten Vorschrift genau beobachtet, der wird mehr guten und reifen Saamen erhalten, als er für sich gebrauchen kann. Dieser Saame wird dabey viele und schöne neue Nelkensorten abwerfen, so daß in wenig Jahren die zahlreichste und vollkommenste Nelkensammlung daraus entstehen wird.

IV.

Was ist von dem Einflusse der Elektricität auf Gewächse, deren Vegetation und Farben zu halten.

Schon lange hatten sich die Physiker damit beschäftigt, die Elektricität als ein Mittel zur Beförderung der Vegetation zu empfehlen, hatten uns auch mit vermeintlichen Versuchen von der guten Sache beschenkt, und man war bereits beschäftigt, darüber ernstlicher nachzudenken, als Herr Ingenhouß und Herr Schwankhart ihre Versuche, die das Gegentheil darthaten, zur Publicität brachten. Ja diese beyden Physiker widerlegten die von Herrn Zardini gemachten Versuche, durch wiederholte Proben, ob jener gleich dafür von der Akademie zu Dijon den Preis erhalten hatte, wie in dem Magazine für das neueste aus der Physik erzählt wird. In eben diesem Magazin kamen kurz darauf im 4ten Stück des V. Bandes, neue, an Winterlevkopen-Stöcken gemachte Versuche zum Vorschein, welche wieder für die Sache zu sprechen wagten. Im

Jahre 1786. machte Herr Ingenhouß neuere Versuche, und diese bewiesen, daß die nicht elektrisirten Pflanzen so gut wuchsen, blüheten und Saamen trugen, wie die elektrisirten. Herr Charmoy hatte ebenfalls dergleichen gemacht, und bewies mit 3 Weizenkörnern, wovon das eine negativ, das andere positiv und das dritte gar nicht elektrisirt wurde, daß der Unterschied zwischen den negativ und positiv elektrisirten nicht sehr merklich, und die Folge von allen dreyen diese war, daß die zwey erstern in einem kürzern Zeitraume die Höhe erreichten, welche das dritte, in einem etwas längern, auch erhielt. — Nunmehr ist in Dondorfs Natur und Kunst, dritten Band, wieder eine Abhandlung von der Wirkung der Elektricität auf die Farbe der Gewächse zu finden, und durch Versuche bestätigt.

Was ist nun aus allem diesen Nützliches zu folgern? — Nichts! Herr Superint. Klüpfel sagt in seinem beliebten Journale für die Gärtnerey, vierten Bds. S. 434. sehr schön: „Es mag der eine oder der andere Theil Recht haben; so läßt sich einstweilen nicht wohl glauben, daß jemals die Elektricität, als ein die Vegetabilien beförderndes Mittel in der Gärtneren werde gebraucht werden, da hierzu so manche andere, und leichter anwendbare Mittel vorhanden sind."

Was suchen wir also Dinge, die wir schwerlich finden werden, und wenn wir sie nun fänden, uns nichts weiter nützen; und warum denken wir nicht an die Worte Hallers?

Ins Innre der Natur dringt kein erschaffner Geist:
Zu glücklich, wenn sie noch die äußre Schale weist!

V.
Von Auswinterung der Nelken, und einer in Zimmern zu gebrauchenden sehr bequemen Blumen-Stellage.

Etwas neues in Absicht der Auswinterung der Nelken dürfen meine Leser unter dieser Rubrique keinesweges erwarten, da ein Weißmantel, Liebner, Luiber und unzählige andere, in dieser Absicht alles, was nur zu sagen ist, erschöpft haben; indessen bleibt dem unermüdeten Beobachter immer noch etwas zu verbessern übrig.

Von allen Methoden der Auswinterung ist ohnstreitig das Einsetzen der Pflanzen zu Herbstzeiten in Töpfe, und zwar jede besonders in ihren Blühscherben, die beste; sie darf im Frühjahre nicht versetzt werden, und bleibt daher ungestört; man darf auch weiter nichts thun, als daß man die Töpfe mit etwas frischer Erde anfüllt; — nur ist die einzige Unbequemlichkeit, daß wer nur wie ich eine Sammlung von 600 Sorten hat, und jede Pflanze nur einmal einsetzen will, auch 600 Töpfe unterbringen muß, die allerdings schon ziemlichen Raum hinweg nehmen, den nicht jeder Blumist entbehren kann. Ich habe in den Jahren, so lange ich Nelken baue, manches versucht, um meine Nelken gut durch den Winter zu bringen, und die Noth lehrte mich endlich, in einem kleinen Raume eine große Anzahl Töpfe mit Vortheil zu placiren; so daß ich in einem Zimmer, das 6 Ellen breit und 9 Ellen lang ist, auf 600 Töpfe und eben soviel Pflanzen und mehr in Kästen bequem aufbewahren kann; ich glaube manchem meiner Leser nicht mißfällig zu werden, wenn ich ihm nähere Nachricht von meiner Einrichtung gebe, und ihm die Construction meiner dazu gebrauchten Stellagen, durch beygefügte kleine Zeichnung anschaulicher mache.

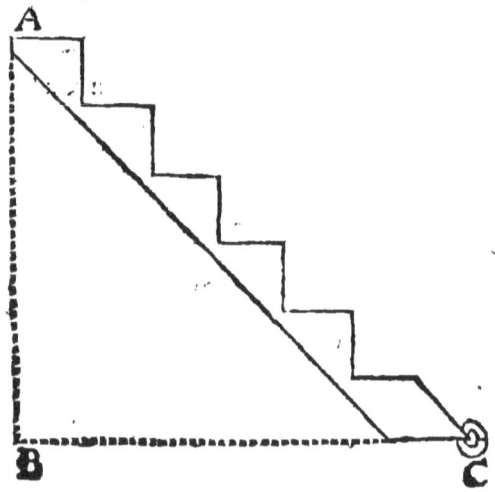

Ich nehme ein sechseckigtes Spindebrett, theile solches in 2 Theile und mache 6 Einschnitte, jeden 6 Zoll breit und 6 Zoll hoch, wie die Figur A C zeigt, diese beyden ausgeschnittenen Theile lege ich mit dem obern Theile an die Wand des Zimmers A B, und unten am Fuße C wird ein kleiner Klotz, oder ein klein, etwas ausgeschnittenes Brettchen mit einem einzigen Schindelnagel, den man sehr leicht wieder ausziehen kann, vorgeschlagen, damit das Brett nicht vorrücken kann; dann nehme ich 7 Stück dreyeckigte abgehobelte Kegelbretter und lege diese über die gemachten Einschnitte, so habe ich eine 3 Ellen breite Stellage mit 7 Abstufungen. Auf jeder Abstufung haben 10 ordinaire Nelkentöpfe reichlich Platz, mithin hält die ganze Stellage 70 Töpfe. In einem Zimmer, wie oben gemeldet, können an den Wänden herum 6 solche Stellagen angebracht werden, und sind darauf schon 420 Töpfe placirt; zwischen den Stellagen muß auf jeder Seite so viel Raum bleiben, daß man bequem hinzu kann. Nun bleibt noch ein Raum des Zimmers über 2 Ellen breit. Diesen Raum muß man durch eine 5 Ellen lange und 1¼ Elle breite, freystehende Stellage, die aus 6 Säulen besteht, zu benutzen suchen. Diese Säulen sind durch Riegel mit einander verbunden, über welche Bretter gelegt werden, und die Höhe der ganzen Stellage ist 2 Ellen, wovon der Fuß $\frac{1}{4}$ Elle, jeder Raum $\frac{3}{4}$ Ellen beträgt, und die Hauptsäul. $\frac{1}{4}$ Elle hervorragt, wie aus beystehender Figur, welche die eine Seite der Stellage anzeigt, deutlicher zu ersehen ist.

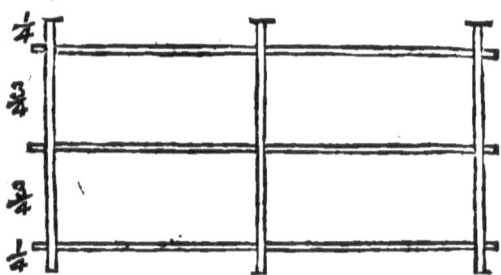

Eine solche Stellage hält in jedem Raum 4 Töpfe in der Breite und sehr bequem 16 Töpfe in der Länge, mithin 64 Töpfe; dieses dreymal genommen, so hält die ganze Stellage 192 Töpfe. Wenn man diese 192 mit jenen auf den kleinen Stellagen zusammen rechnet, so hält das ganze Zimmer 612 Töpfe, und man hat noch unter denen an der Wand anliegenden Stellagen Raum genug, eben so viel und mehr Pflanzen in kleinen 1$\frac{1}{2}$ Elle langen Kästen, so von beyden Seiten untergeschoben werden, zu placiren, und man kann aus diesen, wenn ja einer in den Töpfen abstirbt, zum

Frühjahr leicht wieder recroutiren. Der vorige Winter war grausam, allein auch diesen würde man in einem solchen Zimmer, zumal wenn ein Camin oder Ofen darinnen befindlich, in welchem letztern man jedoch nur mit Lohkuchen feuern müßte, Trotz bieten können; wenigstens habe ich auf diese Art, was mir vergangnes Jahr noch übrig geblieben war, gerettet, und ich würde, wenn ich meine Pflanzen eher in das Zimmer gebracht, wenig oder nichts eingebüßt haben. Diese Art der Auswinterung, und die Bekanntmachung der dazu benötbigten Stellagen, wird hoffentlich Niemand unangenehm seyn.

VI.
Mittel wider die Blattläuse.

Nachdem ich in dem erſten Hefte dieſes Journals S. 23. ein Präſervativmittel wider die Blattläuſe bekannt gemacht hatte, haben mehrere meiner Herrn Correſpondenten mir Mittel wider dieſe ſchädlichen Creaturen, von welchen meine Flor vor jetzt gewiß befreyt iſt, mitgetheilet. Ich halte es vor Schuldigkeit, ſolche dem Blumen-Publikum nicht zu verheimlichen; und jene werden es verzeihn, wenn ich mich ihrer eigenen Worte bediene.

„In Dero Gartenhefte finde ich ein Mittel, die Nelkenläuſe zu vertreiben; hier entdecke ich Ihnen auch eins dergleichen. Dieſes iſt von einem Nelkenfreunde dies Jahr, wo vorzüglich dieſes Ungeziefer ſehr häufig, als probat befunden worden. Man gießt auf 1 Pfund Queckſilber 8 Kannen Waſſer, läßt es kochen, und begießt die verlauſten Nelken damit. Das Queckſilber kann mehrmal gebraucht werden. Dies Waſſer können diese Unthiere nicht vertragen und sie sterben; es ist auch denen Stöcken nicht nachtheilig."

M . . . r. d. ä.

"Das Mittel wider die Nelkenläuse verdient schon versucht zu werden. Ich will Ihnen aber ein anderes bekannt machen, wovon Sie vielleicht Gebrauch machen können. Man trägt die Töpfe zusammen in eine wohlverwahrte Kammer, verstopft alle Oefnungen sorgfältig, zündet nach Verhältniß des Raumes 1, 2, bis 3 Pfund des schlechtesten Rauchtabacks, in einem Kessel an; schließt hinter sich die Thüre zu, verstopft auch da alle Lücken und Löcher, und läßt sie 12 bis 24 Stunden stehen: und man wird mit Vergnügen bemerken, daß alle Insekten völlig getödtet sind. Die Stöcke sehen freylich etwas räucherricht aus, aber anstatt daß es ihnen im mindesten etwas schaden sollte, so scheint eine solche Operation nur ihre Gesundheit und ihr Wachsthum um desto mehr zu befördern. Man kann es zu jeder Jahrszeit thun, wie ich dies bey einem meiner Freunde sehr oft zu sehen Gelegenheit gehabt habe, und sogar im Anfange der Blüthe; nur der offenen Blume schadet der Rauch etwas. — Anstatt einer Kammer bedient man sich besser einer

Stube, wo ein freystehender Ofen ist. Man nimmt da das Rohr heraus, verstopft die Oefnung in der Mauer, die in den Rauchfang geht, und zündet den Taback im Ofen an. Mein Freund hat sich vor kurzem einen Vorrathsschrank so dazu einrichten lassen, daß er diese Operation im Garten vornehmen kann, und mit 42 Töpfen gestern den ersten glücklichen Versuch damit gemacht. Von dem Klempner hat er sich

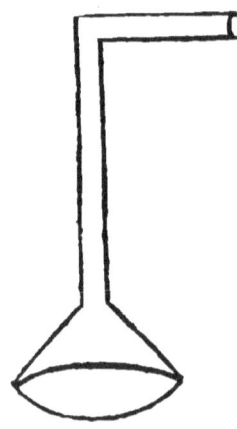

eine blecherne Röhre, von beygezeichneter Form machen, und oben in die Seite des Schrankes einpassen lassen. Unter der trichterförmigen Oefnung wird auf einem Kohlenbecken, das gerade daran paßt, der Taback angezundet, und der Rauch zieht durch die Röhre in den Schrank, daß in kurzer Zeit die Nelken im stärksten Dampfe stehen, und die ungebetenen Gäste ersticken."

A.....b.

„Das Mittel, die Blattläuse zu vertilgen, mag wohl gut, aber nicht so gewiß seyn, als wenn man vor und nach der Flor die Nelken in einem dazu bestimmten Räucherkasten mit Taback räuchert, wovon die Pflanzen gedeihen, und die Egyptische Plage ihr Grab findet ꝛc.

P . . . . . t.

Ich meines Orts glaube, das beste Mittel ist, wie in allen Dingen, Reinlichkeit. Das Räuchern habe ich versucht, und gab ein schweres Lehrgeld. Es kann seyn, ich habe es nicht recht gemacht, indessen schreckte mich die erste Probe von weitern Versuchen ab. Jetzt wasche ich jeden meiner Senker in einem großen Napfe beym Umsetzen rein ab, halte die Nelken von den Aurikeln, so viel nur immer möglich, entfernt, wintere beyde Arten Blumen jede in einem besondern Zimmer aus, lasse die neuangekommenen Pflanzen, die sämmtlich auch sorgfältig gereiniget werden müssen, in einem Zeitraume von 4 bis 6 Wochen, nicht unter die meinigen stellen, und es ist in meiner doch ganz ansehnlichen Sammlung eine lausigte Pflanze eine seltene Erscheinung, und läßt sich ja eine erblicken, so wird sie sogleich auf eine entfernte, dazu bestimmte Stellage gebracht, wo ich sie fleißig reinigen lasse, sobald aber das Ungeziefer aller Mühe ohngeachtet Ueberhand nimmt, so reiße ich die ganze Pflanze, wenn sie mir auch einen Ducaten gekostet hätte, aus dem Topfe, und werfe sie als unheilbar hinweg. — Dies ist die beste und sicherste Methode, seine Stellagen rein zu erhalten.

Anmerk. d. H.

VII.
Vermischte Nachrichten.

Zum Besten derjenigen, welche nicht Gelegenheit oder Lust haben, sich große Werke über Gärtnerey und Gartenkunst zu kaufen, mache ich hierdurch ein Mittel wider die Erdflöhe bekannt, welches in dem Hannöverischen Magazin empfohlen, und in Hirschfelds Garten-Bibliothek erwähnt wird. — Es bestehet in Hühnermist, dessen widriger Geruch zuerst Veranlassung zu dieser Entdeckung gab. Man läßt das Land, worauf man säen will, umgraben, und es zwey oder drey Tage liegen, alsdann den Hühnermist darauf streuen, und es umspitzen, so daß der Mist mit der Erde nur etwas bedeckt wird, streuet demnächst den Saamen darauf, und harkt beydes durch einander. — Auch wenn man die Pflanzen, sie bestehen in braunen Kohl, Savoyen-Kohl u. dergl. umsetzt ist dieses Mittel, da man nehmlich den Hühner-Mist, zwischen den Kohl-Pflanzen herumstreuet, von guter Wirkung, und es werden keine Erdflöhe zum Vorschein kommen.

VIII.
Ankündigungen.

A.

Der Garnison=Cantor Herr Samuel Gottlob Pfeilschmidt zu Dresden hat sich seit etlichen 20 Jahren mit der Blumistik beschäftiget, und nicht nur die Behandlung und Schönheit einer Blume aus Erfahrung kennen gelernet, sondern auch sich binnen dieser Zeit eine schöne und vorzügliche Flor verschafft.

Es besitzet derselbe mehr als 800 Sorten der neusten und schönsten Englischen= und 400 Sorten vorzüglich schön schattirte, ombrirte und nüancirte Luiker und Englisch=Luiker=Auricel; eine ausgewählte Sammlung von 1000 Sorten der neuesten klassischen Nelken, auch verschiedene Sorten Englische Pinks, eine Art Federnelken mit famösen ähnlichen Spiegeln, die in England sehr geschätzt werden; an 700 Sorten vorzüglich schöne Holländische Tulipanen; an 600 Sorten der neuesten und
pracht=

prachtvollsten Rannunkeln; verschiedene Sorten Anemonen und Fritilarien und auch 20 Sorten Englische Stachelbeere, deren Früchte sich durch Geschmack, Farbe und Größe, ja selbst durchs Laub von unsern gewöhnlichen Landstachelbeeren unterscheiden.

Alle diese hier angeführten Blumen-Arten und auch die Stachelbeere hat der Besitzer unter Nummer und Namen, wovon er die in Vermehrung habenden Sorten den Liebhabern, so billig als möglich, verkäuflich anbietet.

Die Verzeichnisse hierüber werden auf Verlangen gratis ausgegeben, die Zuschriften aber ganz postfrey erwartet.

B.

Der Kaufmann Herr Wilhelm Beyer in Coburg verläßt folgende Blumen-Zwiebeln, Pflanzen, Sämereyen und Bäume in bester Qualität, gegen baare Bezahlung in 24 Fl.

Fuß, den Rthlr. zu 24 Ggr. den Laubthaler zu 1 Rthl. 20 Ggr. gerechnet, um beygesetzte Preise, als:

Hyacinthen, extra schöne, gefüllte, holländische Sorten, sehr große und gesunde Zwiebeln, in weiß, roth und blau:

1ste Sortirung das 100 zu 16 Rth. das Dtz. 2½ Rth.
2te ——— ——— 12 -- -- 2 --
3te ——— ——— 8 -- -- 1¼ --
4te ——— ——— 6 -- -- 1 --
5te ——— ——— 4 -- -- 20 Ggr.
Muscat-Hyacinthen, das Stück   1 Ggr. 6 Pf.

Tulipanen, holländische, weiß und gelbgründige:

1ste Sortirung das 100   = 6 Rth.
2te ——— ——— = 4 ---
3te ——— ——— = 3 ---
4te ——— ——— = 2½ ---

Jonquillen, das 100   =   1½ bis 2 ---
Iris Susiana major, das Stück   =   6 Ggr.
Iris Swedica, oder Amarillis, das Stück   2 ---
Tuberosen, gefüllte, das 100. 2½ Rth. das St. 1 ---
Crocus, versch. Sorten unter einander, das 100. 16 ---
Lilium bulbiferum, Feuerlilie, das Stück   2 ---

Anemonen, vielerley Sort. in Rommel das 100   3 Rth
Ditto extra feine Sorten   =   =   4 ---
Rannunkeln, div. Sort. in R. d. 100 zu 1½ bis   2 ---
Ditto bessere und mehrere Sorten   ---   3 ---
Ditto extra beste Sorten   ---   4 ---
Ditto 25 sehr schöne Sort. m. Nam. ---   6 ---
Ditto 40 extra schöne S. mit Nam. ---   8 ---

Nelken, ein auserlesen schönes, aus mehr als 700 Verschiedenheiten bestehendes Sortiment, welches größtentheils meine eigenen Zöglinge, folglich ganz neue, bisher noch nicht im Publiko bekannte Sorten, enthält, in gelb, weiß und dunkelgründigen Picotten, Picottbizarden, englischen und deutschen Donbletten, Bizarden, Feuerfaren, Famösen, Concordien, punktirten und farben Blumen mit Namen, wovon ein besonders gedruckter Catalog, über deren Charakteristik, Zeichnung, Farben und sonstige Eigenschaften ohnentgeldlich, so auch zur Durchsicht eine Blätterkarte bey mir zu haben ist. Im Einzelnen werden solche, nach dem Inhalte dieses Catalogs, zu 4, 8, 12, 16, 20 Ggr. bis 1 Rthlr. der Senker abgegeben, in Parthien aber die 100 Sorten mit Namen für 4 bis 5 St. Duc. das Dutz. für 2 bis 2½ Rthl; das Dutz. im Rom. hingegen für 8, 12, 16, 20 Ggr. bis 1 Rthl. verkauft.

Aurikeln, feinste Quiter oder schattirte, wenigstens 7 bis 800 extra schöne Sorten, in allen nur möglichen Farben und Schattirungen, die 100 Sorten ohne Namen für 10 Rthlr., das Dutzend Sorten 1½ Rth. 100 Stück in 70 bis 80 Sorten für 8 Rthlr., das Dutzend für 1 Rth. 12 Ggr., 100 Stück in 50 Sorten für 6 Rth., das Dutzend von diesen für 1 Rth.

Primeln, ungefehr 400 auserlesene Sorten, die 100 Sorten für 6 Rthlr., das Dutzend für 1 Rth.; das 100 in 70 bis 80 Sorten für 4 Rth., das Dutzend für 16 Ggr.; in 50 Sorten das 100. 3 Rth., das Dutz. 12 Gr.

Nelkensaame, bester die 100 auserlesene Körner 12 ---
Ditto, von geringern Sorten die 100 Körner 6 ---
Ditto, noch geringerer, doch von lauter gefüllten, großen, meistens gezeichneten Landblumen gezogen, 3 Ggr.
Aurikelsaame, v. d. besten Quitersorten die Prise 8 ---
Primelsaame, die Prise = 4 ---
Levcoyensaame, sowohl Sommer= als Winter=, von lauter besonders gut ins gefüllte fallenden Sorten gezogen, vielerley Farben: die Prise 4 Ggr.
Pappelweiden, italienische, zu Englischen Anlagen und Alleen, 3 bis 9 Fuß hoch, das 100 zu 4, 6, bis 8 Rthl. das Stück 1 bis 3 Ggr.
Obstbäume, vielerley der besten Sorten, Aepfel und

Birnen, Pfirsinge, Abricosen, Pflaumen, Kirschen ꝛc. zu mancherley Preisen, worüber ein besonderes Verzeichniß das Nähere besagt.

Die Versendungen der Nelken, Aurikeln und Primeln nehmen im September ihren Anfang, währen bis in den spätesten Herbst hinein, gehen wiederum im Frühjahr an und dauern bis Ende May. Hyacinthen und Tulpen lege ich je später je lieber, am liebsten wenn es gerade zuwintern will, oft also erst zu Ende Novembers, auch, nach Beschaffenheit der Witterung noch im halben December. Rannunkel und Anemonen können sowohl im Herbst als im Frühjahr gelegt werden. Iris Swedica und Tuberosen im Frühjahr, das übrige oben beschriebene Zwiebelwerk alles im Herbste. Briefe und Gelder werden franco erbeten.

C.

Verzeichniß für 1796. von allerhand frischen Garten=Gemüß=, Klee=, Kräuter=, Feld= und Blumen=Sämereyen, welche seit etlich 30 Jahren, und alljährlich stets aufrichtig und gerecht, sowohl Einzeln, als im Ganzen zu haben sind, unter beständiger Firma. **Joseph Jacob Gottholdt**, Handels-dels=Gärtner zu Arnstadt in Thüringen.

Die Preise sind in Contant nach 20 Fl. Fuß berechnet.

I. Kräuter=Saamen.	das Loth	Gr.	Pf.
Basilicum majus	= =	1	—
Basilicum medium	= =	1	6
Detto, klein kraus	= =	2	—
Cardubenedicten	= =	—	9
Garten=Kresse	= =	—	9
Detto, kraus gefüllt	= =	1	—
Kerbel	= =	1	—
Isoppen	= =	1	—
Lavendel	= =	1	6
Löffelkraut	= =	1	4
Melisse	= = =	1	4
Feine Citron=Melisse	= =	1	6
Majoran	= = =	3	—
Pimpinell	= =	1	—
Portulac, grüner	= =	1	4
Detto, gelber	= =	1	6

	das Loth	Gr.	Pf.
Rosmarin = =		2	—
Rhabarber, ächt Rußisch. Rheum palmatum		3	—
Salbey = = =		1	4
Saturey = =		1	4
Thimian = = =		1	6
Wein-Raute = =		1	4
Großer Bolognefer Fenchel =		1	—

	das Pfund	Gr.	Pf.
Ordinairer Fenchel = =		3	—
Anies = = =		2	8
Coriander = = =		1	6
Dill, Anethum = =		1	9
Canarien-Saame = =		2	—
Hanf-Körner = =		1	6
Blauer Mohn = = =		2	6
Detto, weißer = =		4	—
Foenum graecum, Siebenzeiten =		1	6
Schwarzkümmel: nigella = =		2	8
Ordinairer Wiesenkümmel =		2	—
Großer Hallischer Kümmel =		2	8
Senf-Saame = = =		2	—
Spinat, langbl. Stachelkorn =		3	—
Detto, breitblättriger, rund Korn =		4	—

	das Pfund	Gr.	Pf.
Lein=Saame, inländischer	=	2	8
Rigaer Tonnen=Lein	= =	3	6
Spanischer Klee, rothköpfig	=	4	9
Lucern Klee, blaublüth.	= =	8	—
Esparsettte = =	=	1	6
Ray=Gras, franz. Saint foin	=	10	—
Detto, englisches	=	9	—
Honig=Gras = =	=	10	—
Weißer Mangold, Beet =	=	6	—

II. Kohl= und Küchen Gemüs=Saamen.

	das Loth	
Blumenkohl, groß veritable Capischer	16	—
Cyprischer früher detto, extra =	12	—
Englischer großer Früh=Blumenkohl =	10	—
Holländischer detto, später =	8	—
Leidner ordinairer Blumenkohl =	6	—
Brocculi romani confiori =	6	—
Detto, französisch = = =	5	—
Ordinair Weißkraut, Kopfkohl =	1	—
Erfurter groß Cappuskraut = =	1	4
Klein niedrig frühes detto =	1	—
Stotterheimer Kraut = =	1	

	das Loth	Gr.	Pf.
Mehlerisch Früh-Kraut = =		1	6
Angelberger groß Frühkraut = =		2	—
Detto, klein niedriges frühes =		2	—
Groß breit Herbstkraut = =		1	6
Detto, Braunschweiger, extra groß		2	—
Winter-Kraut, beste Sorte =		1	4
Straßburger roth Kraut = =		2	—
Erfurter klein niedrig. frühes detto		1	6
Groß holländisch Violet-Kraut =		2	—
Früh Kopf-Würsing = = =		2	—
Ulmer weißer früh Kopf-Würsing =		2	6
Detto, mittel, kleiner früher =		2	6
Detto, ganz großer später =		2	6
Gelber Savoyer-Kohl = =		1	6
Straßburger früh Kopf-Würsing =		2	6
Grün kraus spät-Würsing = =		1	4
Niedriger kraus Winter-Würsing =		1	4
Ordinaire Ober-Colerabi = =		1	—
Große weiße Colerabi = =		1	6
Grüne große Spät-Colerabi = =		1	6
Engl. frühe Glas Colerabi = =		2	—
Blaue extra Colerabi = =		2	—
Blau kraus Winterkohl =		—	9

L 5

	das Loth	Gr.	Pf.
Grün kraus Winterkohl	=	—	9
Hamburger niedrig. zwerg Blau-Kohl		1	—
Grün niedrig, Tax-Kohl	= =	1	—
Plumage Kohl	= =	1	6
Früh Blatt-Kohl	= =	1	—
Sommer Schnittkohl	= =	—	6
Winter Schnitt-Kohl	= =	—	8
Unter Kohlruben	= =	—	9
Detto, Bamberger große	= =	1	—
Große weiße Herbstruben	=	—	4
Weißröthliche Guckel-Ruben	= =	—	8
Geißeldörfer weiße Ruben	=	—	8

III. Wurzel-Saamen.

	das Loth	Gr.	Pf.
Ordinaire Saalfelder gelbe Möhren		—	3
Erfurter lange gelbe Möhren	=	—	6
Detto, Bamberger hochgelbe	= =	—	8
Holländische goldgelbe Früh-Carotten		1	—
Engl. detto, stumpfschwänzig	=	1	—
Lange hornische goldgelbe Carotten		1	—
Ordinaire Schnitt-Petersil	= =	—	3
Kraus gefüllte Petersil	=	1	—
Erfurtische Wurzel-Petersil	=	—	9

	das Loth	Gr.	Pf.
Braunschweigische lange Petersil	=	1	—
Große Pastinat-Wurzel	= =	—	6
Cichorien-Wurzel	= =	—	9
Forellen Cichorien	= =	1	—
Scorzoneer Wurzel	= =	—	9
Haber-Wurzel	= =	1	—
Zucker-Wurzel	= =	1	6
Erfurtische rothe Rüben	= =	—	6
Bamberger detto, blutroth	=	—	8
Holländ. Knoll oder Colerabi Sellerie		1	4
Detto, großer Leipziger	=	1	6
Beyerische Steeg-Ruben	= =	1	—
Märkische oder Deltauer Ruben	=	1	6
Frühe May Ruben	= =	1	—
Holländische Knoll-Ruben	=	1	6
Wurzel-Rapunzen	= =	1	6
Runkel-Ruben, Rangers, Dick-Rüben, vorzüglichste größte Sorte, ⅛-Maaß à		1	—

IV. Radies und Rettich.

Weiße runde Monat-Radies	=	1	—
Detto, holländische frühe kurzlaubige		1	4
Frühe rothe Radies	= =	1	4

	das Loth	Gr.	Pf.
Lange röthliche Ravinell Rabies	=	1	—
Forellen-Radies	=	1	6
Schwarze runde Sommer-Rettich	=	1	—
Detto Winter-Rettich	=	1	—
Weiße Bodensee-Rettich	=	1	—
Mühlhäuser große runde Rettig, extra		1	6
Erfurter große lange Winter-Rettich		1	6

V. Sallat-Saamen.

		Gr.	Pf.
Großer Arabischer Sallat, größte und beste Sorte, 2 Schuh weit zu verpflanzen		2	8
Gelber Asiatischer großer Kopf-Sallat, giebt erstern an wahrer Güte und Pracht nichts nach	= =	2	8
Melange Favorit, viererley meiner besten Salat-Sorten unter einander, extra		2	—
Prinzenkopf-Sallat	=	1	—
Englischer Prinzenkopf	= =	1	6
Großer brauner Berliner Sallat, extra		1	6
Gelber Berliner	=	1	6
Großer Forellen Sallat	= =	1	6
Klein Engl. Blut-Forellen, ohnfehlbar der delicateste von allen Sallaten =		6	—

	das Loth	Gr.	Pf.
Schwedenkopf Sallat = =		1	—
Grüner früh Franz-Sallat =		1	—
Gelber Prahl-Sallat = =		1	—
Braun Mayländer, gelb Korn =		1	4
Früher Champagner (auch zum treiben)		1	6
Montree Sallat = =		1	4
Kraus Bologneser =		1	4
Winter Sallat = =		1	—
Detto, gesprengt, extra =		1	4
Melirte gute Sorten, untereinander		—	8
Stech-Sallat, der früheste =		—	4
Ordinairer Streu-Sallat =		—	3
Sommer Endive = =		2	—
Gelb kraus Winter Endive =		1	—
Detto glattblättriger = =		1	—
Feld Rabinsgen, Schaafmäulchen		—	6

VI. Zwiebel-Saamen

		Gr.	Pf.
Große rothe Sommer-Zwiebeln =		1	—
Erfurter rothe Kopf-Zwiebeln =		1	—
Bamberger detto, große =		1	—
Große rothe Spanische Pflanz-Zwiebeln		1	6
Detto, weiße spanische =		2	—

	Gr.	Pf.
das Loth		
Gocksheimer süße Zwiebeln, vortreflich	1	4
Holländische lange Birn Zwiebeln, extra	1	6
Porree, Lauch=Saame = =	1	4
Spanisch Stangen=Porree =	1	6
Winter=Zwiebeln = =	1	—
Steck=Zwiebelgen, ordin. Erfurter, das 100	1	—
Gocksheimer feine, das 100 =	2	—
Holländische Birnzwiebeln, das 100 =	2	—

VII. Erbs = Sorten.
à Pfund.

	Gr.	Pf.
Graue wohltragende Zucker=Erbs =	5	—
Breite späte Zucker=Erbs =	5	—
Große Säbel=Zucker=Erbs =	6	—
Früheste weiße Engl. Zucker=Erbs, beste u. tragbarste unter allen bekannten Soren	6	—
Weißblühende Engl. Nonpareils, noch beßer	6	—
Frühe Zwerg=Zucker=Erbs =	7	—
The Grazie Zucker=Erbs, auch niedrig volltragend und sehr delicat =	7	—
Erfurtische große Aufmach=Erbs =	1	6
Große Klunker=Erbs =	1	—
Englisch früh Brech=Erbs = =	3	—

	das Pfund	Gr.	Pf.
Holländische Brech-Erbs, allerfrüheste	=	3	—
Weiße Provencer Linsen, sehr delicat		6	—

VIII. Bohnen-Sorten.
à ½ Maaß.

		Gr.	Pf.
Arabische oder Feuer-Bohnen	=	1	4
Große weiße Säbel-Bohn. Schlagschwerden		2	—
Gelbe detto, beste Sorte zum Einmachen		2	—
Paille wohltragende Spargel-Bohnen		1	6
Weiße Zuckerbohnen = =		1	6
Graue Capische-Spargel-Bohnen, weiß-schälig, ohnfehlbar die delicateste unter allen Bohnen-Sorten =		2	—
Capische Kirsch- oder Ducaten-Bohnen, spät		3	6

Krupp- oder Busch-Bohnen.

		Gr.	Pf.
Gelbe Englische Früh-	Diese 4 Sorten werden 3 Wochen eher reif als alle andern Sorten, sind sehr tragbar, und gut zum früh treib. aufBeeten.	2	—
Capische neue Früh-		2	—
Früh Franz oder Zwerg- Säbel-Bohnen =		2	—
Weiße Engl. allerfrüheste		2	—
Weiße Dattel-Bohnen, sehr tragbar		1	4
Weiße kleine Erbs-Bohnen, aufs Feld		—	9

	½ Maaß	Gr.	Pf.
Große Garten=Puff=Bohnen		1	—
Grüne Mayländer, früh und sehr delicat		2	6

IX. Allerley Kern=Sorten.
à Loth.

	Gr.	Pf.
Artischocken=Kern, Italienische rothe Art	4	—
Spanische Cardy=Kern	3	—
Erfurtische Gurken=Kern	1	—
Hallische wohltragende Gurken=Kern	1	4
Straßburger lange Säbel=Gurken	1	6
Leipziger Schlangen=Gurken	2	—
Aecht holländische frühe Trauben=Gurken, zum treiben auf Früh=Beeten	6	—
Melonen=Kern, diverse gute Sorten	6	—
Extra feine Früh=Sorten, mit Namen 6 Prisen	6	—
Detto, 10 diverse Prisen mit Namen	12	—
Ordinaire Kürbis=Kern	1	—
Größte weiße Tonnen=Kürbis	6	—
Türkenbund=Kürbis	6	—
Große Herkules=Keulen, in Mannslänge, das Stück	—	6
Holländischer Spargel=Saamen	1	—

	das Loth	Gr.	Pf.
Darmstädter Früh-Spargel, schön	=	1	6
Englischer weißer Frühspargel, extra		2	—
Im Frühjahr vortrefliche Spargel-Pflanzen			
Einjährige, das 100	=	12	—
Zweyjährige, das 100	=	16	—
Dreyjährige, das 100	=	20	—

X. Allerhand Blumerey.

		Gr.	Pf.
Ein Sortiment der gewöhnlichsten und brauchbarsten Blumen und Sommer-Gewächse, auf Rabatten, von 20 diversen Sorten = =		8	—
Ein dergleichen, von 40 Prisen =		16	—
Ein dergleichen, von 60 Prisen	1 Thl.	—	—
Ein dergleichen, von 80 Prisen	1 Thl.	8	—
Ein dergleichen, von 100 Prisen	1 Thl.	16	—
Feine Sommer-Levcoy, in 8 Couleur. melirt		8	—
Engl. neue Sommer-Levcoy, in 5 Couleuren		16	—
Feine Winter-Levcoy, in 8 Couleuren		8	—

Die mehresten Sorten vorstehender Sämereyen, besonders in so ferne solche selbst erzeugte Verlags-Artikel betreffen, haben im Ganzen, in Centner und

Pfunden, wenigstens 20 Pro=Cent Rabat, theils noch mehr, zu erwarten. Saamenhändler oder solche Freunde, welche hierinnen selber Geschäfte machen, können nach Belieben, besondere Preis=Courants hierüber abfordern, und ich würde durchaus nichts ermangeln lassen, in allen Stücken, im Ganzen sowohl als den geringsten Kleinigkeiten, Jedermann die reelleste Satisfaction, nach Vermögen, allemal zu leisten.

Anhang.

1. Für Gartenfreunde, welche zu vielen Sommergewächsen keinen entbehrlichen Raum haben, oder mancherley Exotica ihres immer unsichern Aufgehens halber, nicht lieben, und daher den Ueberschuß eines ganzen Sortiments überlästig finden, habe ich auf Verlangen ein kleines Select, von Vierzig selbst gezogenen blos bekannten besten Sorten ausgewählt, welche fast in keinem Lustgarten zu entrathen sind, wohin ich z. E. alle Sorten Levcoy, gefüllten Lac, Reseda, Asters, Mohn, Italienische Rittersporn, Wicken, Balsaminen und dergleichen Auszugsweise allein gezählt habe. Der Preis

von diesem Sortiment, in 40 starken Prisen ist $\frac{7}{8}$ Carolin.

II. In vorzüglich schönen Winter- sowohl als Sommer-Levcoy, kann ich von Ersteren mit einem Sortiment von zehn sortirten Couleuren, und starken Prisen, welche zusammen 1 Loth ausmachen, zu 12 gr. aufwarten.

III. In Sommer-Levcoy, mit einem dergleichen von Eilf sortirten Couleuren, zusammen 1 Loth, worunter auch neu Mortoreu und Aschgrau befindlich, das Sortiment zu 16 gr.

IV. Ein Sortiment von 10 Couleuren, großer perennirender Winter-Malven, jede Couleur zu $\frac{1}{2}$ Loth à 6 gr.

V. Extra schöne Ranunkeln, in allen Couleuren, zu 38 Sorten, worunter auch ganz neu couleurt und Saamentragende Semi-Doubles befindlich, das 100 zu zwey Thaler.

VI. Iris Suedica, oder Amarillis formosissim. St. zu 3 gr., gefüllte Veroneser Tuberosen, St. zu 1 gr.

VII. In allen modernen und sehr schönen Nel̄ken-Sorten, regelmäßigen gelb- sowohl als weiß grundirten Picotten und Picott-Bizarden, besonders prächtigen Englischen Bizarden und Doubletten, Aschgrauen und neuen Feuerfaxen ꝛc. offerire ich Kennern und Liebhabern einen affortirten Flor von wenigstens 800 Sorten, mit Nummer und Namen, in solch niedrigen und billigen Preisen, als sie noch nirgends in einem von allen bekannten Verzeichnissen sollen gefunden haben.

A. Von Prima Sorte der auserlesensten Rangblumen, mit Nr. und Namen, auch genauester Charakteristik, erlasse ich das Duß. zu 2 Thaler, und 100 diverse Sorten hievon zu 2 Carolin Spec.

B. Vom besten Rummel, lit. B. ebenfalls mit Nr. und Namen, das Duß. zu ½ Carolin und 100 diverse regelmäßige meist classische Blumen à 2 Spec. Louisd'ors.

C. Vom zweyten Rummel, durchgehends schöne und regelmäßige Blumen, doch ohne Nr. und Namen, das Dß. zu 1 Thaler, und 100 St. zu 1 Carol. Spec.

D. Vom ordinairen Rummel, zwar nicht regelmäßig und rein, doch durchgehends gefüllte Blumen, von allen Sorten und Couleuren, auf Garten=Rabatten, das Dtz. zu 8 gr.

Bey den ersten beyden Sorten A. und B. lasse ich mir auch die Vorschrift der Classen gefallen, aus welchen man vorzüglich bedient zu seyn wünscht, und will auch besonders äußernde Inclinationen zu diesen oder jenen Couleuren, so weit es sich immer thun läßt, recht gerne contentiren. Stückblumen=Verschreibungen setzen besondere Correspondenz und Catalog voraus. Mein neuer kann aber erst nach der Flor wieder fertig werden, daher ich Liebhabern zu diesem Behuf einstweilen meine aufgelegte heurige Blätter=Charten zur Einsicht und Auswahl offeriren kann, wenn sie solche franco zu retourniren belieben wollen.

VIII. Da sich bekanntlich die regelmäßige Kenntniß und methodisch richtige Beurtheilung dieser allgemein veredelten Lieblingsblume, der Nelke, durch ganz Deutschland, zu einer Art Wissenschaft nach Grundsätzen aufgeschwungen hat, welche nur den alten praktischen Kennern geläufig, hingegen vom bloßen Liebhaber, selbst bey schon mehrjährig unterhaltenem eigenen Flor nicht immer mit hinlänglicher Zuverläßigkeit, wenigstens nicht systematisch gefordert werden kann; so darf ich mir schmeicheln, daß Eine — auf stark holländ. Royal-Papier sauber gezeichnete

Vollständig tabellarische Nelken-Theorie, in systematischer Ordnung, nach Rudolphi ꝛc.

mit lebendigen — nach der Natur, bey jeder Classe aufgelegten Blumenblättern, ganz gewiß allenthalben willkommen seyn werde. Es ist in solcher, mit gedrängter Kürze, alles mögliche, was von den Classen-Zeichnungen und Bauarten der Nelke und ihrer methodischen Charakteristik überhaupt ꝛc. nur immer gesagt werden kann, im allerdeutlichsten Conspect enthalten, und wird jedem Kenner und Liebhaber ohnfehlbar vollkomme Satisfaction leisten. Ich erlasse das Exemplar zu 8 gr. und ebendasselbe ohne Blumenblätter zu 6 gr.

IX. Von einer exquisiten Auricul-Flor, in durchgehends fehlerfreyen Quicker und Engl. Blumen, erlasse ich das Dutzt, vom besten Rummel zu ¼ Carolin, kann und werde aber nie einen besondern Catalog darüber offeriren, weil ich die Grille habe, zu behaupten, daß derjenige Maler, und wenn er grichisch wäre, noch gar nicht geboren worden, der nur die Hälfte ihrer zahllosen Farben-Nüancen richtig zu benennen und — wenn auch gleich ein Theil derselben durch Kunst in Farben nachzumischen — aber ganz gewiß nie präcis genug zu charakterisiren im Stande seyn dürfte, weil die Namen dazu noch gar nicht erfunden sind, wenigstens in unserer Sprache nicht existiren; ohne halbbögige Umschreibungen davon zu machen. Auch ohne Catalog und unsichere Beschreibung sollen Liebhaber mit mir zufrieden seyn, zumal um diesen Preis.

X. Gartenfreunden, welche mit Maulwürfen, Erdwölfen, großen Reuthmäusen u. dergl. geplagt sind, kann ich mit einer noch wenig bekannten vorzüglichen Invention von Maulwurfsfallen dienen, welche die zuverlässigsten und solidesten in ihrer Art sind. Die eine, welche aus einer Maschine mit langen eisernen Stacheln bestehet, kostet 8 gr. läßt sich aber blos mit gehenden Botenleuten, und nicht gut über Post transportiren. Die andere besteht aus einer ganz eisernen großen Scheere mit Stellwerk, von solider Fabrique und entschiedenem Vortheil und kostet 10 gr.

XI. Ferner darf ich Liebhabern der Baumzucht, außer meiner kleinen Baumschule und einem Vorrath von Verbis-Beerpflanzen, aus eigener sichern Erfahrung ein sehr vortreffliches Englisches **Baumwachs** empfehlen, das sich, seiner bewundernswürdigen Heilkraft willen, besonders bey allen dicken abgestumpften Aesten der ältesten Bäume, an Brand- Wurm-Schäden und Wurzelquetschungen, besonders aber bey allem Pfropfen und Copuliren, auch sonst allenthalben, vor dem andern in Menge vorhandenen, ganz unfehlbar sehr vorstechend auszeichnen wird. Es ist solches das ächte Arkanum eines berühmten Englischen Gärtners Christley, er erhielt von der königl. Societät der Wissenschaften eine Prämie von 50 Pfund, welche alsdann groß genug dachte, solches öffentlich bekannt zu machen. Es ist sehr geschmeidig, erweicht die Rinde und hat den gewöhnlichen Fehler der mehrsten andern nicht, daß es trocken oder hart wird, noch weniger abfließt, oder im Winter abspringt, so wie auch ganz sicher kein Holzkäfer oder sonstiges Insekt sich und seine Eyer an einem damit bestrichenen Ast jemals ansetzen, und solchen verderben wird: Eine starke Stange über 8 Loth haltend, kann ich zu 4 gr. und in größerer Quantität solches noch etwas näher erlassen.

XII. Eben so willkommen, hoffe ich, soll auch die Offerte, einer kleinen, bey jungen und weichschäligen Pfropfstämmen und in jeder Baumschule ganz unentbehrlichen Engl. Pfropfsäge seyn, die sich, auch als Kleinigkeit, dennoch ihres augenscheinlichen großen Vortheils halber, groß überall empfehlen wird. Ich setze zum voraus, daß jeder Baumgärtner mit ordindren und größern zu starken Baum- und Astholz bereits hinlänglich versehen ist. Die meinige hat daher auch von jenen in der Form weiter gar nichts voraus, als daß sie fast um die Hälfte kleiner, und mit Inbegriff des Stiels kaum 10 bis 11 Zoll lang ist, hingegen ein proportionirt, fein geschränktes Blatt von den feinsten Englischen Uhrfedern hat, zehnmal besser und reiner ist, als alle andere, auch selbst einen eisernen Nagel unbeschädigt schneidet, und nirgends von dieser Güte im Vorrath, am wenigsten aber zum Kauf gemacht wird. Da man überall weit besser als mit jeder andern damit zurecht kommen, auch die verdorrten Abschnitte der vorjährigen Oculir-Reiser mit größter Sicherheit sauber abnehmen kann; so wird ihr selbst redender großer Nutzen gleich bey der ersten Probe unfehlbar jedermann sogleich einleuchtend werden. — Weit entfernt indessen, diese Kleinigkeit etwa für eine neue Erfindung, oder etwas besonders auszugeben, das nicht jeder gute Schlosser welcher ächte Engl. Uhrfedern zu behandeln weiß, allenfalls leicht nachmachen könne, weiß ich doch ganz gewiß, daß ich wenigstens manchen alten Baumgärtner an ein sehr nützliches Instrument erinnert habe, das alle seine Arbeiten unbeschreiblich erleichtert, und das er in solcher Güte noch nicht besaß, oder sich mit schon vorhandenen guten Baumsägen zu behelfen glaubte, die zwar in starken Stämmen und alten Aesten ihre guten Dienste thaten, aber gewiß auch manchen schönen jungen Stamm, durch Beschädigung und Aufreißen zu Grabe beförderten. Vielleicht errette ich auch dadurch manch treffliches Gartenmesser, das man oft beym Auspußen der dürren Reiser an Pfirsch=, Apricosen= und andern Espalier=Bäumen unverhofft zu Grunde richtete, wenn es ausfprang, und wozu diese kleine Engl. Baumsäge, wovon das Stück zu 8 gr. erlassen werden kann, unendlich bequemere Dienste leistete, da man sie besonders in diesem Fall auch den ungeübtesten Händen anvertrauen darf.

XIII. Ohnlängst wurde in den so allgemein beliebten Blättern des Reichs=Anzeigers ein vorzügliches Vertilgungsmittel für alle Arten schädliche Garten=

mäuſe empfohlen, welches in einer gewiſſen Compoſition Giftkugeln beſtand, die auch in Häuſern eben ſo nutzbar zu gebrauchen als anderm Vieh völlig unſchädlich wären. Bey der deſparateſten Anfechtung in dieſem ohnehin Inſektenreichen Jahre, habe ich ſofort im Glashaus und Winterungen ſowohl als denen im Freyen befindlichen Pflanzen, Spinat, Wurzeln, ſelbſt in ausgeſäeten und ſehr durchwühlten Obſtkern-Beeten, ꝛc. wo ſich ſonſt kein anderes Giftmittel conſervirt, Verſuche damit angeſtellt, indem ich blos in jedes entdeckte Loch eine oder etliche von dieſen Kugeln laufen laſſen, und ſolches überall von erwünſchter Wirkung, ſelbſt bey einem ſchon beſchädigten Franzbaum den Thäter liegend befunden, unter deſſen benagten Wurzeln er ſeine Winter Reſidenz aufgeſchlagen hatte. Mit Dank und Vergnügen beſtätige ich ſolches **hier öffentlich**, und da das vorzüglichſte Ingredienz zu dieſer Compoſition nicht im gefährlichen Arſenik, ſondern blos in pulveriſirten Kraanaugen und einigen beygemiſchten Witterungsmitteln beſtehet, die auch von Elſtern ſehr gern aufgeſucht werden und ihnen ebenfalls wohl zu gönnen ſind; ſo darf ich ſolches allen Gartenfreunden, als ein ſehr willkommnes und ſouveraines Hülfsmittel unbedenklich empfehlen, habe auch gern eine Parthie in Commission übernommen, womit im Nothfall in Achtel=Pfunden à 4 gt. zu allen Jahrszeiten gedient werden kann.

Man wird übrigens meine gute Absicht bey Offerte solcher unbedeutenden Kleinigkeiten nicht verkennen, oder mit elendem Eigennutz verwechseln, wenn ich Gartenfreunde, von meiner Correspondenz nach Möglichkeit, und im Allgemeinen soviel zu nutzen wünsche, als in meinen Kräften stehet, bis mein Wirkungskreis etwan in der Folge die Größe meines guten Willens besser erreicht. — Einem alten Gärtner=Desiderio, welches in der Seltenheit guter, brauchbarer Gartenmesser, besonders Hippen ꝛc. bestehet, woran es von jeher wirklich gemangelt, und wozu ich schon öfters aufgefordert wurde, habe ich bestens abzuhelfen gesucht. Es ist bekannt, daß die meisten Deutschen und auch die besten Englischen, bey welchen man oft die wirklich saubre Arbeit, Politur und vergebliche Güte der schönen Klinge bedauren muß, durchaus falsche Richtung und höchst fehlerhafte Griffe haben, und deswegen herzlich schlechte Dienste leisten oder wenigstens dem stärker beschäftigten Baumgärtner das Leben durch Schwülen sauer machen. Ich habe mir alle Mühe gegeben, dergleichen nach einem soliden und regelmäßigen Modell, aus der besten Fabrique zu erhalten, und habe nun die Ehre, solche dem Publicum unter folgenden Preisen anzubieten: Garten-Hippen, das Stück zu 12 gr. und Oculir-Messer, zu 8 und 10 gr.

Joseph Jacob Gottholdt,
Handelsgärtner zu Arnstadt
in Thüringen.

IX.
Todesfälle.

A.

Im verflossenen 1795sten Jahre starb der Gräflich Vizthumsche Gärtner, Herr Mausa zu Schönwelke, ein in seinem Fache verdienstvoller Mann, der auch als Schriftsteller, über die Anlagen Englischer Gärten, bekanut ist.

B.

Desgleichen starb Herr Postmeister Schram zu Pegau in eben dem Jahre, und hinterließ eine ausgesuchte Nelken-Sammlung.

X.
Aufforderung.

Schon in dem ersten Hefte dieses Journals hatte ich den Vorsatz geäußert, alle in Sachsen lebenden Blumisten bekannt zu machen; allein es sind zur Zeit so wenig Nachrichten deshalb bey mir eingegangen, daß ich diesen, manchem so angenehmen Wunsch noch nicht erfüllen können. Ich fordere daher meine Freunde und jeden Blumisten nochmals auf, mich mit diesfalsigen Nachrichten zu unterstützen, da es in allen Fällen sehr angenehm seyn muß, die Glieder kennen zu lernen, die gleichsam eine Gesellschaft ausmachen. Ich erbiete mich auch bey jedem einzeln zu bemerken, welche Blumen überhaupt, und welche er vorzüglich hegt; auch ob er damit handelt oder tauschet, oder ob er solche lediglich zu seinem Vergnügen unterhält, welches außer der angenehmen Bekanntschaft auch manchem nützlich seyn kann.

Schatz,
gebruckt bey F. C. L. Olbecop.

Nützliche

Bemerkungen

für

Garten= und Blumenfreunde.

———————

Gesammlet

von

Johann Heinrich Albonico,

Rechts=Consulent und Raths=Syndicus

zu Döbeln.

———————

Dritter Heft.

———————

Leipzig,

bey Gerhard Fleischer, dem Jüngern.

1796.

Nihil eſt agricultura melius, nihil uberius, nihil homine, nihil libero dignius.

Cic. de Off. lib. II.

I.

Einige Bemerkungen über die Erziehung der Aurikeln aus Saamen, von Herrn Doct. Selig in Plauen.

Es sind mancherley Ursachen, welche Blumen-Liebhaber jetzo mehr als sonst reizen, neue Sorten von Aurikeln aus dem Saamen zu erziehen.

1) Die außerordentliche Schönheit und Pracht dieser Blume überhaupt.

2) Die Seltenheit. Es ist vielleicht jedem Freunde dieser Blume nicht unbekannt, daß es theils wegen des hohen Preises, theils wegen der langsamen Vermehrung außerordentlich schwer

hält in kurzer Zeit ein Sortiment von schönen Blumen dieser Art zusammen zu bringen: denn man muß meistentheils die Madators dieser Blume das Dutzend mit 8 auch mit 15 Rthl. Sächs. bezahlen. Und wie viele gehn nicht noch überdieses von denen verlohren, ehe sie zur Blüthe kommen. Ich selbst habe einen großen Theil meiner Blumen das Dutzend mit 8 Rthl. Sächs. bezahlt, und ich muß gestehn, daß ich im Anfang, ehe ich recht mit der Cultur dieser Blume bekannt wurde, von 2 Dutzend solcher neuen Ankömmlinge öfters nur 5 bis 7 Stück erhalten habe, so daß mich also diese geretteten ziemlich hoch zu stehn kamen. Einer meiner auswärtigen Blumenfreunde schrieb mir im vorigen Jahr, daß er in Verbindung mehrerer Blumenfreunde jährlich eine Menge neuer Sorten von Aurikeln aus England kommen ließe, und das Stück von einen bis 8 Pfund Sterling bezahlte. Wie langsam sich die Aurikeln vermehren, und wie manche schöne Sorte verlohren geht, ehe sie sich vermehrt, wird jedem bekannt seyn, der sich eine Zeitlang mit der Wartung dieser Blume abgegeben hat.

Dieses bezeugen alle Blumisten. Ich selbst besitze viele Pflanzen schon 4 bis 5 Jahre, und sie haben immer noch keine Senker angesetzt, und wenn dieß auch geschieht, so.dauert es oft wieder 2 bis 3 Jahre, ehe der Ableger so groß wird das man ihn vors Geld jemand anders geben kann. Es ist also klar und deutlich, wie selten, rar nnd theuer auch aus diesem Grund die Aurikeln werden.

3) Die Liebe zur Veränderung und Abwechselung. Jeder Blumenfreund wird es gestehn, daß er gegen diejenigen Blumen, die er schon viele Jahre hinter einander gesehen hat, endlich gleichgültig wird, und auf diese Art jedes Jahr neue Sorten zu sehen wünscht. Aus diesem Grunde versichert Weißmantel in seinem Buche von Aurikeln, daß ihm jedes Jahr seine Sämlinge ein größeres Vergnügen, als das ganze Sortiment von alten Aurikeln verursacht hätten. Ich selbst muß eben dieses gestehn, und ich kann nicht leugnen, daß ich während der Flor manchen Tag mein aus 900 Sorten bestehendes Sortiment auf den Stellagen sehr flüchtig

übersehe, zu meinen Sämlingen eile, und ihre neuen Schönheiten bewundere. Eben dieses versichern mir auch Nelkenfreunde, die an und vor sich schon die prächtigsten Nelkenfloren besitzen.

4) Das Verlangen, immer mehrere neuere Sorten zu besitzen, reizt die Blumenfreunde von Zeit zu Zeit, sich selbst neuere Sorten aus dem Saamen zu erzeugen.

Dieß ist auch ohnstreitig die leichteste Methode, um ohne großen Aufwand jährlich zu neuen Sorten zu gelangen. Aber für Anfänger der Aurikelliebhaber ist dieses noch nicht möglich: denn wer noch kein Sortiment von vorzüglich schönen Blumen besitzt, und also keinen Saamen von vorzüglichen Blumen hat, kann auch nicht säen. Es ist gewiß nicht gleichgültig, ob der Saame von guten, mittelmäßigen, oder schlechten Blumen genommen wird. Ich warne einen jeden, der säen will, Saamen von mittelmäßigen oder schlechten Blumen zu nehmen. Die Ausbeute ist in diesem Fall ausserordentlich gering, und sie belohnt die viele Mühe gewiß nicht.

Es ist sogar wichtig, auch unter den vortreflichsten Blumen eine Wahl zu treffen, um Saamen von ihnen zu nehmen. Die Erfahrung hat mich gelehrt, daß nicht jede, auch die vortreflichste Blume, wieder schöne neue Sorten liefert. Dieß hat schon Weißmantel angemerkt, aber nicht gesagt und entdeckt, von welchen Blumen er seinen Saamen zur Aussaat genommen. Wahrscheinlich ist dieß auch der Engländer ihr Vortheil, daß sie wissen, welche Blumen vorzüglich wieder schöne neue Sorten durch die künstliche Befruchtung liefern. Da ich seit 7 bis 8 Jahren Aurikeln aus dem Saamen erziehe, und viele Bemerkungen und Erfahrungen darüber zu machen, Gelegenheit gehabt habe, so finde ich kein Bedenken, dieselben auch dem Blumen-Publico mitzutheilen. Es werden ohnstreitig von den Blumisten jetzt diejenigen engl. Aurikeln am höchsten geschätzt, die man nackende nennt, die ohne Puder sind, und die ein gelbes Auge haben, oder die die Eigenschaft der englischen und holländischen zugleich haben, deren Scheiben sowohl sammtartig wie der Luiker, und zugleich gemahlt, wie der Englische ist. Nach meiner Erfahrung liefern diese Arten von Aurikeln wieder die meisten Engl. und auch die schönsten Sorten aus ihrem Saamen, vorzüglich aber, wenn sie künstlich befruchtet werden. Ohne künstliche Befruchtung erhält wenn sehr viele Sorten, die man schon hat, und die denen, wovon der Saamen genommen worden, ganz ähnlich sind. Sehr viele Aurikeln befruchten sich mit ihrem eignen Blumenstaub selbst, und daher erhält man wieder die nehmlichen Sorten. Von denen, welche ich am liebsten zur Befruchtung und Erziehung meines Saamens nehme, will ich einige nennen, die bey den Blumisten bekannt sind, ohngeachtet ich weit mehrere dazu gebrauche die ich selbst gezogen, und also noch nicht bekannt sind. Unter den bekannten ist es Prince Charles (Vices), Prince Couradin, die Prinzefs Caroline, Mongolfier, der Mars, der tryumphirende Löwe, Favonius, Zenobia II. Burry's Surpaſſe, Preſtons ſuperbe, Sirius, Empedocles, Hannibal, Verde ſuperbe, Aimable Beauté, Semiramis II. Pareil royale, Franc maçon, Prince Carl, Mahomed, Bang's Lord Anſon, Lord Howe, und dergleichen mehr. Auf diese Weise habe ich seit 7 bis 8 Jahren sehr viele prächtige Blumen selbst erzogen und unter diesen gegen 200 sogenannte nackende, deren Grundfarbe verschiedenes Grün mit bunter Malerey hat, und deren Auge gelb ist. Viele davon sind bey ihrer Malerey noch sammtartig und haben also die Eigenschaft, sowohl der Engl. als auch der Luiker, wie z. B. der Mars. Es wird einem jeden, der sich eine Zeitlang mit der Saat der Aurikeln abgegeben hat, bekannt seyn, daß unter den Sämlingen jährlich sehr viele der prächtigsten Blumen ausfallen, die aber einen hervorragenden Pistill haben, welches ein Fehler und wieder die Regeln der Schönheit ist, wenn der Pistill über die Staubfäden hervorragt. Von diesen hat schon Weißmantel angemerkt, daß sie zur künstlichen Befruchtung und Erziehung guten Saamens vorzüglich geschickt sind. Ich kann das nehmliche versichern, und aus dem Grunde behalte ich alle diese Blumen bey, die in allen Stücken ganz vorzüglich schön und prächtig sind, aber doch den Fehler haben, daß ihr Pistill hervorragt, und sie also unter ein gutes Sortiment nicht können genommen werden. Ich setze sie also besonders, und benutze sie zur künstlichen Befruchtung und Erzeugung guten Saamens. Da ihr Pistill sehr stark hervorragt, so sind sie besonders bequem, um den Blumenstaub von andern Blumen auf sie überzutragen.

Die Befruchtung geschieht vermittelst eines zarten Haarpinsels. Auf die Saamenkapseln muß man in den Monaten Juli und August sehr fleißig Acht geben, damit, wenn sie braun werden, und anfangen aufzuspringen, sie abgeschnitten werden, ehe ihr Saame ausfällt. Ich bezeichne jeden Saamen mit der ihr eignen Nummer, und lege die sämmtlichen numerirten Pappierkapseln in eine offne Schachtel, und setze sie in die Sonne. Im Herbst und Winter thue ich sie in ein leinenes Säckgen, und hänge sie unter das Bodendach, damit sie von der freyen Luft durchstrichen werden können. Der Saame bleibt also in seinen eignen Capseln, bis zur Zeit der Aussaat, welches um Weyhnachten herum geschieht. Ich säe den Saamen auf eine klare Erde in hölzernen Kästen, und bedecke ihn sehr seicht mit ein wenig klarer Erde, lasse ihn einschneyen und in freyer Luft stehn, bis zur Hälfte des Monat Merzes. Um diese Zeit setze ich diese Kästen in meine Stube auf die Fenster und besprenge sie sehr vorsichtig früh und Abends, so daß die Erde beständig feucht ist. Nach 8 bis 12 Tagen geht der Saamen auf, so daß vielleicht nach 3 bis 4 Wochen kein Korn zurückgeblieben ist. Während dem Aufgehn des

Saamens muß die Erde täglich 2 mal sehr vorsichtig besprengt werden. Der größte Vortheil ist aber alsdenn der, daß, sobald die Pflänzchen aufgegangen und einige Blätter haben, man die Kästen sowohl Vormittag als Nachmittag einige Stunden lang in die freye Luft und Sonne setzt, die Nacht über hingegen wieder in die Stube. Geschieht dieses nicht, so wachsen die Pflänzchen schlotterich, und fallen über kurz oder lang um. Zu Ende des Aprils und im May, wenn die Nachtfröste aufhören, kann man sie schon Tag und Nacht in freyer Luft stehen lassen. Sobald sie 5 bis 6 Blätter haben, müssen die stärksten vorsichtig ausgezogen, und in andere Kästen 1 bis 2 Zoll weit aus einander gesteckt werden. Da bleiben sie bis ins Frühjahr des folgenden Jahres, wo sie alsdann ins freye Land versetzt werden, und wo sie bis zur Flor stehn bleiben. Dieß sind die vorzüglichsten Punkte, die bey der Saat der Aurikeln zu beobachten sind. Wer mehreren Unterricht und Belehrung darüber zu haben wünscht, der lese Hr. Dr. Weißmantels Abhandlung von den Aurikeln. Wer schon ein schönes Sortiment von Aurikeln besitzt, und von ihnen also guten Saamen sammeln kann, und wer Zeit, Gelegenheit und

Geduld genug zur Saat hat, dem wird es gewiß, wenn er meine Methode befolgt, nicht gereuen. Wer aber noch kein Sortiment von schönen Blumen hat, und also auch keinen Saamen ziehen kann, oder wer weder Zeit, Gelegenheit, noch Geduld zum säen hat, und doch ein kleines Sortiment von schönen Blumen zu besitzen, oder dasselbe zu vermehren wünscht, der wende sich an mich. Ich besitze gegenwärtig 500 engl. Sorten und 400 Luifer, von denen gleich nach der Flor ein gedrucktes Verzeichniß erscheinen wird. Die Bedingungen sind folgende:

Wer mir noch einmal so viel Sorten vorschlägt, und die Wahl alsdenn mir überläßt, dem überlasse ich das Dutzend Engl. Pflanzen vor 3 Rthl. baar: wer aber Stückblumen von mir einzeln verlangt, da ist der Preiß unabänderlich noch einmal so hoch; nehmlich jede Pflanze 12 gr. Da ich die Aurikel, als meine angenehmste Blume nur zu meinem Vergnügen halte, so kann jeder versichert seyn, daß ich keine mittelmäßige Blume von der Art unter meinem Sortiment leide, und daß also auch gewiß niemand eine mittelmäßige oder schlechte Blume von mir erhalten wird.

Sollten diese Bemerkungen den Blumenfreun=
den nicht unangenehm seyn, so werde ich von
Zeit zu Zeit mehrere über die Cultur dieser
Blume öffentlich bekannt machen.

Dr. Selig.

II.

Von der Cultur der Ranunkel.

§. 1.

Die ältern und neuern Schriftsteller kommen da=
rin überein, daß diese in so mancher Betrachtung
unvergleichliche Blume zuerst, und zwar zu Ende
des 16ten Jahrhunderts zu Constantinopel unter
Regierung Mahomet IV. in Aufnahme gekommen,
da sie der in der Geschichte bekannte Vezier Cara
Mustapha, aus allen Theilen des Reichs verschrie=
ben, und in die Gärten des Serails pflanzen las=
sen, ihr Vaterland ist Candia, Cypern, Aleppo,

Rhobus, und Damasco, wo sie unter dem Grase wild wachsen, und wenig geachtet werden soll; der Pater d'Ardenne in seiner sehr weitläuftigen Abhandlung über diese Blume, so im Jahre 1754. aus dem Französischen übersetzt, und in Nürnberg heraus gekommen ist, behauptet daß schon im 12ten und 13. Jahrhundert die Christlichen Heerführer, welche die Kreuzzüge unternommen, dergleichen aus Syrien mit zu uns gebracht, jedoch wären solche von keinem sonderlichen Werthe gewesen, welches er aus den Listen des Blumisten Morin beweist so er im Jahre 1678. herausgegeben, wo er noch die rothe Ranunkel, so jetzt die schlechteste ist, vor die schönste hält; — — wie würde dieser Blumist erstaunen, was würde Mahomet der IV. und sein Vezier Cara Mustapha sagen? und wie würde sich ein Bauhin, ein Dodonäus, ein Clasius, Camerarius, Gesner, Lobel, und andere, so im 16ten und 17ten Jahrhundert gelebt, und diese Blume beschrieben, verwundern? wenn sie jetzt solche in den Gärten der Holländer und der Teutschen sehen sollten: — — sie würden es für eine Unmöglichkeit halten, und gewiß nicht glauben, daß dies die Blumen wären, so sie unter dem Namen Ranunkel gekannt hätten, ihre Vollkommenheit ist, so wie bey allen Blumen, fast aufs höchste gestiegen, und seitdem die fleißigen Beobachter der Natur, der letztern in Rücksicht der Begattung und Befruchtung die Geheimnisse abgelernt, werden jährlich neue prachtvolle Sorten aus Saamen erzeugt, wie man in unsern sächsischen Vaterlande, an der Pfeilschmidtschen Sammlung zu Dresden mit Vergnügen sich belehren kann, und fehlt ihr jetzt nichts als eine Classische Eintheilung, zu welcher Herr Garnison Cantor Pfeilschmidt vor kurzen Hofnung gemacht, und die Liebhaber dieser Blume vielleicht durch gegenwärtige Zeitschrift damit beschenken wird.

§. 2.

In Rücksicht ihrer Behandlung, ist wohl keine Blume ekler und eigensinniger als die Ranunkel, und es kann, bey nicht äußerst angewendeter Sorgfalt, der Liebhaber sehr leicht von tausend auf seine Beete gelegten Sorten, es erleben, daß kaum hundert zur Flor kommen, mithin seine Mühe schlecht belohnen; ich kann dies aus Erfahrung bezeugen, und meine ersten Versuche hatten mich fast gänzlich abgeschreckt, diese Blume jemals wieder zu bauen.

§. 3.

Herr Garnison Cantor Pfeilschmidt, hat eine kleine Schrift über die Behandlungsart der Ranunkel heraus gegeben, und empfiehlt zu einem glücklichen Anbau derselben, ein, mit ganz zur Erde gewordenen und verwesten Kühdünger, reichlich gedüngtes Land, Herr Superintendent Lueder scheint nicht ganz dieser Meynung zu seyn, indem er im 12ten Briefe seines Blumen=Gartens, ein solches Beet vorschlägt, worinnen vorhero schon Hyacinthen und Tulipanen gestanden hätten; mithin ein nicht gar zu fettes Beet anräth. Bloß in seiner Gartenkunst 2ten Theils §. 627. empfiehlt zwar eine nicht magere jedoch mit etwas Sand vermischte lokere und leichte Erde, welchem Herr v. Brocke in seinen Beobachtungen über Blumen S. 69. beyzutreten scheinet, dagegen Walther in seiner Anleitung zur Gartenkunst S. 146. und Nicolaus van Kampen in seiner Abhandlung von Zwiebel=Gewächsen ganz des Erstern Meynung ist, und für die Ranunkel einen fetten Boden bestimmt — ich übergehe die Meynungen mehrerer besonders älterer Blumisten, zumal letztere gegen die heutige Cultur in allen Fällen weit zurücke bleiben, und würde das Abschreiben derer Meynungen von keinen Nutzen seyn. —

§. 4.

§. 4.

Die allgemeine Meynung der neuern Blumisten wäre also ein fettes, gut gedüngtes Erdreich, welche ich auch keinesweges widerlegen mag; ich wollte jedoch jedem, der diese Blume bauet, anrathen, die Klauen in feinen weißen Sand zu setzen, wie man bey den Hyacinthen und Tulipanen zu thun pflegt, außerdem bey einiger Näße und zu fettem Lande die Klauen leicht faulen und in der Erde verwesen, wodurch man auf einmal um alles gebracht wird. — Walther in seiner Gartenkunst am vorangeführten Orte hat dieselbe Meynung, ohne jedoch einigen Grund davon weiter anzugeben.

§. 5.

Das Einpflanzen der Klauen in vorbeschriebene Erde geschiehet in neuern Zeiten in den freyen Garten ins Land, und sind wir von der alten Methode eines d'Ardenne, Morin, Emanuelis Plüche und anderer, die die Ranunkel in Töpfe gepflanzet, ganz abgegangen; ich möchte auch wissen, was vor Töpfe sie sich dazu bedienet, da bekanntermaßen die Ranunkelklauen fast eine Elle lange Wurzel schlagen, und in einem ordinairen Topfe ohnmöglich Platz haben; indessen ist nicht zu leugnen, daß, da sie die Töpfe in die Erde gesetzet, sie dadurch einen großen Vortheil erhalten, daß sie diejeniger Töpfe, in welchen die Klauen zurückgeblieben, ausgraben und andere an deren Stelle bringen können, wodurch ihre Beete ganz in Flor gesetzt, und ein prachtvolles Ansehen erhalten haben, da wir hingegen, wenn wir nicht glücklich sind, mit halbblühenden Beeten zufrieden seyn müssen.

§. 6.

In der Zeit, wenn diese Klauen nun in die Erde gebracht werden müssen, sind alte und neuere, und letztere unter sich selbst sehr verschieden. D'Ardenne und Aeltere behaupten, man müsse die Ranunkel schon im September pflanzen, die Töpfe an einem vor Frost gesicherten Orte auswintern, und zum Frühjahr die Töpfe im freyen Garten in die Erde eingraben. Herr Pfeilschmidt legt solche sobald der Frost aus der Erde, und nach Beschaffenheit des Winters schon im Monat Februar, oder später, Herr Superintendent Lueder wählt eben diese Zeit; Bloß will solche im October einsetzen und sie im Winter vor großer Kälte bedecken, welcher Meynung Herr von Brocke beytritt, und die Herbst-Pflanzung der Frühjahrs-Pflanzung vorzieht. Superintendent Klüpfel in seinem Journale für Gärtnerey, und Schmahling in seinen vermischten Schriften rathen den Monat Februar oder März zum Einlegen an, und ich halte diese Zeit vor die beste, doch möchte diese Einlegung nicht später geschehen, weil sonst die Flor in die heißern Monate kommt, und die Hitze derselben schadet, welche man indeß durch Dachungen mindern oder abhalten kann, wenn man wegen lange anhaltenden Winters, wie z. B. im J. 1784. erst mit Ende März oder Anfang Aprils in die Erde könnte.

§. 7.

Das Beet, worauf man die Ranunkeln leget soll, wo möglich, frey und nicht eingeschränket seyn. Walther sagt in seiner Gartenkunst S. 147. Das Beet darf durchaus nicht an einer Mauer liegen. Herr Pfeilschmidt, der sicher in Sachsen die schönste und stärkste Sammlung hat, erwähnt von der Lage des Beetes gar nichts, so wie von Brocke, Schmahling, Bloß und Klüpfel; d'Ardenne hingegen sagt S. 44. „Diejenigen, denen es nicht so sehr um ein zierliches Ansehen, als um das Wohlseyn der Ranunkeln zu thun ist, setzen sie an eine Mauer, welche fein eben überzo=

gen ist, die Sonnenstrahlen zurücke wirft, und den Gebrauch der Strohdecken gegen den Frost, oder der gegen die Hitze auszuspannenden Tücher, erleichtert." Der ältere widerspricht also einem der neuesten Autoren geradezu, und ich zweifle, daß die Mauer etwas schaden sollte, zumal wenn das Beet an selbiger gegen Mittag gelegen, indem durch das Zurückprellen der Sonne die Beete besser erwärmt werden, und bey zu großer Hitze man mit leichter Mühe Schatten geben kann.

§. 8.

Das Einlegen der Klauen soll nach einiger Meynung nur dann erst geschehen, wenn man solche vorher im Wasser aufquellen lassen. Lueder hat gequellte und trockne Klauen zu einer Zeit gelegt, sie sind mit einander aufgegangen, haben zu einer Zeit geblühet, und es ist kein Beet schlechter oder besser als das andere gewesen; doch sollen, nach dessen Bemerkungen, von den trockenen Klauen mehrere vermultert und nicht aufgegangen seyn; daher denn das vorherige Aufquellen der Klauen zu empfehlen wäre. Walther, Blotz, von Brocke, Klüpfel und Andere erinnern nichts wegen des Aufquellens, Aeltere aber, als der

213

Pater Ferari, Liger, empfehlen das Einweichen der Klauen, wenn man sie pflanzen will, 24 Stunden lang im Wasser; Andere, z. B. Abt Vallemont haben auch das Einmischen des Salpeters empfohlen; allein der Pater d'Ardenne will diese Leute nicht loben, er glaubt, ein fleißiges Begießen mache das Einweichen entbehrlich, und verwirft solches auch noch aus andern Gründen. Aus den von dem Superintendent Lueder angeführten Ursachen aber, möchte das Einweichen der Klauen, zumal wenn man bey lange anhaltendem Winter etwas spät in die Erde kommt, nicht zu verwerfen seyn, wenn man auch nur den einzigen Vortheil hätte, daß man dadurch gewiß würde, keine taube, oder gar zu sehr vertrocknete Klaue in die Erde zu legen.

§. 9.

Die Beete, worauf solche gelegt werden, müssen nach aller Autoren Meynung, etwas tief gegraben, locker gearbeitet, und eine sehr ebene und platte Form erhalten, indem sonst, wenn man sie auf einer Seite erhöhet, die Feuchtigkeiten nicht gleich vertheilet werden, und der erhöhete Theil zu geschwind austrocknen, mithin die daselbst liegenden Klauen allerdings leiden würden; gleiche Bewandniß würde es haben, wenn man das Beet in der Mitte erhöhen, und die beyden Seiten niedriger machen wollte. Herr Pfeilschmidt, Klüpfel, Lueder und Andere legen solche 4 Zoll aus einander, Walther nur 3 Zoll, und d'Ardenne redet gar von mehrern Klauen in einem Topfe; daß also die Erstern den richtigsten Maaßstab anzugeben scheinen. Die Tiefe der Löcher, worein man solche legt, bestimmen Lueder und Klüpfel auf 2 Zoll. Herr Pfeilschmidt aber nimmt 3 Zoll an, und muß ihm die Erfahrung zur Annahme dieses Satzes gebracht haben, da er diese Blume in großer Menge bauet, selbst neue Sorten aus Saamen erzeugt, und zu Folge seines darüber herausgegebenen Verzeichnisses eine Sammlung von 500 verschiedenen Sorten besitzt.

§. 10.

Sobald die Klauen eingelegt, von welchen die größten nicht just die besten sind, sondern die kleinsten, nach aller vorangeführter Autoren Meynung, die mehrsten und schönsten Blumen tragen, soll man das Gießen nicht vergessen, auch damit fleißig fortfahren, und die Beete niemals ganz austrocknen lassen, auch muß man, wenn nach dem Einlegen annoch Frühjahrsfröste

eintreten, die Beete mit Deckreisig, Moos, Strohde=
cken oder Lohe belegen, damit der Frost nicht so tief
eindringen und den Klauen schaden kann. Herr Pfeil=
schmidt legt seine Ranunkelklauen auch nicht alle auf
einmal von jeder Sorte, sondern theilt dieselben in
zwey, auch wohl drey Abtheilungen, und jede Abthei=
lung drey Wochen später, welche Bemühung ihm eine
ziemlich lange Flor gewährt, und das daraus entsprin=
gende Vergnügen ihn für diese seine Mühe schad=
los hält.

§. II.

Sobald die Ranunkeln aus der Erde hervor=
wachsen, und trockne Witterung eintritt, muß, wenn
die Nächte noch kalt sind, täglich des Morgens, und
wenn die Nächte schon etwas warm sind, des Abends
gegossen werden. Herr Pfeilschmidt bestimmt auf ein
Beet, so 2¾ Elle breit ist, im erstern Falle 3 bis 4,
im letztern Falle aber 2 Gießkannen Wasser, mithin
bey dem Morgen=Gießen mehr als bey dem Abend=
Gießen, wovon wahrscheinlich der Grund darin liegt,
daß dem Abend=Guß der Thau noch zu Hülfe kommt,
mithin dieser nicht so viel Wasser als jener erfordert,
indem der Morgen=Guß durch das Austrocknen der

Sonne viel verliert. — Mit diesem Gießen muß fortgefahren werden, und auch da noch, wenn der größte Theil im Flor steht, jedoch in diesem letztern Falle etwas mäßiger.

§. 12.

Sobald die Ranunkeln ihre Blüthknospen zeigen, läßt Herr Pfeilschmidt eine Bedeckung von Latten und Stangen machen und solche mit Reisig überlegen, jedoch so einrichten, daß man bequem darunter treten kann, dies Stangengebäude also wenigstens eine Höhe von 3 Ellen haben muß. Er räth hierbey an, das Reis nicht gar zu dicke über einander zu legen, damit die auf dem Beete stehenden Ranunkeln auch von oben nicht ganz die freye Luft entbehren müssen, und derjenige, der zu seinen Ranunkelbeeten eine solche Lage wählen kann, daß selbige die Morgensonne täglich nur 2 oder 3 Stunden haben, und von der Zeit des Hervorwachsens die Pflanze reichlich begießet, und bis zur Flor nie wieder austrocknen läßt, hat eine dergleichen vorbeschriebene Bedeckung gar nicht nöthig. — Zu dieser Bedeckung kann man, wenn man schmale Rabatten mit Ranunkeln belegt, die in dem ersten Hefte dieses Journals beschriebene zu den Tulipanen empfohlene, gebrauchen.

§. 13.

Bald nach der Flor werden die Blätter der Ranunkeln gelb, und vertrocknen, da man denn solche mit Behutsamkeit aus der Erde nehmen muß, weil sonst die Klauen, wie Herr Superintendent Lueder bemerkt, bey einiger Nässe leicht vermultern; Herr Pfeilschmidt aber angiebt, daß die Klaue bey nasser Witterung nochmals ausschlage, und dadurch geschwächt werde; Letzterer räth auch die Vorsicht an, daß man den vestsitzenden vertrockneten Blühstengel nicht herausreißen, sondern mit einer Scheere behutsam abschneiden solle, weil ersteres das Verderben der Klaue verursachte. Die ausgenommenen Klauen werden abgewaschen, getrocknet, und zu fernerm Gebrauch aufgehoben; wer solche unter Numern und Namen hält, muß sie auch in der Ordnung aufnehmen, und in dazu mit verschiedenen Fächern gefertigten Kästen aufbewahren. Der Ort, wo man selbige aufhebt, muß luftig und nicht feucht seyn, und im Winter müssen solche an einen Ort gebracht werden, wo es nicht frieret. Herr Superintend. Lueder sagt, die Aufbewahrung könne sogar in einem geheitzten Zimmer geschehen, wovon Andere nichts gedenken; — auch empfiehlt Letzterer, die Haar=Wurzeln, die aus ihren Zähen wachsen, wenn solche sich nicht von selbst verlören, mit einem Messer abzuschneiden.

§. 14.

Herr von Brocke macht in seinen Beobachtungen über einige Blumen, bey der Ranunkel eine Bemerkung, die ich bey andern Schriftstellern nicht gefunden, die aber wirklich einige Aufmerksamkeit verdient, er sagt S. 70. wenn man diese Blumen alle Jahre wieder legte, so würde man zu seinem Verdrusse sehen, daß sie in 3 oder 4 Jahren ganz ausarten, und schlechte Blumen an Farbe und Größe, zuletzt aber gar einfach werden würden. In seinem Garten, welcher eine schwere, schwarze und feuchte Erde habe, wären aus den schönsten gelb und blau gestreiften Ranunkeln, so vorher stark gefüllt gewesen, schlechte blaßrothe, einfache Blumen geworden, hätten jedoch viele Ableger abgesetzt. Zur Vermeidung dieses Uebels räth er an, daß man alljährlich mit einem Freunde tausche, damit die Klauen in anderes Erdreich kämen, oder daß man solche allezeit ein Jahr ruhen ließe, durch welche bey=

den Mittel sie in ihrer Schönheit erhalten würden. Herr von Brocke scheint aber die bey Zwiebel= und Knollen=Gewächsen überhaupt anzuwendende Vorsicht nicht gewußt zu haben, daß man nehmlich niemals dieselben an den nehmlichen Ort, oder in die nehmliche Erde lege, woselbst solche das vorige Jahr gelegen, sondern daß man alljährlich mit Platz und Erde eine Veränderung treffen müsse, bey welcher Vorsicht man sodann weder das in mancher Rücksicht gefährliche Tauschen, noch die Ruhe der Klauen nöthig haben wird.

§. 15.

Die Vermehrung dieser so schönen Blume geschiehet entweder durch Theilung der Klauen oder durch Erziehung neuer Sorten aus Saamen. Im guten Lande, oder bey guter Pflege geben sie häufige Ableger, und man soll, wie Walther sagt, so sehr zertheilen als möglich ist; denn je kleiner die Wurzeln wären, desto eher blüheten sie, und desto mehr Blumen hätte man von ihnen zu erwarten; Bloß sagt gar nichts von dem Zertheilen der Wurzel, und scheint überhaupt von dieser Blume gar keine praktische Kenntniß zu haben, denn sonst würde er S. 472. wohl nicht behaupten, daß 30 der schönsten Blumen aus einer einzigen kleinen Wurzel hervorwachsen könnten. Die Theilung soll, nach dem Lueder, gleich nach der Herausnahme der Klauen aus der Erde geschehen, welcher Meynung Seydel in seinem Blumen=Gärtner Kalender im 2ten Hefte beypflichtet, dem aber Klüpfel in seinem Journale widerspricht, Pater d'Ardenne ist auch der Meynuug, die Wurzeln etwas abwelken zu lassen, nach meinem Dafürhalten aber läßt sich hierüber gar nichts gewisses bestimmen, sondern man muß abwarten, wenn sich solche, ohne Gewalt zu brauchen, theilen lassen, und dieses lehret sich durch öftere Uebung von selbst.

§. 16.

Die zweyte Art der Vermehrung geschiehet, wie vorgedacht, durch Saamen, die Reife des Saamens erkennt man daran, wenn er sich abzusondern anfängt und abfällt; alsdann muß man täglich nachsehen, und ihn einsammlen, weil er nur nach und nach reift. Walther will, daß man die Saamenkolben, wenn sie gelb werden, abschneiden, und von dem Stiel ein Stück von 3 bis 4 Zoll lang daran lassen, sie sodann zusammen binden, und an einem schattigen doch luftigen Orte aufhängen solle, damit sie vollends abtrocknen und dürre werden. Als ein

Zeichen eines guten tauglichen Saamens giebt d'Ardenne an, wenn sein Mark oder Fleisch beym Zerdrücken frisch sey, und eine ölichte Feuchtigkeit bey sich führe, da hingegen seine Trockenheit als ein Beweis diene, daß selbiger nichts tauge. Blotz, Walther und Andere geben hiervon nichts Bestimmtes an, indessen ist des d'Ardenne Meynung nicht zu verwerfen. Die Zeit des Aussäens setzt dieser in die letzte Hälfte des Monats August, auch in September; Walther will solchen im Februar oder März säen, Blotz wählt den Monat August; in Klüpfels Garten-Journale 4ten B. S. 540. aber ist aus richtigen Gründen der Monat März als die schicklichste Zeit zum Säen angegeben.

§. 17.

Man säet daher, wie vorgedacht, im Monat März den gesammelten Saamen in einen Kasten, oder mehrere Blumentöpfe, und bedeckt solchen leicht mit Erde, hält diese Kästen oder Töpfe bis zum Aufgehen in einer kalten Stube, und begießt solche, so oft sie trocken werden wollen, oder übersprenget selbige mit Wasser. Bey gelinder Witterung kann man diese Gefäße auch einige Stunden

in freye Luft setzen, und der Saame wird ohnfehlbar nach vier Wochen gänzlich aufgegangen seyn.

§. 18.

Diese jungen Pflanzen muß man sparsam gießen,
jedoch solche nicht austrocknen laßen, auch sind sie
fleißig auszujäten, damit das Unkraut selbige nicht
ersticke. Wenn gegen den Herbst die Blätter an den
jungen Pflanzen gelb werden, so ist es Zeit, sie aus
der Erde zu nehmen; d'Ardenne empfiehlt, die Erde mit den kleinen Wurzeln in ein Sieb zu thun,
erstere zwischen den Fingern zu zerdrücken, und sodann durchzusieben, wo alsdann die kleinen Wurzeln, welche er Erbsen nennt, zurück bleiben würden, die man eben so wie die Klauen behandelt und
aufhebet. Im März des kommenden Jahres legt man
sie wieder in Kästen oder Blumentöpfe in gehöriger
Weite von einander, und oftmals blühen schon einige davon. Wenn sie wieder abgewelkt, werden sie
abermals aus der Erde genommen, und vorbeschriebener Maaßen behandelt, da sodann ihre Wurzeln
die Gestalt alter Klauen haben, und im folgenden
Jahre eine vollkommene Blüthe von ihnen zu erwat-
ten ist, ja sie setzen dann schon Ableger an, welche

oft bessere Blumen als ihre Mütter liefern, daher man sich nicht übereilen, und die aus Saamen gezogenen Ranunkeln, die in der ersten Blüthe nicht gefallen, wegwerfen darf.

§. 19.

Auf diesem Wege der Vermehrung durch Saamen ist es freylich ungewiß, was man erhält, da es bekannt, daß aus Saamen einfache, halbvolle und gefüllte Blumen erzeugt werden, nachdem der Saame edel oder unedel gewesen ist; wer einmal eine gute ausgesuchte Sammlung hat, der kann sich freylich versprechen, daß er guten Saamen erzeugt, indem die Blumen sich unter einander durch Hülfe der Luft und Insekten begatten, mithin von guten Blumen auch guter Saamen zu erwarten steht; doch wird es nicht zu vermeiden seyn, daß stets einige schlechte Blumen mit ausfallen, die man sodann ausreißet und zernichtet, ehe sie noch zur vollkommnen Blüthe gelangen, damit durch deren Saamenstaub die übrigen nicht verunedelt werden.

Ich glaube, in gedrängter Kürze alles, was zur Cultur der Ranunkel nöthig, gesagt zu haben, und es ist zu wünschen, daß diese schöne Blume mehrere Verehrer finden möchte, indem dann nicht zu bezweifeln, daß solche, wie zum Beweis die Nelke und Aurikel zu noch mehrerer Vollkommenheit und Pracht gelangen werde.

III.

Ueber das Beschneiden der Obstbäume, und den Gebrauch des Baumwachses, nebst Anweisung zur Fertigung des letztern, und des bey kranken Bäumen zu gebrauchenden Forsythischen und anderer Baum = Mörtels.

Wenn man noch in unsern Tagen, wo wir in der Cultur der Obstbäume so große Fortschritte gemacht haben, wo nicht mehr dem bloßen Miethlinge und der grausamen Hand eines ungeschickten mechanischen Gärtners jeder Garten anvertrauet, wo die Besitzer

von

von jedem Range, statt eitler schwärmerischer Vergnügungen sich es selbst zum angenehmen Geschäfte machen, die Stelle eines Gärtners zu vertreten, und ihre Früchte selbst zu bauen; die Behandlung der Obstbäume mit ansiehet, und dann gewahr wird, wie viel in Rücksicht des Baumschnittes mancher noch zurücke ist, so ist dies ein Beweis, daß alle Fortschritte im Gartenbau dennoch gewisse Vorurtheile auszurotten nicht vermögend gewesen sind. Der gewöhnlichste Grundsatz bey den Gärtnern ist: die Bäume, besonders Zwergbäume müssen stark verschnitten werden, wenn sie Früchte tragen sollen: und just dieser fälschlich angenommene Grundsatz ist schuld, daß diese Bäume so selten oder weniger Früchte tragen. Der Baum hat genug zu thun, daß er sein verlornes und ihm so muthwillig genommenes Holz wieder erhält, und die Säfte, welche die Hervorbringung der Früchte bewirken sollen, arbeiten lediglich aufs Holz. Mehrjährige Erfahrung hat mir diesen Satz bestätiget, ohne mich auf besondere Beyspiele einzulassen; was aber noch schrecklicher, ist die nachläßige Behandlung der Bäume bey dem Schnitte selbst. Oft schon im Februar schneidet der Gärtner die Bäume, ohne die Wunden im geringsten mit einem Baumwachse zu verstreichen, und setzt solche der freyen Luft und dem Wetter aus; nach dem Schnitte kommt ein Frost, dieser hindert den verschnittenen Theil, gehörig verwachsen zu können, er trocknet aus und stirbt ab, mit der Zeit aber geht der ganze Baum ein, und dann wundert sich der grausame Operateur, wie das zugegangen und möglich gewesen ist? Wer also seinen Garten lieb hat, der vertraue ihn solchen Händen nicht, der schneide seinen Baum selbst, und mache sich folgende Regeln dabey zur allgemeinen Richtschnur; wobey ich erinnere, daß ich diesmal nur von Zwergbäumen rede.

a) Schneide man die Bäume nie im späten Herbst, oder zu kurz vor dem Winter, damit die ihm durch den Schnitt zugefügte Wunde wo nicht ganz, doch mehrentheils verwachsen kann, aus eben diesem Grunde vermeide man

b) den Schnitt im Februar, da der den Gartenfrüchten so gefährliche Monat März immer noch starke Nachtfröste bringt, und verrichte solches mit Ende des Monats März, und wenn da noch Fröste anhalten, noch später;

c) thue man keinen Schnitt, ohne die Wunde mit einem zähen Baumwachs zu verstreichen, wovon am Ende einige Recepte beygesetzt sind;

d) schneide man den Baum mit schonenden, und nicht mit grausamen Händen, man nehme ihm nur das Holz, so ihm schädlich, und besonders bey Espalier-Bäumen, suche man dem Baum mehr durch das Band, als durch das Messer die Form zu geben.

e) bey Espalier-Bäumen besonders verrichte man den Schnitt also, daß die Mittagssonne nie auf die Wunde fällt, weil diese zu sehr austrocknet.

Bey diesen allgemeinen Regeln setze ich freylich voraus, daß meine Leser schon Kenntnisse vom Baumschnitte haben, und daß sie ihre Bäume selbst zu behandeln verstehen, daher ich mich auf eine speciellere Anweisung zum Baumschnitt hier nicht einlasse, noch weniger erkläre, was ein Frucht-Reis, ein Holz-Reis oder ein Wassersprosser ist, indem man dies eher durch Uebung und praktische Anweisung, als aus einer Beschreibung erlernen kann. Indessen empfehle ich zu

Erlangung genauerer Kenntniſſe vom Baumſchneiden folgende Schriften:

J. E. Schmids geprüfte Anweiſung zur Behand= lung der Fruchtbäume;

J. G. Müllers vollſtändiges Garten=Buch, 2ten Theil, 27ſtes Capitel;

J. L. Chriſt Handbuch über die Obſtbaumzucht;

Verſuch über das Beſchneiden der Obſtbäume aus dem Franzöſiſchen;

v. Wilke Sammlung der wichtigſten Regeln in der Baumgärtnerey.

Aus dieſen wird ſich jedermann hinlängliche Kenntniſſe von dem Baumſchnitte verſchaffen können, damit er nicht nöthig hat, ſeine ſchönen Bäume durch die un= geſchickte und meiſt mechaniſche Behandlung eines Miethlings verderben zu laſſen.

Recepte zu einem guten Baumwachs.

1.) Gelbes Wachs ½ Pfund,

Harz und

Terpentin, ſo dick, von jedem ¼ Pfund.

Wachs und Harz läßt man unter einander in einem Topfe zerſchmelzen; den Terpentin aber beſonders blos auf Kohlen vorsichtig zergehen, thut ihn hernach dazu, rührt alles wohl durch einander, und gießt es endlich in Stangen.

2.) Jungfern-Pech 2 Pfund zu Pulver gestoßen,
    Guten Terpentin ½ Pfund. Beydes mit einander vermischt und in einem glasirten Topf über glühende Kohlen gesetzt, sobald es stark oder dick wird mische
    Gelbes Wachs ½ Pfund, und
    Myrrhen fein gestoßen 3 Loth,
    Aloe 3 Loth
darunter, rühre alles wohl unter einander, und wenn alles aufgelöst, und wohl vermischt ist, so gieße die Masse in ein anderes Gefäß, worinnen vorher kalt Wasser gewesen, und formire Stangen daraus.

3.) Pech ¾ Pfund
    Terpentin ½ Pfund
    Wachs, gelbes 11 Loth
    Baumöl ½ Pfund
    Butter, frische ½ Pf.
    Hammelfett ½ Pfund
Man lasse Pech, Wachs und Butter zerschmelzen,

durchseihe aber das Hammelfett vorher, um der Unreinigkeiten willen, und mische, wenn der Terpentin auf Kohlen besonders zerlassen, diesen nebst den Baumöl mit der übrigen Masse, wozu noch 1 Loth pulverisirte Myrrhen und Aloe zu thun, und forme es sodann, wie obgedacht, in Stangen.

Ich ziehe die ersten beyden Recepte dem letztern vor, indem die Fettigkeiten den Bäumen ohnmöglich gut seyn können, wenigstens würde ich zu einer etwas wärmern Jahreszeit keinen Gebrauch davon machen.

Vorschrift zur Fertigung einer Composition, womit alle Schäden, Mängel und Gebrechen an allerley Obst- und Forstbäumen geheilet werden können, imgleichen die Methode, wie die Bäume vorbereitet und die Composition aufgetragen werden müsse, von William Forsyth, Königlichen englischen Gärtner zu Kensington, welcher für diese seine allgemein nützliche Erfindung von dem König in Großbritanien eine Belohnung von 3000 Pfund Sterling erhalten hat.

Man nimmt

frischen Kuhmist 1 Pfund

Kalkschutt von alten Gebäuden ½ Pfund

in Ermangelung dessen aber soviel Kalk, der aber wenigstens einen Monat vorher gelöscht seyn muß,

Holz-Asche ½ Pfund

Fluß-Sand 2 Loth.

Die drey letzten Bestandtheile müssen, ehe man sie mischt, fein gesiebt werden, sodann arbeitet man alles mit einem Spatel wohl unter einander und hernach mit einem hölzernen Schlägel, bis die Masse so glatt und eben ist, wie feiner Mörtel, den man zu den Decken der Zimmer braucht.

Ist das Gemenge fertig, so muß der Baum, ehe man es aufträgt, zum Empfangen desselben gehörig bereitet werden, indem man alle abgestorbene schadhafte Theile wegschneidet, bis man auf das gesunde frische Holz kommt. Die Oberfläche des Holzes läßt man sehr glatt, und rundet die Ränder der Rinde oder

Borke mit einem Messer vollkommen eben, welches eine wesentliche Vorsicht ist, sodann trägt man den Mörtel auf, etwa ein Achtel eines Zolles dick über die ganze Oberfläche des von Rinde oder faulen Holze entblößten Theils, dergestalt, daß man an den Rändern die Lage ganz dünne vertreibt. Hierauf nimmt man eine Quantität trockene gepulverte Holzasche, vermischt sie mit einem Sechstheil derselben Quantität von Asche von gebrannten Knochen, thut das Pulver in eine blecherne oben durchlöcherte Büchse und streuet es über den Mörtel, bis er ganz damit bedeckt ist; dies läßt man eine halbe Stunde liegen, um die Feuchtigkeit einzusaugen; streuet dann wieder frisches Pulver drauf, und reibt es sanft ein mit der Hand, und wiederholt dieses Bestreuen mit Pulver bis der Mörtel eine trockne, glatte Oberfläche hat.

Alle Bäume, die man nahe an der Erde abhaut, müssen auf den Schnitt glatt behauen, und am Rande, wie oben gesagt, ein wenig zugerundet werden. Das trockne Pulver, dessen man sich hernach bedienet, muß zu diesem Behufe mit einer gleichen Quantität trocknen gepulverten Alabasters (Gipses) vermischet werden; um dem Träufeln von den benachbarten Bäumen, und den schweren Regengüssen zu widerstehen.

Wenn man dies Gemenge in großer Quantität macht, wie z. B. Herr Forsyth solches nach Scheffelmaaß vorschreibt, und zu künftigen Gebrauch aufheben will, so muß man es in ein Faß, oder anderes Gefäß thun, und irgend eine Art von Harn oder Urin drüber gießen, so daß er die Oberfläche bedeckt, widrigenfalls benimmt die Luft dem Gemenge größtentheils seine Wirksamkeit.

Das Wachsthum des Baumes wird allmälig den darauf gestrichenen Mörtel an den Rändern zunächst an der Rinde lösen und heben; daher muß man sorgen, wo solches geschiehet, gelegentlich und am besten, wenn es geregnet hat, mit dem Finger darüber zu streichen, damit die Mörtellage ganz bleiben, und die Luft und Feuchtigkeit nicht in die Wunde dringen mögen.

Der Herr Pfarrer Christ in seinem Handbuche über die Obstbaumzucht kann zwar obigem Baummörtel seine guten heilsamen Eigenschaften nicht absprechen, empfiehlt jedoch aus mehreren angeführten Gründen einen Baumkütt, dem er vor jenem Mörtel noch den Vorzug zu geben scheint. Unter mehrern

Gründen, die er anführt, ist dieser, daß jener Mörtel keine balsamischen Theile, folglich mehr ein Heft- als ein balsamisches Heilpflaster sey, der wichtigste. Die Theile, woraus die Baumkütte besteht, sind folgende:

Frische Kuhfladen,

gewöhnlichen gelben Leimen,

eine halbe Handvoll Küh- oder Rehhaare, und

dicken Terpentin ½ Pfund

Der Leimen wird auf dem Ofen getrocknet, und alsdann zu Pulver gestoßen; davon thut man so viel unter den Kuhmist, nebst den Rehhaaren, daß es ein dicker steifer Pfropf-Leimen wird, womit man noch schmieren kann. Kein Wasser darf dazu kommen, sondern es wird so viel Leimen darunter geknätet, als der frische feuchte Rindermist annimmt. Nachdem es nun recht wohl durch einander gearbeitet ist, daß die Kuhhaare gleich vertheilt sind, so wird sodann der ganze Teig auf einen platten Stein gelegt, der dicke Terpentin darunter gethan, und alles vermittelst eines Stück Holzes, gleich einem Mörserstempel, mit aller Gewalt unter einander gestoßen, daß es sich wohl vereiniget, und hernach, um alles in eine gleiche Vermischung zu bringen, und den Kütt zähe, und zum

Schmieren glatt und bequem zu machen, schlägt man diesen Teig öfters und so lange von einer Seite zur andern, bis er recht wie ein Pflaster ist. Bey dieser Zubereitung ist noch ein und anderes zu bemerken. Der dicke Terpentin, der zähe ist, wie ein Pech, kann nicht mit der Masse vermischt werden, wenn er nicht zuvor warm und flüßig gemacht wird. Man muß ihn daher mit dem Töpfchen auf den heißen Ofen stellen, oder in heißes Wasser. Wenn er nun recht flüßig, so breitet man den zuvor bearbeiteten Teig nach der Lage aus, machet mit der Hand ein Gräbchen durchhin, und schüttet den warmen und nun wie Wasser zergangenen Terpentin hinein, und fängt sogleich an, den Teig stark hin und her zu schlagen, so lange bis er recht zart und alles wohl durch einander gearbeitet ist. (Die mit Terpentin etwa beklebten Hände lassen sich nicht sogleich mit Wasser reinigen. Man muß sie zuvor mit ein wenig Oel bestreichen, mit Makulatur-Papier abwischen, und sodann erst mit Wasser waschen.

In der Luft wird dieser Baumkitt bald steinhart, um ihn nun zum Gebrauch immer weich und dienlich zu erhalten, so wickelt man ihn entweder in ein

Tuch, oder in eine Schweins- oder Rinds-Blase, und gräbt ihn in die Erde, oder legt ihn mit der wohlzugebundenen Blase in ein Gefäß mit Wasser, oder drückt den Kütt in einen steinernen Topf, legt ein feuchtes oder nasses Tuch darauf, bindet ihn wohl zu, und verwahret ihn im Keller.

Herr Pfarrer Christ lobt diesen Kütt über alles, und nach seiner Versicherung sollen alle Wunden und Schäden der Bäume vollkommen damit kuriret werden.

Der Ritter von Ehrenfehs hat in seinem Buche über die Krankheiten und Verletzungen der Frucht- und Gartenbäume, mehrere dergleichen Salben, Kütte und Mörtel empfohlen, und ihre speciellere Anwendung gezeigt.

Jeder Gärtner, der mit Baumzucht zu thun hat, sollte die hier angeführten Bücher, wozu noch Sicklers Pomologie als ein sehr nützliches Werk zu empfehlen ist; lesen, und seine Kenntniß dadurch verbessern, so würde es in unserm Lande bald besser mit der Baumzucht stehen, die bisher in Wahrheit an den mehresten Orten sehr vernachläßiget, oder verkehrt behandelt worden ist.

Den Forsythischen Mörtel habe ich an einem kranken Pyramiden-Baume mit gutem Erfolge gebraucht — von dem Nutzen der übrigen aber kann ich noch nicht urtheilen.

IV.
Eine auf Erfahrung gegründete leichte Art guten Spargel aus Saamen zu ziehen.

(Dieser Aufsatz ist von einem Orte, wo man den Küchen-Gartenbau gewiß auf den höchsten Grad der Vollkommenheit gebracht hat, und da ich mich dieser Methode schon vorher mit Nutzen bedient, so halte ich mich verbunden, selbige den Garten-Liebhabern hier mitzutheilen.)

Man muß zuförderst ein zum Spargelbau taugliches Land haben. Er wächst zwar fast überall; er will aber eine leichte Erde haben, wenn er schön, das ist, zart, stark, und von lieblichen Geschmack werden soll. Er steht auch gern, wo er die Morgen- und Mittagssonne hat: in dieser Lage des Bodens hat man ihn vierzehn Tage früher, als wenn er die Morgensonne entbehren muß. Hat man Land, welches schon tief, gut, und so gemistet ist, daß man feinere Gewächse, als Blumenkohl, Artischocken und dergleichen darauf pflanzen könnte, so braucht man weiter keine Zurichtung; ein magerer Boden aber muß wenigstes bis fünf Viertel Elle tief ausgegraben, besserer Boden dagegen dahin gebracht, und mit kurzem Dünger gemistet werden.

Wenn nun die Erde auf diese Weise über eine Elle hoch beschicket ist, so ist noch eine halbe Elle recht gute durchgeworfene, am besten gesiebte Erde darauf zu bringen; und wenn dieses vor dem Winter geschiehet, läßt man das Beet ohne es vest zu treten, bis zum Frühjahr liegen; würde es aber erst im Frühjahre zubereitet, so muß dessen Oberfläche so derb getreten werden, daß man Gruben machen kann, ohne daß sie einschießen. Solche Gruben macht man so breit und tief, daß ein Blumentopf mittlerer Größe darinnen Raum hat. Diese Gruben müssen fünf

Viertel Ellen aus einander stehen. Nun thut man in jede Grube eine Handvoll recht klare Holzerde, und stecket zwey schon aus der rothen Schaale ausgemachte Körner, von guter Spargelart, einen Zoll tief in dieselbe, an jeder Seite eines. *)

Dieses Grubenmachen hat den Nutzen, daß die aufgehende Pflanze kühle und feuchte stehet, und daß sie tief genug in die Erde kommt, um im folgenden Frühjahre beym Aufgraben unbeschädigt zu bleiben: es werden nämlich alle Spargelbeete im Frühjahr so zeitig als möglich, ohngefähr 5 bis 6 Zoll tief umgegraben, um Sallat darein zu säen. Der Spargel muß also tiefer liegen, daß er bey solchem Umgraben nicht getroffen wird. Es kann auch auf diese Art ihm die Düngung am besten beygebracht werden; denn die Erfahrung lehret, daß beym Spargel die Düngung von oben am besten anschlägt.

---

*) Ich wollte doch rathen, 3 bis 4 Körner hinein zu legen, und im Fall sie alle aufgehen sollten, die zwey schwächsten davon wieder auszuziehen.

Anmerk. des Herausg.

Im ersten Sommer bleiben die Gruben offen, und man darf sich mit nichts, als mit der Befreyung vom Unkraute beschäftigen. Bey angehenden Winter füllt man die Gruben zu, und bringt noch 3 Zoll gute klare Erde aufs ganze Beet, ohne die jungen Stengel, welche nur umgebogen, und mit bedeckt werden, abgeschnitten zu haben, weil sonst die noch zu zarte Pflanze leicht verletzet werden könnte. Zur Ausfüllung der Gruben ist nichts anders, als Hühner = oder Taubenmist zu nehmen; man läßt ihn aber erst auf einen Haufen bringen, daß er klar gemacht werden kann, es würden sonst leere Räume in den Gruben bleiben, und da ganze Stücken in der Erde nicht leicht zerfallen, die jungen Pflanzen im Frühjahre an ihrem Triebe gehindert werden. Ueberhaupt stehet zu rathen, solchen Mist mit klarer Erde zur Hälfte zu mischen.

Sind die Gruben also ausgefüllt, so wird das ganze Spargelland noch mit Hühner = oder Taubenmist bestreuet, oder mit Pferdemist mäßig bedecket. Sobald aber der Frost im Frühjahre es erlaubet, wird der lange Mist mit einer Streugabel aufgeschüttelt, und weggethan, der klare hingegen mit eingegra=

graben, und abermals 3 Zoll gute feine Erde darüber gebracht, welches zu Anfang des Winters noch einmal geschehen muß, damit der Spargel nunmehr eine halbe Elle Erde über sich hat.

Auf diesem Wege wird man im vierten Jahre, guten Spargel zum Gebrauch, und in etlichen nächstfolgenden Jahren ihn immer besser haben, zumal wenn auf ein Beet von sieben Viertel Ellen Breite nur eine einzige Reihe mit Körnern belegt wird, und hat derjenige, der Spargel anlegen will, vieles Land, so geschiehet der Spargel-Erziehung noch gar beträchtlicher Vortheil dadurch, — wenn zwischen den Spargelbeeten ein Gartenbeet von Spargel leer bleibt, und solches zu andern Küchen-Gewächsen, jedoch solchen, die nicht hoch wachsen, gebraucht wird; damit die Spargel-Pflanzen keinen Schatten erhalten, und ihnen die erwärmende Sonne nicht entzogen wird. Wenn man diese zu Küchengewächsen verwendete Beete gut dünget, so gewinnen die daneben liegenden Spargelbeete außerordentlich, indem die Wurzeln der Spargelpflanzen in die Gemüsebeete herüber gehen, und aus diesen zu ihrem großen Vortheil Nahrung an sich ziehen.

V.

Denkmal eines eben so sonderbaren als prächtigen Naturprodukts, des unter den Nelken bekannt gewesenen Flammanten - Königs.

Wenn Völker ihren Fürsten, Regenten ihren Heerführern und Dienern, Gelehrte ihren sich ausgezeichneten Mitgliedern oft Denkmäler von Erz und Marmor setzen; oder Künstler durch ihre unsterbliche Meisterstücke, das Lob ihrer Tugenden, ihrer Heldenthaten, ihrer Treue, ihrer Weisheit für ewige Zeiten sichern: warum sollte es mir denn zu verdenken seyn, wenn ich als Verehrer der Natur, in ihrem glänzenden Blumenreiche eine eben so schöne als seltene Erscheinung auch künftigen Liebhabern aufzuzeichnen, und ihre Vorzüge der Nachwelt aufzubewahren suche? — — zumal das Verderben, dem alle Geschöpfe unterworfen, und welchem schrecklichen Loose alles entgegen eilet, unserer Bewunderung dies prächtige und sonderbare Naturprodukt zu bald entrissen

hat, und uns nichts mehr, als uns an deſſen ſchwa=
chen Bilde zu ergötzen, übrig geblieben iſt.

Dank indeſſen, unbegrenzten Dank — dem Er=
finder der göttlichen Kunſt, die Natur in ihren un=
ausſprechlichen Reizen nachzuahmen, alle die Schön=
heiten, auf welchen das Auge ſo gern verweilet zu
ſammlen, und durch die magnetiſche Kraft des
Pinſels zu bezaubern.

Schon ältere und neuere Schriftſteller haben
beſondere, auffallende Naturprodukte beſchrieben,
und ſind mir hierinnen vorausgegangen. Plinius
beſchreibt außer mehreren Seltenheiten der Natur,
einen Ahorn=Baum in Lycien, deſſen Stamm 81 Fuß
in Umfang hatte. *) Den Ahornbaum zu Gortine
auf der Inſel Creta, haben griechiſche und römiſche
Denkmäler verewiget, den Ahornbaum, auf der In=
ſel Stingo, auch Iſola longa genannt, hat Haſſel=
quiſt durch ſeine Beſchreibung der Nachwelt aufbe=
halten, und Archenholz erwähnt einer Eiche zu Morley
in Chesbire, die weit über 1000 Jahr alt, und deren

---

*) Plin. Hiſt. nat. L. XII.

Stamm einen Umfang von 42 englischen Fuß gehabt. *) — , So, setzten diese Schriftsteller, denen von ihnen beschriebenen besondern Erscheinungen in der Natur Denkmäler, welche um so weniger täuschen können, da alle Gegenstände der Natur, sich nur durch sichtliche Vorzüge der Schönheiten empfehlen; — hingegen jene, ihre Entstehung oft nicht den besten Ursachen zu verdanken haben. — Oft zog blindes Glück dem siegenden Krieger, der kaltblütig den Preis, durch zwanzigtausend gering geachteter Menschenleben errung; oft Verstellung und niedrige Schmeicheley, dem kriechenden Günstlinge der Erdengötter; — oft sclavische Unterjochung ihrer Völker, dem Fürsten; die so wenig verdiente Ehre zu, durch ein Denkmal der Vergessenheit, entrissen zu werden, und oft entdeckte es erst die Nachwelt, wie sehr sie dieser Ehre unwerth waren; daher denn nichts, als die Hand des Künstlers, die zur Verewigung, eines Ungeheuers, eines tyrannischen Despoten, oder eines elenden Speicheleckers, das Denkmal gefertiget, zu bewundern übrig blieb. —

---

*) Annalen der Brittischen Gesch. B. 10. 1793.

Alle diese Vorwürfe, wird mein Gegenstand künftig nicht zu erwarten haben, sondern nur neue, und vielleicht bey den immer mehr sichtbar werdenden Vollkommenheiten der Natur, glänzendere Erscheinungen, könnten seine Vorzüge etwas verdunkeln, doch nie den Werth benehmen. —

Der Flammanten König (so auch den Namen Landrath von Haugwitz führete) ist im Jahre 1791. in Schlesien, und aller sichern Nachricht nach von dem Herrn Grafen Siedtnicky, einem großen Verehrer der schönen Natur aus Saamen erzeuget worden. *) In dem Ranftschen Catalog vom Jahre

---

*) Herr Abbe Rong zu Leobschütz in Oberschlesien führte in seinem damaligen Catalog diese Blume als eine Jambse, und als seinen Zögling auf; allein ich erhielt sichere Nachricht aus Schlesien, daß nicht Herr Abbe Rong, sondern gedachter Herr Graf der eigentliche Erzieher wäre, welches ich darum mit bemerken muß, um nicht einer Unwahrheit beschuldiget zu werden, im Fall gedachter Catalog in den Händen irgend eines meiner Leser sich befände.

1792. ist diese in ihrer Art gewiß einzige Blume folgendermaßen beschrieben.

Flammanten-König, auror. am Kelche, welches am Rande lichtbraun wird. Jedes Blatt, ohne Ausnahme, ist undeutsch, mit starken, in der Sonne wie Silber glänzenden Bleystiftsstrichen regelmäßig gezeichnet. Sie erreicht mit einiger Hülfe, bey einem schönen Scheibenbau, eine Größe von 3 Zoll, und läßt alle mir bekannte Feuerfare an Schönheit und Seltenheit weit zurück.

Ich habe sie blühen gesehen, und ihre Flor entsprach dieser Beschreibung vollkommen. Herr Lieutenant Ranft, und alle, die diese Blume besaßen, beklagen jetzt ihren Verlust, und sie existirt in rerum natura nicht mehr; ich habe daher ein treues, in ihrem Leben gefertigtes Gemälde copiren lassen, und glaube, meinen blumistischen Lesern mit dieser Copie nichts unangenehmes zu liefern, da der Mensch, wenn er die Beschreibung einer Seltenheit, oder eines großen Mannes liest, gemeiniglich das Verlangen äußert, dessen Gestalt oder Gesichtszüge zu betrachten, um sich gleichsam, über den Werth des Gegenstandes bessern Aufschluß zu verschaffen, und kann sich nun mancher, der nicht so glücklich gewesen, solche in ihrer in aller Rücksicht prachtvollen Flor zu sehen, die gewünschte Vorstellung recht anschaulich machen und in selbiger den Reichthum, die Güte, die Weisheit und Pracht der Natur bewundern, so viel letztere der Künstler allhier nachzuahmen fähig gewesen ist. — Zu bedauern ist es indessen immer, daß diese eben so schöne als sonderbare Blume, nicht mit mehrerer Sorgfalt gepflegt, und dem Liebhaber zum Vergnügen, und zur Bewunderung erhalten worden ist. — Zu beklagen ist es, daß ihr Leben von so kurzer Dauer war, und daß sie, wie alles das, was uns am liebsten ist, unserm Anschauen zu geschwind entrissen worden. — Doch alles was diesen Erdenball bewohnet, erwartet dies schreckliche Loos; selbst der Mensch, das edelste Geschöpf, ist diesem höhern Gesetze der Nothwendigkeit unterworfen; und derjenigen ist nur wahrhaft glücklich zu nennen, der mit dem Bewußtseyn, die in ihn gelegten moralischen Kräfte jederzeit in Ehren gehalten, und stets nach seiner besten Einsicht gehandelt zu haben, seiner Auflösung, und dem schrecklichsten Kerker für seinen letzten Schlaf, mit Gelassenheit entgegen sehen, und das dem kurzsichtigen Sterblichen verborgene Schicksal in sanfter Ruhe erwarten kann! —

VI.
Von der Bedachung der Blumen-Stellagen.

Der verstorbene Herr Lieutenant Ranft war ohnstreitig der Erste, der den Blumisten eine Idee von einer sowohl geschmackvollen als bequemen Blumen Stellage gab, und er beschenkte das Blumen-Publicum mit einer eigenen kleinen Abhandlung, die allerdings den Beyfall jedes Blumenliebhabers erhalten mußte. Die Stellage selbst ist mancher Abänderung unterworfen worden, und ich habe ihre mannichfaltigen Gestalten bey mehrern Blumisten und an verschienen Orten wahrgenommen, auch manche wirklich verbessert gefunden; ich bin in der Structur dieser Stellagen, der Ranftschen ersten Idee bis jetzo treu geblieben, und habe mir nur eine einzige Abänderung erlaubt, nehmlich, die von ihm, in der Mitte jeder Stellage angebrachte Säule, mit einem Kloben, um die Dächer derselben aufzuziehen; statt dieser habe ich an jedes 6 Ellen langes Dach, 2 Stangen, auf jeder Seite eine derselben, angebracht, die mit Schrauben bevestiget, jedoch beweglich sind, vermittelst dieser Stangen können 2 Personen das Dach sehr leicht aufheben, und gewähren solche den Vortheil, da sie mittelst ihrer am Fuße habenden eisernen Spitzen, in kleine an die äußere Seite der Säulen angebrachte Ringel gesteckt, und mit einem kleinen Kettgen bevestiget werden, daß sie auch im größten Sturmwind unbeweglich stehen, welches bey der Ranftschen Einrichtung ohnmöglich war; nicht zu gedenken, daß die Kloben, wenn sie vorher naß geworden, und der Sonnenhitze ausgesetzt waren, sehr leicht zersprungen, und man stets in die Nothwendigkeit gesetzt wurde, neue machen zu lassen; auch die Leinen, die man zum Aufziehen gebrauchte, sehr leicht verfaulten, so daß man stets neuere in Vorrath haben mußte; überdieß erhält die Stellage, durch Weglassung dieser mittlern Säule, ein weit freyeres Ansehen, und man kann solche mit mehr Bequemlichkeit umgehen; — — Allein die Bedeckung eben dieser Stellagen hat mir bey den so öftern Versuchen mancherley und zum Theil beträchtlichen Aufwand verursacht. Anfänglich nahm ich, nach der Ranftschen Vorschrift, ordinaire Wachsleinewand, diese hielt nicht lange aus, indem sie durch die im Frühjahr und Herbst stets abwechselnde Witterung, gleichsam sich durchlöcherte, und bey heftigen Regengüssen das Wasser durch diese kleinen Löcherchen tropfte, und den Blumen mehr Schaden that, als wenn man sie dem Regen preis gegeben hätte; ich kam hierauf durch den Rath eines guten Freundes auf den Einfall, mir eine Wachsleinewand fertigen zu lassen, so auf beyden Seiten, sowohl in= als auswendig gewichst war, von dieser versprach ich mir nun gute und vieljährige Dienste, als das vor einigen Jahren in hiesiger Gegend wüthende Schlossenwetter alle meine Hofnung auf einmal verdarb. In einem Zeitraume von einer halben Stunde, waren meine sämmtlichen Dächer einem Siebe ähnlich, und ich mußte nur froh seyn, noch meine Pflanzen erhalten zu haben. Da es kurz vor der Nelkenflor war, mußte ich schleunigst meine Dächer wieder beschlagen lassen, und verschrieb mir Segel=Leinewand, diese war aber so schlecht, daß sie kaum ein Jahr aushielt, das folgende Jahr machte ich den Versuch, solche mit einem Firniß zu bestreichen, und ich hatte nach kurzer Zeit wieder das Unangenehme, zu sehen, daß sie wie obige Wachsleinewand kleine Löcher erhielt, durch welche es tropfte, und meinen Blumen schadete; ich machte hierauf verschiedene neuere Versuche mit Farbe und Firniß, aber stets ohne guten Erfolg; nunmehro habe ich Zwillig, der sehr dicht und stark ist, welcher in Roßwein um mäßigen Preis gefertiget wird; dieser widerstehet allen Regen, und damit kein Wasser auf den Dächern stehen bleiben kann, habe ich die Vorsicht gebraucht, zwischen denen Queerlatten, so das Dach zusammen binden, annoch Latten über das Dach nageln, und diese Latten auf beyden Seiten abrunden zu lassen, wodurch das Wasser mehrern Abfall erhält, und der Zwillig keinen Sack machen kann, vielmehr so angespannt ist, daß er nach einigem Regen einem Brette gleich wird. Ich glaube daher, daß diese Art der Bedachung die beste und wohlfeilste ist, wenigstens weiß ich jetzt keine bessere. Meine Dächer selbst sind nicht von Brettern, wie der selige Ranft vorschreibt, sondern von Latten, wodurch sie außerordentlich leicht, und der häufigen Queerlatten wegen, eben so dauerhaft sind.

Auf einer Reise in die Ober=Lausiz habe ich bey verschiedenen Blumisten eine andere Art Bedachung gefunden, indem die Leinewand in keinen Rahmen gespannt war, sondern um eine Rolle lief, und leicht herunter gelassen, auch wieder aufgezogen werden konnte, welcher Methode ich meinen Beyfall nicht versagen kann, da man dadurch, weil die Leinwand weniger angespannt ist, bey entstehendem Schlossen=Wetter auch weniger Gefahr ausgesetzt ist. Ich hatte damals nicht Zeit, die Beschaffenheit dieser Stellagen genau zu untersuchen, und wünschte wohl, daß einer dieser Herrn mir eine nähere Beschreibung von deren Construction und Kosten=Aufwande mittheilen möchte, welche ich sodann dem Blumen=Publicum bekannt zu machen nicht anstehen würde.

VII.
Von Benennung der aus Saamen erzeugten Blumen.

Herr Doctor Weißmantel hat schon in seinem Blumisten ersten Theils Seite 140. etwas über die Benennung der Nelken gesagt, welches sich auf die Blumen überhaupt sehr gut anwenden ließe, wenn anders das, was Herr Dr. Weißmantel dort angeführet, diesem Gegenstande mehr angemessen wäre, und kann ich in einigen Stücken, besonders, schlechtbenamten Nelken, andere und bessere Namen zu geben, seiner Meynung gar nicht beytreten; wenigstens läßt sich nicht gut bestimmen, was ein guter, und was ein schlechter Name sey, und ist die vom Herrn Dr. gezeichnete Grenze viel zu unbestimmt und der angegebene Grund zu seicht; denn ich würde nie einen Fehler darinnen finden, wenn Jemand Lust und Gefallen hätte, eine auffallend bunt gezeichnete Nelke, den Braut=Rock zu nennen, und würde daraus nichts weniger schließen, als daß diese also benamte Blume aus einer Trivial-Schule herrühre, noch weniger diesen ihren Namen vor einfältig halten, wie sich der Herr Dr. auszubrücken beliebt hat; aber ganz unrecht hat er, wenn er aus diesem vermeyntlichen Grunde, den Blumisten ein Recht zusprechen will, eine solche Blume mit einem andern Namen zu belegen. — — Was würde da vor eine Verwirrung entstehen, und wie mancher würde dies zur Entschuldigung nehmen, daß der Name ihm zu schlecht wäre, wenn er Lust hätte, Jemanden zu betrügen, und eine alte bekannte Blume unter einem neuen Namen zu verkaufen? — — Dieser Meynung kann Niemand beytreten, der Name sey so schlecht wie er wolle, so muß er treu beybehalten werden, und ich halte jeden vor einen Betrüger, der sich einfallen lassen will, eine unter einem gewissen Namen schon bekannte Blume, anders zu benennen, er mag nun sonst dabey zur Absicht haben was er will, und wenn ich eine Blume, unter dem Namen Vetter Michel erhielte, so würde ich sie, wenn die Blume sonst gut wäre unter diesem Namen beybehalten, denn der Name thut zur Sache gar nichts, und ist nur das Zeichen, an welchem man die Blume erkennen soll. —

Herr Dr. Weißmantel scheint im 17ten §. des 7ten Cap. auf den rechten Weg zu kommen; allein er betritt solchen aus unrichtigem Gesichts= Punkte, und verliert sich eben so von demselbi= gen, — er schlägt nehmlich vor, wenn man ver= schiedene Blumen unter einerley Namen erhielte, so solle man zum Unterschiede denenselben des Erzeu= gers Namen vorsetzen; — — Wenn ich nun aber den Erzieher nicht weiß, was setze ich denn für ei= nen Nahmen vor? — den Namen des Zusenders? — da würde die Confusion noch weit größer werden! — — — Aus allen diesen hier angeführten und kurz berührten Gründen, ist es wirklich rathsam, daß wegen Benennung der aus Saamen erzeugten Blu= men einige bestimmte Regeln vestgesetzt, und von denen Blumisten angenommen würden. — — Schon lange bin ich auf den Einfall gekommen, ob es nicht schön und rathsam wäre, wenn jeder Blumist, der säete, und neue des Aufbewahrens würdige Saamen= Produkte, dem Blumen=Publikum aufbehielte, sich einen gewissen Theil der Geschichte wählte; z. B. einer wählte die römische, einer die griechische, ei= ner die persische, einer die spanische, einer die französische, ein anderer die österreichische Geschichte

u. f. w. da würde man aus der Geschichte, die ein jeder gewählt hätte, sogleich den Erzieher der Blume erkennen; allein dazu wäre nothwendig, daß 1) alle Erzieher neuer Blumen, auch Geschichte gelernt hätten, und 2) daß sie einander bekannt, auch wegen der Wahl, eines Theils der Geschichte ein Uebereinkommen getroffen hätten; — welches aber bey der großen Anzahl der Blumisten, und bey der zu wenigen Verbindung, in welcher sie mit einander stehen, eine wahre Unmöglichkeit ist; — — Es muß daher ein ganz anderer Weg eingeschlagen werden, um in diesem Stücke, eine gewisse Ordnung vestzusetzen, zu der Herr Dr. Weißmantel an obangeführtem Orte schon einen Fingerzeig giebt, welchen auch schon verschiedene neuere Blumisten als Herr Ranft, Pfeilschmidt, und Kreßner betreten haben, und wozu billig jeder Blumist aufgefordert werden sollte. — — Jeder Vater hat das Recht seinem Kinde einen Namen zu geben, und jeder Blumist, der eine neue Blume aus Saamen erzeugt ist Vater dazu, mithin kann er auch sein Kind benennen, und damit jedermann weiß, daß dies Kind von ihm ist, so ist es ihm auch nicht zu verdenken, seinen eigenen Namen vorzusetzen, man findet daher

her in vorangeführter Blumisten ihren Verzeichnissen Ranffts Anaxagoras, Pfeilschmidts Oswaldus, Kresners Legationsrath Wendt &c. und ich finde dies nicht nur billig, sondern auch recht und vernünftig. Es ist gewiß nicht Eigenliebe von diesen Männern, daß sie ihre Namen vorsetzen, sondern blos, um Verwirrung vorzubeugen, sind sie einst bey einer Zusammenkunft darüber übereingekommen, und ich habe es mir zur Pflicht gemacht, diese Benennungen in meinen Verzeichnissen treu beyzubehalten, ob es wohl andern beliebt hat, den Namen des Erziehers hinwegzulassen, und nur statt obiger Benenuungen, Anaxagoras, Oswaldus, Legationsrath Wendt zu setzen, wovon ich die Absicht, die doch auf alle Fälle keine gute seyn kann, nicht errathen kann und mag; — allein so viel bleibt unbestritten, daß es allezeit einen schlechten Menschen verräth, der eine Blume mit einem andern Namen belegt, oder wie sich Herr D. Weißmantel ausdrückt, umtaufet.

Es haben mich mehrere Blumisten, in Briefen, die ich allenfalls vorzeigen kann, wiederholt aufgemuntert, das blumistische Publicum aufzufordern, jeder aus Saamen erzeugten Blume des Erziehers Na-

R

Namen vorzusetzen; und ich thue es hierdurch mit dem Wunsche: daß jeder die vorangeführten Gründe wichtig genug finden möge, um dieser Aufforderung zu folgen. Es würde dadurch nicht allein mancher Verwirrung und daraus entstehenden Betrug vorgebeugt, sondern es hätte auch das Angenehme, daß man in der Flor, bey jeder schönen Blume sich ihres Erziehers erinnerte, und ihm gleichsam im Stillen vor jedes schöne erzeugte Product den verdienten Dank opfern könnte; nicht zu gedenken, daß dadurch in der Folge eine nähere Verbindung und Bekanntschaft unter den Blumisten entstehen würde. Ich werde daher in meinen künftigen Verzeichnissen, nach dem Beyspiel eines Ranfts, Pfeilschmidts und Kresners, meinen Säulingen meinen Namen vorsetzen, und erwarten, ob mehrere meiner Aufforderung folgen werden. — Zum Schlusse muß ich noch wegen des sogenannten Um- oder Wiedertaufens, wie es Herr Dr. Weißmantel nennt, eine Anekdote erzählen, die jedem eine Warnung seyn kann.

Im Jahre 1791. war ich so glücklich, die bekannte gelbe Picotte Thomson aus Saamen zu erzeugen, ich benannte sie, und da der Mutterstock sehr viel und gewiß 15 Senker hatte, so sendete ich einen blumistischen Bekannten, von dem ich glaubte, daß sein Blumen-Geschäft blos Liebhaberey sey, einen Senker unter Numer und Namen zu, und meldete ihm zugleich, daß es ein ganz neues und prächtiges Naturproduct wäre. Im Jahre 1792. führte ich diese Blume in meinem Catalog auf, und erhielt bald darauf von diesem Manne einen Brief, ihm diese Blume vor Geld abzulassen. Es fiel mir nicht mehr ein, daß ich selbigen das Jahr vorher ein Geschenk damit gemacht, und er zahlete mir einen Species-Thaler dafür, schickte mir auch noch einige andere Nelken gegen Tausch, und unter mehrern eine ebenfalls gelbe Picotte, mit dem Namen Grand Triomph, von welcher er viel Aufhebens machte. Ich pflegte diese so gerühmte Blume väterlich, und brachte sie glücklich zur Flor; aber wie erstaunte ich, als der neue Grand Triomph nichts mehr und nichts weniger; kurz, der von mir erzeugte, dem Zusender vorher geschenkte Thomson war, den er mir mit 1 rthl. 8 gr. wieder bezahlte, und nun in diesem Jahre neben seinen vermeintlichen Grand Triomph blühen sah. Er muß sich naürlicher Weise geärgert und geschämt haben, besonders da ich ihm meine Meinung darüber schrieb, und ihn auf die Folgen von dem Wiedertaufen aufmerksam machte, indem ihm letzteres um einen guten Species-Thaler gebracht hatte. In der Folge habe ich aus dieser Ursache alle Korrespondenz mit diesem Manne abgebrochen. —

Es sollte daher jeder Blumist mit Ernst darauf halten, einer Blume ihren eigentlichen Namen zu lassen, und diejenigen, welche Verzeichnisse herausgeben, es genau angeben, wenn eine Blume unter mehrern Namen bekannt wird, wodurch so manchen Irrungen und auch Betrug vorgebeugt würde.

VIII.
Ankündigungen.

a) Die im 2ten Hefte angekündigten englischen Stachelbeeren, die sich im Geschmack, Farbe und Größe von unsern Landstachelbeeren merklich unterscheiden, bestehen in nachverzeichneten 20 Sorten, und sind bey dem Herrn Garnison-Cantor Pfeilschmidt in Dresden der Ableger für 6 Gr. zu haben.

No. 1 Hulton's great Caesar, roth
-- 2 Ridders blac Prince, schwarz
-- 3 Mussey's blac Prince, schwarz
-- 4 Dickinson,s Saphir, hellroth
-- 5 Green gros berg, grün
-- 6 Thorp's Lamb, strohgelb
-- 7 Redorlean, roth
-- 8 White Walnut, weiß
-- 9 Winning's green, grün
-- 10 Shmit's Sporkle's, gelb

No. 11 Nield's white Stag, weiß
-- 12 Shelmerdines Cheshire Stag, roth
-- 13 Joyes green groote, grün
-- 14 Elliots red hot Ball, roth
-- 15 Dawn's, Cheshire Round, roth
-- 16 Taylor's Red Nose, roth
-- 17 Williamson's Yellow Hornet, gelb
-- 18 Ridders free Bloomer, roth
-- 19 Mill's Langley green, grün
-- 20 Johnsons Williow, grün

b) Verzeichniß der Ranunkel-Sammlung des Herrn Garnison=Cantor Pfeilschmidt zu Dresden.

Nro.		Gr.
4	Abdolonymus, schwärzlich purpur	4
164	Abula, gelb mit rothbraun	2
355	Abbas, oliv mit braun	2
57	Adriana, paille mit chair	2
116	Adonia, violet	3
216	Admiral Tromp, feuerfarb	3

Nro.		Gr.
432	Admet, grau und purpur	3
252	Africaner, feuerfarb	2
99	Agathon, rosa	3
235	Alchymist, gelb mit braun	2
303	Alcyndor, gelb mit chair	2
321	Aly Bey, grau mit purpur	2
334	Al Raschid, agath	2
40	Amelia, gelb mit oliv	2
161	Amarillis, purpur	3
311	Amynthas, cerise	2
431	Amurath, grau mit purpur	3
460	Amphion, grau mit pompadour	2
84	Appel Bloesem, weiß mit roth	2
105	Apollo, lichtgelb mit roth	2
38	Arvadensis, gelb mit orange gestreift	3
55	Aristophanes, orange	2
63	Arlequin Carcasonne, gelb und orange	2
124	Arlequin d'amour second, gelb mit orange gestreift	4
162	Arlequin plaisant, weiß mit rosa gestreift	4
178	Arlequin en Theatre, ou Pantomime, gelb mit roth gestreift	4

Nro.		Gr.
266	Arlequin d'amour premier, gelb mit roth gestreift = =	4
151	Arabias, braun = = =	2
165	Ariadne, schön gelb mit orange	2
271	Aristophanus, agath = =	2
293	Ariosto, gelb = = =	2
406	Arbela, gelb mit braun =	3
103	Arthus, gelb mit feuerroth = =	2
21	Asia, gelb mit orange =	2
328	After Bloem, cramoisi mit weiß gestreift	2
382	Atropos, weiß = = =	2
52	Baron von Blumenthal, kupferfarben	2
64	Bajaseth, gelb mit braun =	2
181	Basilicus, gelb mit chamoi gestreift	3
322	Balamir, gelb mit mort d'ore =	2
383	Bayle, gelb mit rothbraun =	2
312	Baguet d'or, gelb mit orange =	2
9	Belle blanche, weiß mit rosa =	2
27	Belle aimable, schön gelb = =	2
45	Belle vitre, gelb mit roth =	2
142	Belle Princesse, paille mit roth gestreift	3
163	Belle Apoticaire, oliv und purpur	3
194	Belle Soleil, gelb = =	2

Nro.		Gr.
217	Belle Servante, gelb mit chair =	2
253	Belle Helene, blaßgelb mit chair	2
267	Belle Fortune, orange . = =	2
273	Belle Sophie, pompadour =	2
318	Belle Friederique, grau mit purpur	3
327	Belle Caroline, gelb = =	2
330	Belle amante, weiß mit roth flammirt	2
333	Belle Rose Persepolis, rosa =	3
385	Belle gris, aschgrau	
141	Beauté touchante, gelb mit braun	2
201	Beronice, gelb mit roth gestreift =	3
356	Bessus, grau = =	2
50	Bischoff, cramoisi = = =	
294	Bizard Krep, gelb mit roth =	2
299	Bigarrure, gelb mit braun = =	2
77	Bloemtyn, rosa = =	2
121	Blanc et rosa, weiß mit rosa flammirt	3
60	Bostyca, oliv mit braun = =	2
335	Boscawen, braun mit orange =	2
407	Bochestre, isabell mit aschgrau =	3
35	Brandspiegel, gelb mit orange =	2
236	Braunwald, roth = = =	2
283	Brandspiegel, gelb mit orange	2

Nro.		Gr.
433	Brennus, orange mit braun	2
51	Bubax, gelb mit orange	3
308	Bunter Mantel, weiß mit cram. geſtreift	4
323	Bunter Leuw, weiß mit cram. geſtreift	4
71	Cardinals-Huth, pompadour mit weiß	3
268	Caudia, weiß mit licht cram. flammirt	2
274	Calypſo, purpur	2
295	Caffee de Mecca, dunkel kupfer	3
94	Cedèrboom, gelb mit orange	2
109	Cedo nulli, hoch orange	4
237	Ceylon, lackroth	2
386	Cecrops, weiß mit aſchgau	2
78	China, cramoiſi	2
218	Choix des Olives, oliv	2
435	Chrichton, chair mit roth	4
356	Cibber, oliv	3
33	Comte de Sachsen, violet	3
76	Colonna, agath	2
98	Coloſsus, roth	2
129	Corne d'Amalthée, grau mit pompad.	3
146	Coquellicot, hochroth	3
171	Cordons Flamme, aſchgrau und roth	3
172	Couleur de Sourris, grau mit violet	2

Nro.		Gr.
284	Comtesse de Soisson, gelb mit roth piffot.	6
305	Comte Wernigeroda, weiß mit rosa	2
313	Couleur paille, paille = =	2
357	Colbert, grau mit violet =	4
384	Coelus, oliv mit braun	
434	Codrus, grau mit purpur =	2
254	Czaar Peter, chair mit cramoisi =	2
114	Daphnes, oliv mit roth =	2
310	Damoet, gelb mit grau und roth =	2
358	Danaë, paille = =	3
25	Delirosa, rosa = = =	2
219	Delice, weiß mit blaßrosa =	2
269	Dechant von Halberstadt, gelb mit roth	3
214	Decius, hochroth = = =	3
169	Dianesse, weiß mit roth gestreift =	4
74	Directeur, hochroth = =	3
255	Dionysius, cramoisi = =	2
285	Diomedes, gelb mit roth gestreift =	2
387	Diespiter, gelb mit braun =	3
61	Don Philippo, weiß mit cramoisi =	2
134	D. Titius, feuerfarb = =	2
306	Dorilla, orange = = =	2
409	Dodonaeus, grau mit chair =	2

Nro.		Gr.	Nro
464	Dorfet, hellpurpur = =	3	1
296	Dragomann, weiß mit hell cram. flammirt	3	140
152	Duchesse de Chevreufe, chamoi mit pomp.	3	83
173	Duc de Broglio, feuerfarb = =	4	282
238	Duc de Chartres, weiß mit agath	2	307
275	Duc de Sachsen-Gotha, hellroth =	3	465
324	Eclatante, lichtpurpur =	2	92
325	Eduard von Alten grau mit braun	3	256
90	Egistus, feuerfarben = =	4	297
111	Eglife Cathedral, weiß mit roth flammirt	2	139
112	Eleogabile, feuerfarb = =	3	339
220	Eleonora, weiß mit chamoi = =	2	389
239	Emilie, hellorange mit roth =	3	411
315	Emilie von Rofenau, gelb m. roth gestreift	4	7
359	Emma, aschgrau mit purpur = =	4	97
410	Emo, weiß mit roth		123
101	Endimeon, oliv = =	2	467
286	Epicharmes, purpur und grau =	2	67
338	Epicles, chair mit blaßrofa =	2	360
388	Epicles fecond, grau mit violet =	2	159
8	Erbstatthalterin, gelb mit oliv =	3	438
270	Eremit, gelb mit pompadour gestreift	4	32
437	Erato, chair mit cramoifi		149

Nro.		Gr.
1	Etinefe, weiß mit rofa	1
140	Etat General, weiß mit cramoifi geftreift	4
83	Euphrates, fchön gelb mit orange	2
282	Eumenes, weiß mit cramoifi geftreift	4
307	Eubea, cramoifi	2
465	Euclides, grau mit purpur	
92	Eveque d'Augsburg,	2
256	Eveque de Cafaffre, orange	3
297	Eveque de Olmütz, purpur mit violet	3
139	Eveque de Ypern, fchwärzlich purpur	3
339	Fabius, rofa	3
389	Fabricius, grau mit cerife	3
411	Fauftin, gelb mit braunroth	2
7	Felixburg, fchwefelgelb mit chair	2
97	Feu de Bourbon, feuerfarb	2
123	Fidele aurore, orange, chair und grau	3
467	Flamingos, weiß mit purpur	
67	Fortuna, gelb mit orange	3
360	Forfter, gelb mit carmelit	3
159	Frere Caponi,	3
438	Franz Bizarro, gelb mit roth	
32	Galathea, gelb mit roth flammirt	2
149	Galba, gelb mit braun	2

Nro.		Gr.
16	Geele Zim, gelb mit dunkelroth u. schwarz	3
42	Gelandeerde Rose, cramoisi = =	2
182	General Paisi, weiß mit roth =	2
222	Gesner, schön gelb mit etwas roth =	2
257	Gentil homme de Prusse, gelb mit orange	6
272	General Romanzow, weiß mit licht cram.	3
287	General Palfi = = =	2
298	Gentil homme d'Egypte II. gelb mit lilla	2
412	Gioconda, grau und cerise	
197	Gloria mundi, gelb mit orange =	2
361	Gleim, pompadour = = =	2
29	Graf von Koenigsegge, weiß mit cramisi	3
43	Grand Madam, hochgelb =	2
44	Grand Bassa, pompadour = =	2
133	Graf Luchesini, gelb mit roth gestreift	3
160	Grandeur triumphante, weiß mit roth gest.	4
183	Grand Conjura, isabel = =	2
240	Grand Pontife, hellgelb =	2
390	Grosley, grau mit purpur	
122	Hallj l'Empereur, grau mit mort d'ore	3
131	Habit de Bergere, schön rosa = =	2
223	Habit de Romains, dunkelpurpur =	4
241	Habit de Bergere, weiß mit etwas lilla	2

Nro.		Gr.
341	Harpagus, dunkelroth	.2
440	Haller, gelblicht mit roth	2
469	Harrison, grau mit violet	
5	Hercules, weiß mit etwas roth	3
62	Hestres Kroon, hochroth	3
75	Herzog von Sackelary	3
362	Herodotus, gelb mit orange	3
391	Heliogabulus, grau mit mort d'ore	
413	Helicon, grau mit pompadour	2
17	Homerus, rosa	3
115	Hugo Grotius, dunkelroth	2
130	Jaune D. goldgelb	.3
224	Jaune Isabelle, gelb mit orange	2
363	Janus, blaßpaille	
417	Jacobi, graulicht mit cramoisi	
177	Jeune Bergere, weiß mit aschgrau gestreift	3
176	Jeanette, gelb mit agath	2
39	Illustre Soleil, licht orange	3
148	Jonquille, gelb	2
193	Ireneus, chomoi	2
414	Iselin, gelb mit dunkelbraun	4
441	Ismene, grünlich mit braun	2
3	Juweel van de Vegt, gelb	2

Nro.		Gr.
392	Juſtinianus, carmelit = =	2
198	Juvenalis, weiß mit cramoiſi geſtreift	3
342	Ixion, orange mit braun	
28	Kaiſer-Mantel, violet = =	6
41	Kaiſer Leopold = =	3
167	Kaiſer Leopold, violeth = =	4
225	Kaiſers Juweel, iſabel mit cramoiſi	2
343	Kazike, kirſchroth = . =	2
393	Kluepfel, grau und purpur = =	4
364	Kleiſt, grau mit purpur =	4
200	Königin von Ungarn, roth mit weiß geſtr.	2
6	Königin von Perſien, orange mit roth	3
15	Königliche goldene Scepter, gelb m. braun	3
202	König Pharao, dunkelroth =	2
242	König von Preußen, aſchgrau mit violet	4
58	Kron-Prinzeſs, feuerfarb = =	2
37	La ville de Liſſabon, paille mit roſa geſtr.	4
56	La Vierge de Dort, braunroth und agath	2
100	La fleur ſans pareille, hochroth =	2
110	Lactantius, grau mit braun = =	3
125	La Moderne, feuerfarben =	4
127	La beauté ſupreme, weiß mit roth flamm.	2
138	La belle Rivale, gelb mit orange geſtreift	6

La-

Nro.		Gr.
154	Lavater, grau mit purpur	2
166	Laſt priel, weiß mit purpur und aſchgrau	2
188	La Marquiſe, roth	2
196	La Conquette, weiß mit roth flammirt	4
243	La Merveille, weiß mit roſa	2
258	l'admirable, weiß mit cramoiſi geſtreift	4
344	Lacon, gelb mit braunroth	2
416	Latona, chair mit roth geſtreift	2
91	Lettere P.	2
126	Le Caffee, oliv und braun	2
174	Le Soir, violet	3
211	l'honneur d'Oſterwieck, weiß mit rothgeſt.	4
104	Lidia, dunkelpurpur	4
203	Lion jaune	2
276	Livia, ceriſe mit etwas ſchwarz	2
365	Livius, grau mit pompadour	2
108	l'Oille brillant, weiß mit cramoiſi flamm.	2
226	Lucretia, ziegelroth	3
443	Lycurgus, chair und cramoiſi	2
91	Magdalis, grau mit violet	3
95	Manteau bleu, violet	4
107	Mariage de Dauphin, chair mit roth	3
137	Ma belle favorite, weiß mit roth geſtreift	4

Nro.		Gr.
156	Marice, gelblich mit cramoisi	2
179	Maria Stuart, weiß mit roth gestreift	4
207	Markgräfin, gelb mit oliv	2
227	Madame royal, weiß mit cram. gestreift	3
277	Manlius, grau mit pompadour	2
366	Marot, rosa	2
444	Marcus Aurelius, grau und pompadour	
189	Melifsa ou Semiramis, weiß mit roth gestr.	4
244	Menelaus, cramoisi	2
345	Mengs, weiß mit hochrosa gestreift	4
14	Minerva, hellcramoisi	2
47	Mirandus, gelb und braun	
53	Miniature, weiß mit roth	2
259	Misantrope, lilla	2
473	Milton, agath	
18	Morion, cramoisi	
36	Morier, mort d'ore	2
186	Monarque du Monde, purpur	3
213	Monument chionise, gelb mit roth gestr.	4
418	Montezuma, cerise mit schwarz	4
150	Nanette, rosa	2
346	Naevius, aschgrau	3
396	Nero, gelbgrau	2

Nro.		Gr.
419	Niobe, blaßchair = = =	3
378	Numitor, grau mit braun =	
445	Numa Pompilius, dunkelroth	2
420	Obeliscus, kupfer mit braun =	3
26	Octavia, gelb mit chair = =	2
96	Olyfgoed, oliv = =	2
79	Olivboom, agath = = =	2
369	Omphale, chair mit roth	
23	Orange Lecuw, gelb mit orange =	2
54	Orange belle, orange = =	2
65	Orange Roos, schwefelgelb und roth =	2
81	Orange Bloesem, weiß mit rosa =	2
206	Orange Phoenix = = =	2
210	Orange sans pareille, orange =	2
228	Orange-Baum, orange = =	2
260	Orange brillante, dunkelroth =	2
278	Orange Couleur, orange mit roth =	2
168	Orlando, gelb = =	2
288	Ornement de Delft, weiß mit lichtpurpur	3
347	Orgonez, weiß mit aschgrau =	2
397	Orpheus, agath = =	2
10	Pafse orange, chair = =	1
13	Pafse Mufti, weiß mit braunen Picottstrich.	2

S 2

Nro.		Gr.
46	Paſses tout, roſa und orangegluth	1
229	Paſse Toiſon d'or, röthlich violet	4
279	Pannaché cramoiſi, cramoiſi	3
316	Parnaſsus, purpur	3
329	Pantheon, weiß mit incarnat geſtreift	4
421	Paracelſus, grau mit purpur	2
208	Papias, chair	3
49	Perle d'amour, agath und roth	2
261	Peter der Grofse, weiß mit cramoiſi geſtr.	6
371	Pericles, gelb mit cramoiſi	2
477	Penelope, pompadour	2
309	Pharaſius, hochroth	2
73	Picotte Hollandia, weiß mit braunen Piccottenſtrichen	2
88	Picotte verdure, weiß mit violet	2
332	Picotte d'Anguers, weiß mit cram. flam.	2
41	Porcinna II. hochroth mit weiß	3
147	Policarpus, dunkelroth	3
157	Poure blanc, weiß	
319	Pourpre fonce blanc, weiß mit Purpur	3
348	Polynices, gelb mit braun	2
289	Polydor, roth	2
30	Prinz von Weilburg, hochroth	2

Nro.		Gr.
59	Prince de Soubife = = =	2
143	Prinz Ferdinand, hochroth und orange	3
204	Primo luteo, chair, aschgrau und rosa	2
246	Pronk Juweel, gelb und roth =	2
300	Province rose, rose und licht cramoisi	2
331	Prinz Guillaume cinq. gelb =	2
370	Prinz Anton, aschrau mit purpur	6
12	Purpur Roos, purpur mit aschgrau	3
19	Pucelle de Paris, gelb mit etwas roth	2
69	Pulchra, blaßgelb und roth = =	2
214	Pulchra = = =	2
349	Quisquitz, braunroth = =	2
372	Quiabizlan, weiß mit dunkelpurpur	
424	Quintilianus, grau mit purpur =	2
449	Quirinus, grau mit pompadour =	4 —
212	Rayon de lumiere, gelb mit roth flamm.	2
350	Racine, paille = = =	2
24	Reviseur General, grau mit dunkelpurp.	2
31	Reine de Peru, dunkelpurpur =	4 —
153	Reine Esther, blaßrosa = =	2
170	Reine Vasthy, oliv und braun =	2
190	Remus, braun = = =	3 —
290	Rebecca en marbre, weiß mit cram. gestr.	4 —

Nro.		Gr.
247	Rebecca, weiß mit licht purpur flammirt	2
400	Reimarus, dunkelcerise	
373	Rhea Silvia, gelb und orange	2
301	Ripperda, chair	2
2	Rose faville, rosa	2
70	Rosa cramoisi, cramoisi	2
85	Rose aimable, cramoisi	2
86	Rose d'or, gelb und feuerfarb	3
87	Rose major, cramoisi	2
102	Rose incomparable, cramoisi	2
135	Rose marbre souffré, gelb und rosa flamm.	3
144	Rose flammante, paille mit rosa	2
145	Rose superbe, weiß mit Rosa flammirt	2
187	Rose de Provence, cramoisi	2
205	Rosa asiatica, weiß mit cramoisi flamm.	2
230	Rose sans Epines, weiß mit cramoisi	2
262	Rose cramoisi, cramoisi	2
280	Rose de la motte, rosa	2
291	Rose triumph von flora, rosa	3
320	Rose le Duc, weiß mit cerise	2
326	Rose von Lima, rosa	2
117	Rosalia, chamoi	1
118	Roi de cramoisi, weiß mit hochcram. flam.	2

279

Nro.		Gr.
128	Roi de Mauritaine, gelb mit feuerroth	3
317	Rouge aimable, cramoisi	2
34	Rubro Caesar, hochroth	2
425	Rutland, dunkelgelb	2
72	Sammaritan, oliv mit braun	2
120	Sardonix, gelb mit roth	3
132	Sang de Draque, lockroth	2
155	Sarpedong, rosa und grau	3
175	Sang de boeuf, feuerfarb mit grünem Auge	3
263	St. Lambertus, chair	2
351	Sacas, weiß mit rosa gestreift	3
374	Salzmann, grau mit pompadour flam.	2
426	Sanfovino, chair, halb voll	2
192	Seleucus, gelb und oliv	2
264	Selim II. braun mit oliv	3
354	Shakespear II. flammirt	
113	Shakespear, gelb mit roth gestreift	4
66	Silvia, cramoisi	2
248	Solradianus, gelb mit orange	2
401	Spartacus, oliv mit braun	2
82	Stratonise, röthlich violet	2
106	Statura, lilla	2
158	Starre Kroon, dunkelfeuerfarb	3

S 4

Nro.		Gr.
231	Staaten von Seeland, gelb und orange	2
199	Surpasse Lion noir, gelb mit braun flamm.	2
451	Sulzer, grau und violet	2
119	Syfigambis, gelb mit chamoi	2
221	Syfigambis II. dunkelgelb mit roth	3
89	Tarquinius superbus, rosa und cramoisi	3
185	Tambour major, dunkelroth	3
232	Tartar Khan, gelb mit orange	2
452	Tacitus, grau und pompadour, halb voll	3
249	Tempe, gelb mit chamoi	2
292	Thalia, dunkelpurpur	3
375	Tifiphone, chair und agath	6
209	Toifon d'or, feuerroth mit goldgelb	3
367	Tout blanc, weiß	2
427	Tompson, gelb mit roth	2
11	Triple Couronne, gelb und orange	3
20	Triton, grau und purpur	3
215	Triumph de Rosa, weiß mit rosa flammirt	3
80	Triumph de Rosa, cramoisi	2
291	True moet Blyken, agath	2
402	Trajanus, dunkelgelb	
352	Trioculus, kupferfarben	4
184	Türkischer Kaifer, gelb und braun	2

Nro.		Gr.
302	Tullia, weiß mit licht cramoisi flammirt	2
233	Ulyſſes, weiß mit chair	2
253	Ultor, gelb und roth	2
453	Ulbricht, grau und pompadour	
265	Urſula, violet	3
376	Urania, grau und pompadour	
377	Valori, schön cramoisi	2
403	Varro, weiß mit cramoisi	2
428	Valentin, chair mit cramoisi	
48	Victorieux, gelb mit braun	2
136	Violette tres belle, violet	3
180	Violette noir, violet	4
191	Virgo vestalis, weiß mit roth flammirt	3
234	Virgo, gelb und braun	2
251	Vitellius, gelb und braun	2
379	Windheim, rosa und cramoisi	2
404	Winkler, grau und purpur	4
429	Wilmot, weiß und cerise	3
380	Xenocrates, carmelit	2
456	Ximenes, gelb und roth	
457	Yarmouth, grau mit purpur, halb voll	3
405	Young, grau und pompadour	3
93	Ysterſteel, cramoisi	3

Nro.		Gr.
458	Zephir, cerise	
430	Zempoalla, oliv mit braun, halbvoll	2
381	Zoroaſter, weiß und cerise = =	3

Vorſtehende Ranunkel=Sorten werden in geſunden Zwiebeln oder Klauen, unter folgenden Bedingungen verlaſſen:

1. Wer die Sorten nach Numer und Namen verſchreibt und verlangt, bezahlt den bey jeder Sorte beſtimmten, gewiß billig beygeſetzten Preis.
2. Wenn die Wahl der Sorten dem Verkäufer bleibt, und dieſer nach Maaßgabe ſeines Zwiebelvorraths mittheilen kann, ſo koſtet jede Sorte nach Numer und Namen 2 Gr.
3. Im Rommel, dies iſt, ohne Numer und Namen, 100 Zwiebeln oder Klauen 1 Rthl. 12 Gr.

---

c) Verzeichniß der bey Endesbenannten zu allen Zeiten vorräthigen, und um billige Preiſe zu habenden Fruchtbäume; als

1) An Pfirſchen.

Nro. 1 Magdalene rouge.

Nro. 2 Magdalene blanc
-- 3 Bellegarde, ober Galande
-- 4 Roiale George, ober Schwolische Pfirsch
-- 5 Mignonne grande
--, 6 rothe glatte

2) An Aprikosen.

-- 1 Die große Ungarische
-- 2 Die frühzeitige runde
-- 3 Die frühzeitige lange

3) An Pflaumen.

-- 1 Grofse reine claude, Abricot vert.
-- 2 Prune roiale
-- 3 Gros Damas de Tours, oder große Damasjener
-- 4 Mirabolane blanche

4) An Kirschen,

-- 1 Glaß=Ammer
-- 2 die schwarze spanische Sauer=Loth
-- 3 die französische Sauer=Loth
-- 4 die schwarz-spanische süße
-- 5 die Kloster=Kirsche
-- 6 die Perl=Kirsche

Nro. 7 die große spanische Weichsel=Kirsche
-- 8 die lichte rothe
-- 9 Van der Natt
-- 10 die frühe spanische
-- 11 die doppelte große May=Kirsche
-- 12 die große schwarze Schnaps=Kirsche
-- 13 die schwarze Glanz=Kirsche
-- 14 die rothe Glanz=Kirsche
-- 15 die melirte Herz=Kirsche
-- 16 die gelbe süße Kirsche
-- 17 die weiße Zucker=Kirsche
-- 18 die frühe Herz=Kirsche

5) An Birnen.
-- 1 Bergamotte suisse ronde
-- 2 St. Germain
-- 3 Ambrette
-- 4 Coliseph
-- 5 Bergamotte d'automne
-- 6 die große späte Muskateller
-- 7 die Scheiben=Bergamotte
-- 8 die Glas=Bergamotte
-- 9 La Vigouleuse
-- 10 Colmar oder Mannabirn

Nro. 11 die Bamberger Schmalzbirne
-- 12 Muscate longue
-- 14 eine gelbe schöne Birne
-- 15 die französische Frühbirne
-- 16 St. Catharine
-- 17 die Sommer=Bergamotte
-- 18 Bergamotte longue
-- 19 Rouffelet de Rheims
-- 20 Bergamotte d'hyver
-- 21 Le bon Chretien
-- 22 eine frühzeitige schöne Sorte
-- 23 Orange Musquée
-- 24 L'epine d'hyver
-- 25 Le Beurré blanc
-- 26 Le Beurree gris
-- 27 Muscate aromatic.
-- 28 Le Catillac
-- 29 Bon Chretien blanche
-- 30 Bergamotte bugi, oder de Paques
-- 31 die späte Beurrée blanc
-- 32 Cuife Madame
-- 34 die böhmische Bergamotte
-- 35 Le fucré vert die Zuckerbirne
-- 36 Le poire de vigne die Weinbirne

Nro. 37 die Kaiserbirne
-- 38 Rouffelet d'Ete
-- 39 die fürſtliche Tafelbirne
-- 40 Franz Madam, oder Mouille bouche: Jaloufie
-- 41 die Waſſer=Birne
-- 42 Rouffelet d'hyver
-- 45 Petit muscat, ober Sept en Guele
-- 46 eine ſchöne frühe große Birne
-- 47 die kleine Zuckerbirne
-- 48 die Pfalzgrafen=Birn
-- 49 Grand muscat
-- 51 die grüne Birn
-- 52 Beurree blanc d'hyver
-- 53 die Johannis=Birn
-- 54 die Ritter=Birne
-- 55 die Forellen=Bergamotte

6) An Aepfeln.

-- 1 Calville blanche d'hyver
-- 2 Calville rouge d'hyver
-- 3 Peppin rouge
-- 4 Peppin blanc
-- 5 Reinette rouge,
-- 6 Parmain roiale

Nro. 7 Reinette d'or
-- 8 Peppin aromatic
-- 10 Stettiner
-- 11 La pomme d'api
-- 12 Borsdorfer
-- 13 die graue Renette
-- 14 der Friedrichs=Apfel
-- 16 der große Stettiner
-- 17 Peppin d'Angleterre
-- 18 La pomme grande
-- 21 der Weiß=Apfel
-- 22 der grutten Apfel.

Vorstehende Bäume verlasse ich hochstämmig oder en pyramide das Stück zu 8 bis 10 Gr. und an Espalier zu ziehen 5 auch 6 Gr. Desgleichen auch hochstämmige gepfropfte Rosen, das Stück für 12 bis 16 Gr. Cornelius=Kirschen das Stück zu 2, 6 und 8 Gr.

Traugott Lebrecht Schäme,
Handels=Gärtner zu Dresden, vor dem
Pirnaischen Thore auf der Neuen
Gasse wohnhaft.

Druckfehler des 2ten Heftes.

Seite 99. Zeile 3. Lairese statt Vairese
- 102. - 10. drückender Hitze statt Hitze drückender
- 103. - 24. reizenderes statt reizendes
- 115. - 14. ist ein , statt ; zu setzen
- 120. - 1. muß es heißen: das durch alle vorbeschriebene Kunstwerke gegangene
Wasser
- 121. - 17. ist das Wort tiefe hinweg zu streichen
- 137. - 10. befeuchtet statt befruchtet
- 147. - 24. Vegetation statt Vegetabilien
- 150. — muß die Figur 6 Einschnitte und 7 Stufen haben, hat aber nur 5 Einschnit-
te und 6 Stufen.
- 151. - 20. muß es heißen: Nun bleibt noch ein
Raum in' der Mitte des Zim-
mers.

Im 3ten Hefte.

Seite 244. Zeile 14. den Fürsten statt dem Fürsten
- 245. - 10. Siedlnicky statt Siedtnicky
- 246. - 5. neudeutsch statt undeutsch
- 247. - 19. derjenige statt derjenigen.

Nützliche
Bemerkungen
für
Garten= und Blumenfreunde.

Gesammlet

von

Johann Heinrich Albonico,
Rechts=Consulent und Raths=Syndicus
zu Döbeln.

Vierter Heft.

Leipzig,
bey Gerhard Fleischer, dem Jüngern.
1796.

Ich will mich auch der kleinsten Gabe,
Die mir der Himmel giebt, erfreun;
Und meinen Weg, den ich zu laufen habe,
Mit Blumen mir bestreun.

von Kleist.

I.
Beschreibung meiner Nelkenstellage.

Da ohne Zweifel eine zweckmäßige Stellage das unentbehrlichste Bedürfniß für einen ordentlichen Blumisten ist, so hoffe ich keinen ganz unbrauchbaren Beytrag in dieses Journal zu liefern, wenn ich die meinige hier beschreibe, wie ich sie nach zehnjährigen mannigfaltigen Veränderungen am bequemsten und ohne großen Aufwand am zierlichsten für mich und am gesundesten für meine Nelken erprobt habe.

Wer es haben kann, thut freylich am besten zu seinen Nelken in der Flor und außer der Flor besondere Stellagen zu halten; dieses können ganz einfache offene Latten=Bänke, in Luft und Sonnenreiche Gegenden des Gartens gestellt, seyn, jene aber stellt man in die Schattenseite des Gartens an eine Wand, giebt ihnen ein festes nach hintenzu abfallendes Bretdach und mit einer dunkelfarbigten Leinwand einen finstern Hintergrund, baut wo möglich nur 3 flacherhabene Reihen hinter einander und der Effekt in der Flor wird unbeschreiblich reizend seyn, wenn man die Nelken von der offenen Stellage, auf welcher sie in ganz freyer Luft und Sonne bisher gewachsen und eben ganz aufgeblühet sind, auf der Blühstellage nach Farbenspiel, Stengelhöhe u. s. w. geschmackvoll ordnet. Da aber die meiste und eigentliche sublime Nelkenliebhaberey doch gewiß in Hausgärtchen und größtentheils von eben nicht so gar reichen Leuten getrieben wird, denen mannigfaltiger Platz und Stellagen stets so zu Gebote stehen wie sie wünschen, so glaube ich ists Bedürfniß, auf eine wohlfeile Art das Nützliche mit dem Angenehmen zu verbinden

Ich bin weit entfernt, diese Stellage für ganz neu und ganz vollkommen auszugeben, ich begnüge mich, sie nur vorzüglich denjenigen meiner Mitbrüder in Flora zu empfehlen, die so beschränkt wie ich an Platze sind

Die hier A, von der langen, B von der schmalen oder Profil-Seite und C, nach dem mittlern Tragewerke entworfene freystehnde Stellage ist 6 Ellen lang, auf allen 4 Seiten besetzt und trägt 120 Stück Nelkentöpfe von 8 Zoll obern Durchmesser. Sie kann mittelst der Keile in wenig Minuten ganz aus einander genommen werden, und gewährt dadurch den Vortheil, daß man sie theils der zerstöhrenden Winter-Witterung entziehen, theils, daß man sie im Winterquatiere, mehrere Treppen hoch, wieder zusammensetzen kann. Das Ganze ist leichte Zimmermanns-Arbeit, von fichtenen Holze, mit weißer Oelfarbe, wozu ein ganz geringer Zusatz blauer Schmalte kommt, zweymal angestrichen. Gleiche Farbe muß man auch zu den Nelken-Stäben nehmen, denn die rothen oder grünen Stäbe stechen abscheulich grell gegen das feine Farbenspiel unsrer Lieblinge ab.

Das Dach bestehet auf jeder der beyden langen Seiten aus einer Rolle von grober Leinwand oder Trilligt, welcher sehr schnell nach Erforderniß der Witterung mit einer Schnur auf und zugerollt werden kann. Diese Rollen dauern viel länger als die

Klappdächer mit Rahmen, erregen nicht den Uebelstand jener großen aufgeklappten Wand oder freystehenden Säulen und man darf keinen Schaden von Sturmwinden befürchten.

Meine Zeichnung wird hoffentlich zureichen, das Detail deutlich zu machen, ich gebe sie so gut und so schlecht als ein gänzlicher Laye in dieser Kunst etwas dergleichen zu liefern im Stande ist. a) der Fuß 2 Ellen lang 6 Zoll hoch 8 Zoll dick. b) zwey eingezapfte Streben von harten Holze. c) ein Blech=Kasten, der stets mit Wasser angefüllt ist, um den Zu= gang aller Ameisen u. s. w. abzuhalten. Auch die schreckliche Plage der Ohrwürmer wird dadurch sehr vermindert, denn ohnerachtet der Ohrwurm ge= flügelt ist, so scheint er sich doch seiner kleinen Flü= gel nur im Nothfalle zu bedienen, wenigstens sah ich vor einigen Jahren mit Schmerzen seine Zerstöh= rung auf einer nicht so beschützten Stellage, dagegen die andern so vertheidigten frey von seinen Beiß= zangen blieben. d) die Haupt=Säulen, unten 6½ Zoll oben 4 Zoll in Quadrat, vom Absatz an all= mählig verjüngt. e und f die 2 Riegel, welche das ganze Werk durch g) die Keile von harten Holze zu=

sammeu halten. h, i, l, m, p, q, die 24 Tragebalken, sind unten 3 Zoll stark, h, l, q, sind in die Hauptsäule d) eingezapft, i, m, p, aber in die h, l, q. Zwischen i i ist ein Queerbälkchen k angebracht um m durch eine kleine Stütze n tragen zu helfen. Eben so sind die kleinen Stützen o zu mehrerer Sicherheit sehr nützlich, jedoch wenn man 3 zolligtes Balkenholz hat, nicht dringend nöthig.

Auf diesen Balken sind 1) die Latten von 2½ Zoll Breite leicht aufgenagelt, auf jeden 2, so daß sich die inwendige um eine Lattendicke verkürzt; sie stehen von einander 1½ Zoll ab. Die zwey Latten der obersten Reihe sind entweder in die Säule d eingezapft oder noch bequemer ruhen sie auf einem an der Säule angenagelten Querlattchen. s, t, in die Säulen d eingezapft machen die Dachsparren aus, darauf sind in u) Einschnitte, worein eine 6½ Elle lange getrennte schwache Latte paßt und liegt, damit sich die Leinwand nicht sackt, zu eben dem Behuf pflege ich auch einen starken Drath oder Bindfaden an den Spitzen von t, t, hinzuziehen und anzunageln. v) ein dünner Balken oder sehr starke Latte, die in den Einschnitt w durch zwey Seiten-Einschnitte eingepaßt ist, woran die Leinwand der Rolle auf beyden Seiten angezweckt wird; dicht an der Gegend w ist mit den Zwecken so viel nachgelassen, daß die Leinwand beym Anflegen etwas nachgiebt. x) ein 6 Zoll breites etwas über $6\frac{1}{2}$ Elle langes Bret, worein oben zum Ablaufen des Regenwassers 3 — 4 Rinnchen eingestoßen werden, worunter die durch den Ring in der Mitte mittelst einer Schnur aufgerollte Leinwand dann trocken liegt, wenn man die Nelken dem Regen auszusetzen für gut findet. v und x werden nebst den u Latten erst zur Blühezeit aufgelegt, v muß etwas gedrange in w einpassen und das Bret x wird mit 4 Nägeln auf die Sdulen-Köpfe leicht befestigt. Die Leinwand-Rolle ist $6\frac{1}{2}$ Elle lang und 1 Elle 18 bis 20 Zoll breit, damit sie über die t Spitzen noch einige Zoll herunter hänge, unten ist sie an einen runden glatten Stab genagelt; wenn nun bey xx eine starke 6 elligte Schnur angenagelt wird, worauf die Leinwand-Rolle liegt und diese Schnur durch den Ring, der in der Mitte des Brets x eingeschraubt ist, durchgesteckt und zurückgezogen wird, so kann man die Leinwand sehr leicht aufrollen und dann die Schnur an ein in z unten angebrachtes Häckgen befestigen. Ohne eine

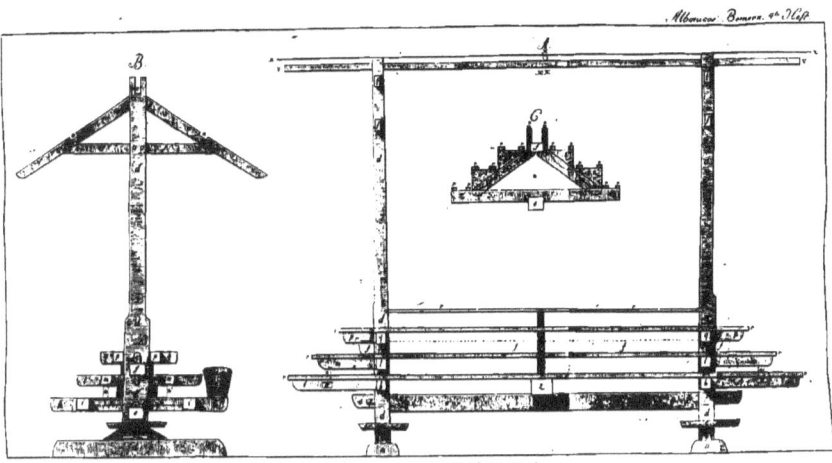

mittlere Unterstützung würden die Latten brechen daher ist eine Art von Träger angebracht, welcher auf den zwey großen Queerriegeln e und f ruhet und wovon C einen hinlänglichen Begriff giebt. Z ist die basis, ein zwey Ellen langes 4 zolligtes Holz, worein ein Paar eben so starke Stücken eingezapft sind, die oben an den Riegel f angelehnt sind und die zur Unterstützung der Latten bestimmten Bretstücken tz tragen. Dieses Tragewerk erspart eine mittlere ganze Säule und verstattet sehr gut, wenn man so viel Platz und so lange Latten haben kann, daß die Stellage 8 oder 9 Ellen lang gemacht werden, und dadurch 20 oder 40 Töpfe mehr tragen könnte.

Die allereinfachsten, leichtesten und wohlfeilsten Stellagen, deren ich mich im Winter mit großem Nutzen, um in einem kleinen Raume viel durchwintern zu können, bediene, bestehen bloß aus starken Latten und sehen den gewöhnlichen Lattenleitern eines Schieferdeckers, nur mit längern Queerstücken, sehr ähnlich. Auf 2 Dreyellige starke Lattenstücken werden 6 eben so lange Latten fest aufgenagelt, so das zwischen einer jeden dieser Queelatten

10 Zoll Raum ist. Auf diesen Queerlatten ruhen die Töpfe und die fünf untern Reihen lehnen sich, wenn man diese Leiter schief an die Wand stellt, an fünf dünne getrennte Latten an, die man auf der Hinterseite zu dieser Absicht in ebenmäßiger Entfernung, nur um etwas höher, ohngefähr 6 Zoll Zwischenraum zwischen den Träger und der Anlehne, angenagelt hat, die oberste Reihe lehnt an der Wand an. Die Leiter wird so gestellt, daß sie unten 1$\frac{1}{4}$ bis 1$\frac{1}{2}$ Elle von der Wand absteht und die Töpfe darauf um ein weniges zurückgelehnt, damit das Wasser nach dem Gießen nicht zu häufig auf die untern Reihen abfließe.

Kann man nun in einem mäßig großen Zimmer oder Kammer, die mit Strohthüren und Fensterladen in der strengsten Kälte verwahrt sind, ein oder ein Paar von den oben beschriebenen großen Stellagen in die Mitte setzen, und ringsum an den Wänden dergleichen einfache Leitern, deren jede nach obiger Angabe gemacht, 50 Töpfe trägt, anbringen, so ist man leicht im Stande, eine Sammlung von mehr als 600 Nelkensenkern schon im Herbste so einzusetzen, daß jeder in seinem eignen Topfe anwächst und durchwintert, welches ausgemachter Maßen das wahre und wichtigste Beförderungs-Mittel zu einer vollkommen schönen Flor ist.

Anmerkung. Als einer unter mehreren auffallenden Zeichungsfehlern ist zu bemerken, daß in A der Zwischenraum zwischen c und e zu groß ist, in B ist er richtiger angegeben.

Auch müssen die Dachsparren t, wenn nicht mehrere Stellagen dieser Art dicht neben einander stehen, um einige Zoll länger gemacht werden.

Die schmalen Seiten solcher 3 neben einander stehender Stellagen schütze ich in der höchsten Flor und stärksten Hitze durch eine $1\frac{1}{2}$ Ellen breite Leinwand, die an Häckgen in x angehängt und Zeltmäßig durch kleine Leinen an benachbarte Spalier-Pfäle befestiget ist.

D. Hirt,
in Zittau.

II.
Betrachtungen beym Schluß des Blumen-Jahres 1796.

So reizend der Anblick der schönen Natur, so bezaubernd das so bunte Gewand der Flora dem Gefühlvollen Manne ist, eben so angenehm, so vergnügend muß die Rückerinnerung an diejenige Zeit seyn, wo erstere gleichsam aus dem Schlafe erwachend, uns mit so mannichfaltigen Schönheiten beschenkte. Kaum war der rauhe Winter uns entflohen, der die Pflanzen durch einen langen Schlaf erquickt, so prangten unsere Gärten schon, mit der in allem Betracht so schönen Hyacinthe. Nicht bloß ihr Geruch sondern auch ihr mannichfaltiges Kleid erweckte Freude bey ihrem Verehrer, und nur ein Menschenfeind könnte ungerührt durch ihre Beeten gehen. Sie blühete dies Jahr an mehrern Orten nach den mir zugegangenen Nachrichten prachtvoll, und der gelinde, spätehin aber heftiger werdende Winter hatte ihr nicht geschadet; ich selbst besitze nur eine kleine Sammlung, die ich mehrentheils der Güte des Herrn Senator Gellerts in Plauen zu verdanken habe, und sie blühete untadelhaft auch der sehr veränderlichen Frühjahrs=Witterung ohngeachtet sehr lange. Ihr folgte eine der schönsten Schwestern von Florens Kindern, die selbst der geschicktesten Mahlerhand unnachahmliche Aurikel; auch diese hatte durch den späten Winter nichts gelitten. Meine noch sehr kleine Sammlung blühete in allem Betracht vortreflich; hohe starke Stengel, große Blume, starkes Bouquet, und Reinigkeit in Farben waren ihr dies Jahr vorzüglich geschenkt, auch von mehreren Orten erhielt ich ähnliche Nachrichten. Des Herrn Lieutenant Ranffts zu Freyberg vorzügliche Sammlung soll dies Jahr außerordentlich schön geblühet haben; meine zum Theil gedrängten Geschäfte erlaubten es mir aber nicht, solche in Augenschein nehmen zu können, dagegen war ich so glücklich, bey einer Reise nach Dresden die so zahlreiche und schöne Sammlung des Herrn Garnison=Cantor Pfeilschmidts zu betrachten. Alles was man schön und vollkommen nennen kann, vereinigte sich hier gleichsam in einen Punkt, und ich würde ein vergeblich Stück Arbeit wagen, wenn ich es unternehmen wollte, dem Blumen=Publikum davon eine vollkommene Beschreibung zu machen; allein einige der vorzüglichsten Blumen, die eben im vollkommensten Grad ihrer Pracht standen, kann ich mit Stillschweigen nicht übergehen.

Nro. 24 General Püchegru, ein englisches Aurikel, braun mit Meergrün, contrastische auffallende Zeichnung, hatte ein starkes Bouquet und hohen Stengel, ragte majestätisch hervor.

—— 32 Plautus, E. purpur mit Puder Zeichnung, der dunkle Purpur, und der blendend weiße Puder, machten einen seltsamen Contrast, und dieser wurde durch die große Blume, starkes Bouquet und Stengel vermehrt.

—— 68 Schmidts Marquis of Gramby, E. violet in grün, sanft und doch auffallend durch Zeichnung, Bau und Stärke.

—— 198 König von Pohlen, E. gelb mit Olivbraun, eine seltsame Farben-Mischung, die schwerlich der geschickteste Mahler nachahmen würde.

—— 203 Romanus, E. schwarz mit Meergrün, eine Blume ersten Ranges, wenn ihr Herr Pfeilschmidt in seinem Catalog gleich den zweyten anweist, ich fand sie in Farben-Mischung, in Contrast derselben, in Größe, Bau, und Stärke vorzüglich.

Nro. 250 Taylors Victory, E. schwarz mit Laub=
grün, ein Mathador, das Contrastische ihrer
Farben, der hohe Stengel, selbst das Blatt
gab ihr vor allen ihren Nachbaren ein vor=
zügliches Ansehen.

—— 257 Ardens Emperor of Russie, E. dunkel=
purpur mit Meergrün, auch eine Blume
ersten Ranges, sie hatte besonders hohen
und starken Stengel.

—— 266 Ardens August Frederic, E. purpur mit
Laubgrün, raubt ersterer den Rang, ist
dunkler in Farben und ernsthaft.

—— 321 Kresners Wilhelmine, E. puce mit Meer=
grün, ein deutsches Product und als ein
Prachtstück Beweis genug, daß man nicht
nötbig hat, das gute Geld nach Holland und
England zu schicken, wenn man sich mehr
aufs Eden dieser so schönen Blume legte;
es war eine auffallende Schönheit, und kein
Kennerauge wird vorüber gehen, ohne selbi=
ge zu bewundern.

—— 359 Pfeilschmidts Madame Lauterborn, E.
schwarz mit Apfelgrün, ein Compagnon zu
voriger, ein deutscher Zögling, der dem be=
sten Engländer nicht nachsteht.

—— 405 Friderique, E. violet mit Apfelgrün. Herr
Pfeilschmidt weiß dieser Blume in seinem

Catalog den dritten Rang an, ich würde nicht anstehen, ihr den ersten zu geben, und wahrscheinlich, hat sie nur ihre häufige Vermehrung geringer gemacht.

Nro. 408 Burkleys Aurora, E. schwarz mit Laubgrün, sieht ernsthaft aus, und ihre dunkeln Farben machen einen besondern Contrast.

—, 417 La moderne, E. Oliv mit Gelb. Herr Pfeilschmidt setzt diese Blume wieder in die dritte Classe und sie behauptet in ihrer prachtvollen Flor gewiß den ersten Rang und gab keiner ihrer Schwestern etwas nach.

—— 458 Caracalla, E., braun mit Puder, ebenfalls eine Blume so den ersten Rang verdiente.

—— 476 Roi de Daenemark, E. purpur mit Puder, ein Compagnon zu voriger, blühete vorzüglich schön.

—— 485 Sulamith, E. Olivbraun mit Meergrün, ist ebenfalls in die dritte Classe rangirt, und verdienet auf dem ersten zu stehen.

—— 495 Gordons Carl of Shipbrock, E. purpur mit Laubgrün, ein Prachtstück in allem Betracht.

—— 537 Longbertons Sr. George Saville, E. schwarz mit Meergrün, besondere Farbenmischung, die sie nebst dem hohen Stengel und vollen Bouquet zum ersten Rang erhebt.

Nro.

Nro. 538 Le grande Voltaire, E. violet mit grün, sanft in Farben, aber prächtig in Bau und Größe.

—— 544 Ridings Goldfinder, E. puce mit Laubgrün, sonderbar und auffallend in Farben, große Blume, stark Bouquet, ein Mathador.

—— 629 Friedericus Augustus, E. purpur mit Laubgrün, eine seltene Farben-Mischung, die Blume war groß, der Stengel wie das Bouquet stark und hatte ein ernsthaftes jedoch prächtiges Ansehen.

—— 642 Potts Glory of Charl Queen, E. dunkel-purpur mit Laubgrün, noch ernsthafter als vorige, und nichts desto weniger eben so prächtig.

—— 677 Grundeys Cetra, E. schwarz mit Meergrün sehr contrastirend in Farben, und in allen vrzüglich.

—— 727 Stretchs true blue, E. violet mit Puder. Letzterer macht die Zeichnung und giebt diese Blume an Größe, Stärke und Schönheit den übrigen nichts nach.

Ich würde nicht fertig werden, wenn ich alle die gesehenen Schönheiten so weitläuftig beschreiben wollte, im Grunde waren sie alle schön, und der strengste Kenner würde auch nichts zu tadeln finden, ich will daher nur noch zwey Stück anführen, die eines jeden Zuschauers Auge an sich zogen, die erste war:

Nro. 743 Fowdens Goliath, E. braun mit Laub=grün, dergleichen contrastische Farben=Mischung sahe ich bey keiner, noch mehr aber zeichnete sie sich durch Blatt, Stengel, und Größe der Blume sowohl als des Bouquettes aus, sie stand unter den übrigen als eine Königin auf der Stellage und Niemand konnte vorüber gehen, ohne ihr seine Bewunderung zu schenken; die zwey=te war:

—— 221 Prinz Carolus, ein Luifer, die aber unter die englischen Luifer gezählt wird. Oliv mit braun, am Auge graugrünlich, hat etwas übernatürlich auffallendes, und eine vortrefliche Farbenmischung, die Größe der Blume, Särke des Stengels und Bouquets gaben ihr unter ihren gewiß schönen Schwe=stern den ersten Rang, und sie zog aller Kenner und Nichtkenner Augen an sich.

Meine Blumistischen Leser können von diesen wenigen sich eine Idee aufs Ganze machen, man muß es gesehen haben, um die Schönheit genießen zu können, denn auch der stärksten Feder wird es unmöglich seyn, die Schönheit, Vollkommenheit und Pracht, hinreichend zu beschreiben, indem die Natur in der Aurikel etwas unnachahmliches hat, was weder der geschickteste Mahler, noch die geübteste Feder hinlänglich erreichen wird. Ich war bey dieser meiner Anwesenheit in Dresden doppelt glücklich, denn außer diesen schönen Aurikeln, standen auch die Tulipanen in voller Flor, und es war ein ergötzendes Schauspiel, so viel Mannigfaltigkeit Vollkommenheit und Pracht, vereiniget zu sehen, man wurde des Sehens nicht müde, jedes Beet gewährete neue Schönheit und man war unschlüßig, ob man stehen bleiben oder weiter gehen sollte. Nach meiner Rückkehr von Dresden fand ich auch meine Tulipanen in voller Pracht, und noch nie habe ich eine so schöne, vollkommene und prächtige Flor gehabt. Also dieser Blume hatte der heurige Spätwinter nichts geschadet. Ihr folget die Ranunkel; diese hat sich, soweit meine Nachrichten gehen, überall schlecht gezeigt, und bleibt es gewiß, daß die Ranunkel gegen ihre Verehrer eine undankbare Blume ist, sie lohnt die Mühe selten, die man auf ihre Cultur verwendet, und selbst bey dem Herrn Garnison-Cantor Pfeilschmidt, der sie so häufig und schön hat, hat sie dies Jahr in wenigem Glanze geblühet. Die Natur hat daher immer noch Geheimnisse vor sich, die ihr der Sterbliche noch nicht abzugewinnen vermag. In eben so geringem Glanze zeigte sich dieses Jahr fast überall die Nelkenflor, sie erschien spät, die Nelken waren klein, es zeigten sich viel verlaufene, und von Nelken: Läusen war Niemand frey. Eine einzige Flor sahe ich, von der man sagen konnte, sie war ganz rein von Läu: sen, dies war bey dem Gärtner Herrn Lehr in Gersdorf. Dieser Mann ist so glücklich, nichts von diesem Ungezie: fer zu wissen, und nirgends wird man gesundere und stärkere Pflanzen antreffen. Die Ursache davon ist lediglich diese, daß dieser Mann nur seine eigenen Zöglinge conservirt, und sich mit keinem Auswärtigen in Tausch einläßt, er daher nicht der Gefahr ausgesetzt ist, mit solchen unreinen Gästen beschenkt zu werden. Von mehr als zehn Orten her habe ich schon Briefe und Klagen über die kleinen Blumen so wie über die fatalen Nelkenläuse erhalten, ich selbst bin nicht ganz davon verschont geblieben, habe aber die mehrsten da: mit belasteten Stöcke sogleich hinweg geworfen, und bin am Ende der Flor durch äußerste Mühe und Sorg: falt davon wieder befreyet worden. So schlecht jedoch dies Jahr in Rücksicht der Nelkenflor war, so reich und ergiebig war es hingegen mit neuen Saamen-Blumen. Ueberall wo ich Nachricht her habe, ist reichliche Erndte gewesen. Herr Lehr hat wieder über 100 Sorten neuer Saamen-Blumen erhalten; Herr Lieutenant Ranfft, Herr Garnison-Cantor Pfeilschmidt, haben mir gleiche Nachricht gegeben, und mehrere sind so glücklich gewesen, schöne Saamen-Producte, obwohl in geringerer Zahl zu erzeugen; ich selbst habe 27 Sorten erhalten, die alle den ersten Rang verdienen, und habe solche in meinem am Ende angefügten Catalog mit der Jahrzahl 1796. bemerklich gemacht.

Dies Blumen-Jahr giebt uns daher einen abermaligen Beweis, daß auf diesem Erdballe nichts ganz vollkommen ist, und indem uns die Natur auf der einen Seite etwas schenkt, entziehet sie es uns auf der andern wieder, so wie es zugleich ein Beweis ist, daß unsre Kunst nichts vermag, wenn die Natur nicht will. Die mehrsten Blumisten haben dies Jahr ihre gewöhnliche künstliche Erde gebraucht, in welcher sie, im vorigen Jahre so große Blumen erbauet, und dies Jahr half ihre Erde nichts, die äußere Witterung muß auch das ihrige dabey thun, und wir Menschen allein, können ohne Unterstützung der gütigen Natur nichts zur Vollkommenheit bringen. Wahrscheinlich hat die späte kalte Witterung die bereits in Winterquartieren zu treiben angefangenen Nelken = Pflanzen zurück gesetzt, und würde derjenige wohl gefahren seyn, der solche spät an die freye Luft gebracht und sie länger im Winterquatiere gehalten, wenn solche anders von der Art, daß er, ohne den Pflanzen zu schaden es wagen konnte. Vielleicht sind wir folgendes Jahr glücklicher; und wenigstens muß uns diese süße Hofnung beleben, wenn anders Neigung und Liebe zum Blumengeschäfte erhalten werden soll, und derjenige würde wenig Standhaftigkeit verrathen, der der geringen Flor eines Jahres wegen, Abneigung gegen die sonst so schönen Kinder Florens zeigen wollte, vielmehr muß dieß in uns Nachdenken erwecken, wie wir künftig solchen Mängeln vorbeugen, und der von der Gütigkeit der Natur verlassenen Blume zu Hülfe kommen können; — — und müssen den Dank nicht vergessen, den wir dem unendlichen Schöpfer für soviel Güte, und uns in andern Blumen gezeigte Pracht schuldig sind. — Unermeßlich ist sein Reichthum, und die Schönheit dieser Welt ohne Grenzen, nur ein Thor muß sie vor unvollkommen halten und jeder Kluge stimme mit mir freudig ein:

Die Welt ist doch die beste Welt,
Zur Lust ist sie erschaffen;
Dem Zweifler, dem sie nicht gefällt,
Mag sein Verdruß bestrafen! ꝛc.

III.
Beschreibung des Palais-Royal zu Paris.

Aus dem Journal der Moden 1786.
entnommen*)

Der große Cardinal von Richelieu, dessen Monument in der Kirche der Sorbonne, wohl das größte Meisterstück der Bildhauerkunst in Paris ist, legte 1629. den ersten Grund zu diesem Palast, und er wurde 1636. vollendet. Man nannte ihn Anfangs Hotel de Richelieu, dann Palais-Cardinal.

---

*) Da dies nicht sowohl die Beschreibung eines Palastes, sondern auch eines der vorzüglichsten Gärten zu Paris ist, so verdient dieser Aufsatz allerdings einen Platz im Garten-Journale, zumal dieser Garten anjetzo wohl nicht mehr die vorige Gestalt haben möchte.

Seine heutige Benennung, Palais-Royal, „Königlicher Palast", bekam er erst zu der Zeit, da die Königin Anna von Oesterreich, ihn mit Ludwig XIV. bewohnte. Der Cardinal hatte ihn der Königin durch eine Schenkung überlassen, und Ludwig XIV. trat ihn in der Folge an den jetzigen Besitzer, an das Haus von Orleans ab.

Dieser Palast, von einer reichen und prächtigen Bauart, kündigt sich gleich von außen, auf eine majestätische Weise an. Seine Fasade nach der rue St. Honoré, ist von dorischer Ordnung, und stellt eine Art Terrasse vor, die durch eine Balustrade geendigt wird. Die drey Thore dieser Fasade des ersten Hofs sind von Holz, von einer herrlichen Arbeit, und von Cauvet, einem geschickten Bildhauer in Verzierungen, mit Bronze decorirt. Die drey Arkaden zwischen den Portiken, führen zu dem zweyten und innern Hofe, und einem mit Kupfer gedeckten Dom, wo die so sehr bewunderte Treppe des verstorbenen Contant ist. Sie ist nach einem ovalen und sinnreichen Plan angelegt, allein zu schmal: sie bestehet aus einer sehr großen Anzahl von Stufen, und da, wo sie sich in drey Theile theilet, stehn auf jeder Seite zwey Genien von Bronze, die zusammen einen Palmbaum tragen, auf welchem eine sphärische krystallene Vase, mit einer Krone darüber, ruht, welche die Stelle der Laterne vertritt. Das Geländer dieser Treppe, ist von polirten Eisen, hundert Fuß lang, ein Werk des Schlossers Couslin, und wird allgemein für ein Meisterstück in der Ausführung, und für das größte gehalten, das man in dieser Art kennt. Das Plainpied der Zimmer des Palastes ist mit den Gemälden der größten Meister angefüllt. Diese Gemälde-Sammlung besteht aus allen Schulen, und stammt noch von den Regenten her; z. B. die sieben Sakramente von Poussin, die der Regent für 120 tausend Livres, und der heil. Johannes in der Wüste von Raphael, den er für 20000 Livres kaufte: Christus im Oelgarten von Michel Ange; das Original-Gemälde von Aretin und von Petrarch; das Bildniß der schönen Laura steht auf dem Deckel des Buches, das letzterer in der Hand hält. Die Galerie des Aeneas enthält lauter Gemälde aus der Aeneis von Coypel ꝛc. In der einen Capelle ist auch ein schönes Gemälde von Hannibal Catrache.

Dies sind die alten Gebäude des Palais, die von Fremden weniger besucht werden, als die neuen, welche die neue Anlage des Gartens umgeben, und das eigentliche vom Publikum fetirte Palais-Royal ausmachen.

Der Garten, der an diesem Palast befindlich ist, diente von jeher zum öffentlichen Spaziergange. Hier stand der berühmte uralte Arbre de Cracovie, der aller Zeitungsleser und politischer Kannengießer Sammelplatz war. Als der jetzige Herzog von Orleans die Umschaffung dieses altfränkischen Gartens im Le Notreschen Geschmack, und der daran stoßenden unansehnlichen Häuser, vor einigen Jahren bekannt machte, wurde ganz Paris mit gereimten und ungereimten Pamphlets und Pasquillen gegen dies Unternehmen überschwemmt. Das Niederhauen der Linden der alten Promenade, verbreitete ein Wehklagen, als ob Paris am Rande des Verderbens stünde; allein dies unsinnige Geschrey der Kabale und des Unverstandes hinderte den Herzog in seinem geschmackvollen Plane nicht, er blieb standhaft dabey, und jetzt lohnt ihm die allgemeine Bewunderung aller Fremden, und dieser Pariser selbst, die so sehr dagegen eiferten.

Louis der geschickte Baumeister, dem Paris so manches schöne Haus dankt, ist der Schöpfer der neuen, an den Garten stoßenden Gebäude. Dieser vortrefliche Artist war überzeugt, daß die großen Fasaden in gerader Linie, und die Einförmigkeit der Details, der Baukunst einen Karakter von Größe geben, den man in einem eingeschlossenen kleinen Platze, wie dieser, nie durch eine Mannigfaltigkeit von großen Massen gewinnen wird. Der Garten ist also in seinem ganzen Umfange mit Gebäuden umringt, wovon drey Flügel mit cannelirten Pilastern von zusammengesetzter Ordnung geziert sind, welche vom Boden bis übers Intavolado 42 Fuß Höhe haben. Eine Balustrade mit Vasen läuft, über der Corniche, rings herum verbirgt einen Theil der Mansarde, und endigt so mit Grazie die Pfeiler auf denen sie ruht. Auf der einen von diesen Vasen ist ein Meridian, von der Erfindung des Ingenieurs Rousseau, angebracht. Vermittelst eines Brennglases, das alle Monate nach der Höhe der Sonne gerichtet wird, zündet der Sonnenstral, wenn er Mittag zeigt, einen Zünder an, welcher einen Kanonenschuß abbrennt. Ueber dem Meridian mit dem Kanonenschuß, ist ein kleiner Sonnenzeiger, welcher nur bis eilf Uhr weiset. Das Erdgeschoß der drey Gebäude macht eine bedeckte Galerie aus, die nach dem Garten zu, durch hundert und achtzig Bogen geöfnet ist. Jede von diesen Arkaden hat ein eisernes Gitter und an dem Schlußstein hängt ein großes Reverbere. Diese Reverberes muß man nicht mit den schmutzigen und rostigen Nachtleuchten so mancher teutschen Stadt vergleichen. Sie sind vom schönsten Glase, und werden mit einer Reinlichkeit erhalten, wovon unsere teutschen Nachtlatern-Wächter keinen Begrif haben. Wenn sie angezündet sind so verbreiten sie ein helles und sanftes Licht.

Der schöne, mit lauter jungen Bäumen bepflanzte Garten, hat nicht weniger denn hundert und siebenzehn Toisen Länge, und funfzig Toisen Breite. Auf beyden Seiten hat er zwey Kastanienbaum-Alleen, jede 30 Fuß breit, die ihn nach seiner ganzen Länge durchschneiden, und in wenigen Jahren zu angenehmen Lauben zuwachsen werden. Ein hübsches Boulingrin, wo die Statue Heinrichs IV., und die Bildsäulen anderer berühmter Männer Frankreichs aufgestellt werden sollen, 22 Toisen breit und 39 lang; ein Linden-Quinconce, mit einem Saal in der Mitte; ein Wasserbecken mit eisernem Gitter, und vier Pavillons, wo Kaufleute und Limonadiers ihre Buden haben, nehmen den übrigen Raum des Gartens ein.

Straßen von 27 Fuß breit, scheiden die neuen Gebäude von den Häusern, welche vor diesem den Bezirk des Gartens ausmachten. Zwey Peristillen nach der Seite von rue neuve des petits champs, erleichtern den Ans= und Eingang.

Die vierte, noch nicht ausgeführte Fasade, wird von eben der Architektur, wie die drey schon vorhandenen seyn, nur mit dem Unterschied, daß Säulen an die Stelle der Pilastern treten werden. Sechs solche Säulen=Reihen werden hier öffentliche Spazier=Gänge von 60 Toisen Länge, ohne Arkaden bilden, und statt der zwey Stocke, wird dieser Flügel nur eins, und darüber eine Attica haben. Ein Theil dieses Stocks, nach dem Garten zu, ist zu einem Museum bestimmt, wo alle gegenwärtig in den Zimmern und Galerien des Palastes vereinzelte Kunstwerke vereinigt, und im vortheilhaftesten Lichte aufgestellt werden sollen. Man sprach bey meiner diesjährigen Anwesenheit zu Paris stark davon, daß der Bau dieses Flügels, so wie der Bau des großen Opernhauses, das den Reiz und den Vorzug des Palais noch um ein Großes heben muß, bereits im künftigen Frühjahr den Anfang nehmen wird. Bis dahin hat man hier zwey hölzerne bedeckte Gallerien, mit vier Reihen Buden errichtet, welche die Communication mit den beyden anstoßenden Flügeln öfnen. Ihre Dekoration ist sehr simpel. Es sind Portiken, mit fingirten Draperien geziert. Ihre ungeheure Größe, macht eine sehr angenehme perspektivische Wirkung fürs Auge. Dies ist das sogenannte Camp des Tartares.

Unter den bedeckten Galerien, und in dem Camp des Tartares sind die Buden der Kaufleute, Kaffee-Schenken, Restaurateurs, und in ersten hinten Glasthüren angebracht. Hier findet man das Ausgesuchteste und Geschmackvollste von ganz Paris, alle Erfindungen und Bequemlichkeiten des Luxus und der Künste, wie alle Bedürfnisse des Lebens von der größten Kleinigkeit an, bis zu dem kostbarsten Objekt, versammelt, und unter den verführerischsten und vortheilhaftesten Gesichtspunkten angelegt. In ganz Paris ersinnt Künstler-Fleiß, oder Mode-Industrie nichts Neues, was nicht sogleich im Palais-Royal zur Schau getragen, und aufgestellt würde. Ein Mensch, der nackt und bloß in diese magischen Galerien träte, würde in wenigen Minuten vom Kopf bis zum Fuß, auf so vielerley Weise als erwünschte, vollständig gekleidet, und seine Zimmer eben so schnell, in jedem Geschmack meublirt seyn. Alle Handwerker und Künstler trift man hier an, sogar Bildhauer, Mahler, Gravirer. Der Anblick so vieler Kostbarkeiten, Kunstwerke, Seltenheiten, und Waaren aller Art, ist für einen Fremden, auf das äußerste auffallend und interessant. Man möchte bey jeder Bude weilen, und die Menge von dem Allen, blendet und macht unschlüßig; man weiß nicht, wo man den Kauf oder die Besichtigung zuerst anfangen soll. Auerbachs Hof zu Leipzig, und der Römer zu Frankfurt, mit ihren Gewölbern und Buden zur Meßzeit, sind nur ein schwaches Bild davon. Am meisten haben mich die Gemälde- und Kupferstich-Buden angezogen, die man als so viele schätzbare Kabinette betrachten kann, wo man fast lauter Arbeiten von Meister-Pinseln, und die ersten Abdrücke der geschicktesten Kupferstecher, sonderlich Englands antrifft. Alles dieses ist größtentheils schon hinter Glas, und in prächtig vergoldeten Rahmen, von geschmackvoller Schnitzarbeit gefaßt, so daß der Käufer das Gemälde oder den Kupferstich sogleich in seinem Zimmer aufhängen kann. Hier wimmelt es beständig von Dilettanten, die sich an dem Anschauen dieser Meisterstücke ergötzen, denn ein Vortheil von den Buden des Palais-Royal ist der, daß es nun einmal Herkommens geworden ist, in jede zu gehen, und die Sachen zu mustern, ohne befürchten zu dürfen von dem Eigenthümer mit Kauf-Vorschlägen in Verlegenheit gesetzt zu werden. Eine Anmerkung für Fremde darf ich nicht vergessen, daß sie von dem geforderten Preis in Waaren, dreist ein gutes Drittel abziehen müssen, weil nirgends mehr vorgeschlagen wird als hier, und man schon an dem Eingange des Palais wohlfeiler kauft, als unter den Galerien. Herren- und Damen-Kleider, hängen gemacht in den Buden, und die Redingotes der Damen, die für einen schönen Wuchs so vortheilhaft sind, fand ich an einem Morgen zu Dutzenden, von allen Farben, hier ausgehangen; ich hatte so das Vergnügen gewissermaßen bey dem Augenblick der Entstehung einer Mode zugegen zu seyn.

Ueber der einen Galerie ist in vielen Zimmern ein Bureau prix fixe angelegt, wo ich alle mögliche Waaren, sogar Statuen, z. B. eine marmorne Venus für 1000 Thaler, zu Kaufe fand; an jeder Waare ist ein Zettelchen mit dem festgesetzten Preise befestigt. Da dieses Bureau zu einer Art von Auskunft von Geldbedürftigen Verschwendern genutzt wird, die auf Kredit ausgenommenen Waaren hier um einen niedrigern Preis zu Gelde zu machen suchen, so kann man oft da gute Käufe thun. Ein ähnliches Institut ist in Lyon das Bureau de confiance. In letzterem fand ich einmal sogar eine heilige Jungfrau von weißen Stein um 1200 Liv., und einen Altar zu einer Kapelle, um 600 Liv. feil. Der öffentliche Versteigerungssaal ist ebenfalls unter diesen Galerien. Selten vergeht ein Tag, wo nicht hier eine Auction gehalten werden sollte.

Unter den Cafés sind die Cafés du caveau; de Foix und de Valois die ansehnlichsten; sonderlich die beyden ersten. Die Auszierung des Café du caveau, der 37 Fuß Face, und 29 Fuß Tiefe hat, ist äußerst geschmackvoll. Die Büsten von Gluck, Sachini, Piccini, Gretry und Philidor, sind hier aufgestellt, und auf einer marmornen Tafel, unter dem Medaillon der Gebrüder Montgolfier, ist eine Innschrift des Inhalts: daß auf dieser Tafel, in diesem Café die Subscription zu einem der ersten aerostatischen Versuche geschehen sey. Dies Café ist in dem Rufe das beste Gefrorne in ganz Paris zu verfertigen: es hat sogar einige neue Erfindungen darin gemacht, z. B. die beurre à la fleur d'orange, und die gefrornen Liqueurs. Hier muß man Kaffe trinken, um guten Kaffe einmal wenigstens in seinem

Leben getrunken zu haben. Das Café méchanique wird wenig mehr besucht. Die Füße seiner Tische bestanden aus hohlen Cylindern, wodurch man in das unter dem Saal befindliche Gewölbe, sein Begehren hinab rief, worauf ein sogenannter stummer Diener, oder eine Servante, mit dem Verlangten in der Mitte des Tisches heraufkam. Das war der ganze Mechanismus. Ein solches elendes Spielwerk konnte nicht lange gefallen. In diesen Cafés wird nicht, wie in unsern deutschen, Billiard, aber viel Schach und Dame gespielt; sie dienen mehr zu Versammlungszimmern der Müßigen und Zeitungsleser, den mann findet alle öffentliche Papiere hier. An der Glasthüre eines dieser Cafés las ich mit deutschen Buchstaben, teutsche Zeitungen angekündigt. Sie bestanden aus dem Frankfurter Ristretto, den Mannheimer- und Carlsruher Zeitungen.

An Bureaux de vin, Deftillateurs, Confifeurs, Marchands fruitiers, Reftaurateurs, und was sonst zur Leibes Nahrung und Unterhalte gehört, ist kein Mangel. Die Reftaurateurs sind Traiteurs, welche zu jedem Preise, der nicht unter 3 Livres ist, zu essen geben. Man kann entweder im Saal, in Gesellschaft, oder für sich in kleinen Zimmern speisen. Alles ist äußerst sauber und reinlich, und man findet hier das Seltenste von jeder Jahreszeit, und das Leckerste für den Gaumen. Einige Waffeln = oder Eisen = Kuchenbecker erwarben sich zur Zeit meines Aufenthalts in Paris so großen Beyfall, daß ihr Backwerk Mode worden war, und man überall mit Waffeln aus dem Palais - Royal regalirt wurde.

Der glückliche Bewohner des Palais-royal hat Alles in der Nähe, was sein Vergnügen reizen oder befriedigen kann, auch Schauspiel. Die Variétés amusantes haben ihr Theater ohnweit dem Camp des Tartares. Der Schauspielsaal stellt eine Laube, und die Logen die Treillages eines Gartens vor. Die Schauspieler sind Leute von Verdienst und Kenntniß, und die Schauspielerinnen und Tänzerinnen, junge Schönheiten, doppelt verführerisch durch den Reiz ihrer Figur und ihres Spiels. Die Wahl der Stücke ist vortreflich. Bey meiner Anwesenheit wurde le dragon de Thionville zum erstenmal gegeben, ein kleines Stück, das einen Zug edler Wohlthätigkeit, der kurz vorher im Journal de Paris gerühmt worden war, zum Gegenstand hatte. Es war ein rührendes Schauspiel, und das allgemeinen Beyfall erhielt, ohngeachtet lauter Mannsperson darin auftraten, und keine Liebesintrike den Knoten schürzte. Nie werde ich die Sensation vergessen, die jeder kernige Ausdruck, oder edle Zug auf die Zuschauer machte; sie war enthusiastisch und gewiß redender Beweis von einem weichen und erhabenen Gefühl, wovon die französischen Schauspielsäle häufigere Data aufzeigen können, als andere. Die Comédiens de bois, oder les petits comédiens de Mſgr. le Comte de Beaujolois, geben kleine Dramen und komische Operetten. Die Akteurs sind bloße Marionetten, 3½ Schuh hoch, über die man anfänglich spottete, sie aber nun häufig besucht, weil der Saal allerliebst, die Foyers prächtig, und das Orchester vortreflich ist. In den Ballets tanzen niedliche Kinder.

Das Kabinet der Wachsfiguren des Sieur Curtius, hat auch seine Stelle im Palais. Sein Sallon enthält eine, mit der frappantesten Gleichheit abgebildete Sammlung fast aller Fürsten und berühmten Personen unsres Jahrhunderts. Feinheit und Aehnlichkeit zeichnen alle Wachsarbeiten dieses Künstlers aus. Zwey von ihm verfertigte Köpfe des Struensee erhielten die Ehre, daß der eine zu Rom im Vatikan, der andere im Schloße von Cantilly aufgestellt wurde.

Für Damen und Herrn sind Bäder, sowohl zusammengesetzte, als Dampf=und Touchebäder, unter den Galerien vorhanden. Es herrscht darin äußerste Reinlichkeit.

Das erste Stock der Gassen=Flügel ist voll Zimmer, die an Privatpersonen vermiethet werden, und auf den Fuß der Zimmer in den Hotels garnis eingerichtet, aber ihrer Lage wegen um ein beträchtliches theurer sind. Damit nichts zur Bequemlichkeit des Reichen abgehe, giebt es auch Zimmer, die man Stundenweis, zu ½ Karoline und höher verleiht. Sie sind ganz vortreflich, um Privatgeschäfte, oder verliebte Abentheuer zu begünstigen. Andre Zimmer werden von den verschiedenen Clubs eingenommen, die sich hier etablirt haben. Der älteste ist der Club des François, oder des Arcades. Er ist 400 Personen, von Stande, stark, und seine Bibliothek soll sich auf 5000 Stück belaufen. Sieben Commissarien wachen über die Befolgung der Gesetze. Die Ballotage entscheidet, wie bey allen Clubs, über die Aufnahme eines vorgeschlagenen Kandidaten. Der Sallon des Arts bestehet aus 200 Personen, lauter Künstlern und Gelehrten. Hier werden gelehrte Vorlesungen gehalten, Concerte von guten Tonkünstlern aufgeführt, Kunstwerke aufgestellt ꝛc. Der Club des militaires, hat lauter Ludwigsritter, der des Politiques, lauter Zeitungsliebhaber, und der des Amateurs des echecs lauter Schachspieler zu Mitgliedern. Fremde finden leicht bey allen diesen Clubs Zutritt.

Der unglückliche Pilatre de Rozier hatte sein Musee in diesem Palais gestiftet. Das Lycee de Paris ist an die Stelle des Musee getreten, und zählt unter seine Lehrer auch den Markis von Condorcet. In der deutschen Sprache giebt ein Herr Marterer Sonntags und Donnerstags eine Stunde hier Unterricht.

Ist es bey allen diesen Bequemlichkeiten, Vorzügen, Schönheiten, und gehäuften Merkwürdigkeiten aller Art, wohl ein Wunder, wenn das Palais-Royal stets mit einem Gedränge von Personen aller Stände und Nationen angefüllt, und ein Rendezvous ist, wohin man sich bestellt, und wo man fast immer gewiß ist, Personen anzutreffen, nach denen man sich in der großen Stadt müde suchen könnte? Die natürlichen Annehmlichkeiten des Orts, seine Lage, der Schutz, den man hier zu jeder Jahreszeit, unter den bedeckten Gängen, vor der Witterung antrift, die Cafes, die Spectacles, die Buden, die Mannichfaltigkeit der Gegenstände, die gute Gesellschaft, versichern dieser Promenade mit Recht den Vorrang vor allen übrigen. Die Damen tragen nicht wenig dazu bey, durch ihre häufige Gegenwart, mit allen Grazien ihres Geschlechts, und allen Zaubereyen des Putzes und der Kunst gerüstet, den Garten und die Promeniers des Palais, zu einem wahren magischen Aufenthalte umzuschaffen, wo irgend eine gütige Fee, durch einen Schlag ihrer Zauberruthe, die Schönen der Erde, zu ihrem glänzenden Hofstaat zusammengebannt zu haben scheint. Die Phrynen und Laiden des neuern Athens gehn hir auf Eroberungen aus, und selbst kaltblütige Zuschauer können sich nicht enthalten, an dem größten Theil dieser berufenen Nymphes du Palais, sonderlich denen von der ersten Klasse, die verführerische Blüthe von Jugend und Schönheit, das Geschmackvolle im Anstande und Anzuge, und die feine Koketterie zu bewundern, die sie unerfahrnen Herzen so gefährlich machen, und für manchen reichen Fremden eine Klippe waren, an der seine Ruhe und seine Casse scheiterten. Die besuchtesten Stunden sind die Mittagsstunden des Vormittags, und Nachmittags die Zeit vor und nach den Schauspielen, an schönen Abenden vorzüglich die letztere. Die eine Allee ist stets gedrängter angefüllt als die übrigen. Man geht auf und ab, ohne sich um des andern Thun und Laßen zu bekümmern, oder, selbst seinen Bekannten, durch die kleinstädtische Höflichkeit des Huthabnehmens beschwerlich zu fallen. Ein Fremder, der nicht seines großen Namens oder hohen Ranges wegen, besonders merkwürdig wäre, müßte auf eine sehr auffallende und lächerliche Weise gekleidet erscheinen, wenn er Aufmerksamkeit erregen sollte. Oft sind beyde Seiten der Alleen, unter den Bäumen, mit Reihen kleiner Strohstühle eingefaßt, die man in Paris auf allen Spazierplätzen, und sogar in Kirchen vermiethet, und worauf Personen beyderley Geschlechts sitzen. In der Nähe der obenerwähnten Pavillons stehn eine Menge kleinere Tische, woran Herrn und Damen in kleinen Parthien, Erfrischungen im Freyen genießen. Die Nacht raubt diesem Orte nichts von seiner Anmuth, sie verändert bloß die Schönheit der Scene. Das Licht der unzähligen Kerzen und Leuchten in den Arkaden und Buden, mit dem Lichte der 180 Reverberes, und der Hellung aller der Zimmer und Säle verbunden, deren Fenster auf den Garten stoßen, machen zusammen eine Illumination aus, die man das erstemal nicht sehen kann, ohne von einem freudigen Erstaunen angewandelt zu werden. Nie werde ich die Art von Entzücken vergeſsen, die mich an dem Abend meines ersten Eintritts in diesem Fee=Pallast überraschte.

Ueber die Policey des Gartens wachen einige hier und da zerstreute Schweizer=Soldaten. Sie haben keine Flinten, sondern bloß übergehangene Seiten= gewehre: der Eingang des Palastes ist allen gemeinen Soldaten überhaupt verboten, ingleichen allen Per= sonen in Livree, Mägden, Lastträgern, Leuten in Mützen oder bloßen Westen, Schülern, Bettlern ꝛc. Es wird auch kein Hund eingelassen. Die Wurf=Ke= gel=und andere dergleichen Spiele, so wie das Rüt= teln oder Beschädigen der Bäume, sind untersagt. Aufläufe und Unanständigkeiten werden scharf geahn= det. Im Winter soll Nachts um eilf; im Som= mer um ein Uhr, und im Frühjahr und Herbst um Mitternacht, das Palais geschlossen werden. Ob dies so genau beobachtet wird, habe ich nicht bemerkt.

Ich muß zum Schluß noch dreyer Kunstsamm= lungen des Herzogs von Orleans erwähnen, die im Palais-Royal aufbewahrt werden. Das Cabi= net von geschnittenen Steinen, das aus dem Pfälzischen Hause stammt, gehört unter die ansehn= lichsten und geschätztesten Sammlungen dieser Art. Der Aufseher, der Abbe de la Chau, hat vor nicht langer Zeit ein raisonnirendes Verzeichniß davon, in zwey Folianten, mit aller typographischen Pracht, herausgegeben. Das Naturalien=Kabinet ist ebenfalls ansehnlich, allein die Sammlung der Modelle der Werkstätten und Geräthe der verschiedenen Künste, Handwerker und Manufakturen, ist nicht allein eine Merkwürdigkeit vom Palais-Royal, sondern selbst von Paris. Was jede Kunst oder Handwerk erfodert, ist, bis auf das kleinste Detail, mit der größten Pünktlichkeit nachgebildet. Ueberall sind dieselben Materialien dazu gebraucht, die im Großen gebraucht werden. Was bey einem Geräthe oder Gewerbe, Sand, Eisen, Bley, Kupfer ꝛc. ist, ist es auch hier. Die Gebrüder Perrier, dieselben geschickten Mechaniker, die durch ihre Feuermaschine jetzt ganz Paris mit Wasser versorgen, sind die Verfertiger dieser Sammlung. Sie haben sich, durchgängig, eines verjüngten Maasstabes, von 1½ Zoll den Schuh, bedient. Ich sah diese Sammlung auf der großen Königlichen Bibliothek, wohin sie der Herzog von Orleans, wegen eines Baues, hatte in Verwahrung bringen lassen.

IV.

Verzeichniß
der Nelken,
die bey

Johann Caspar Lehren,

Gräflich Einsiedelschen Gärtner zu Geyß-
dorf bey Roßwein

zu haben sind.

1796.

Erklärung der vorkommenden Zeichen und Abbreviaturen.

h. holländische ⎫
r. römische ⎪
fr. französische ⎬ Zeichnung
neud. neudeutsche ⎭

st. Bl. stumpf Blatt

unpl. unplatzend

ill. rar. illuminatio rara

o. V. ohne Vermehrung

∗ platzt

o verschnitten Blatt

krzg. kurzgezähnt

Rklb. Ranunkelbau

Nachstehende Nelken, die zur Zeit eine Sammlung von 350 Sorten ausmachen, davon die allermeisten meine Samenproducte von diesem und denen beiden vorhergehenden Jahren sind, sind von zwey bekannten Blumisten als vorzügliche Blumen erkannt, nach ihren Farben und Zeichnungsart so wohl als nach ihrem Bau und Größe genau beschrieben und benannt worden, und werden hierdurch jedem Liebhaber in gesunden, und gut bewurzelten Pflanzen um einen gewiß sehr mäßigen Preis von mir unter folgenden Bedingungen zum Verkauf angeboten:

1. wenn man mir noch einmal so viel Sorten vorschlägt, als verlangt werden, verlasse ich das Stück zu 8 Gr.
2. wenn die Auswahl der Blumen mir allein überlassen bleibt, kosten 50 Sorten 6 Thl.

Weniger aber werden im ordinairen Rommel nicht verlassen, weil ich mich mit dem Verkauf einzelner Dutzende wegen meiner vielen andern Geschäfte nicht abgeben kann; auch kann ich mich auf keine Weise auf irgend einen Tausch einlassen, da ich selbst alljährlich eine hinlängliche Anzahl an neuen Producten erhalte, und da ich auch befürchten muß, meine Sammlung, die, wie ich zuverlässig versichern kann, von Blattläusen ganz befreyet ist, möchte durch fremde Zusendungen von diesen schädlichen Kreaturen angestecket werden, welches bisher die meisten Blumisten zu ihrem Verdruß erfahren haben.

Für Kiste und Emballage wird nichts angerechnet, dagegen werden Briefe und Gelder postfrey erwartet, und um alle unnöthige Correspondenz zu vermeiden, werden unbekannte Liebhaber ersucht, das Geld sogleich bey Verschreibung derer Nelken beyzulegen.

Gersdorf den 10 August 1796.

Johann Caspar Leht.

1. Picotten in weißem Grunde.

1 Lentulus, h. in glänzend weißem Grunde mit pur=
purviolet, baut sich schön, fast 3 Zoll
5 Diomedes, h. mit rosa unpl. Rflb. über 2 Zoll
10 Athamas, r. mit incarnat, st. Bl. Rosenb. sehr schön
12 Saffuolo h. mit Kupfer reine Zeichnung st. Bl. Triangelb. über 2 Zoll
14 Barnesia, h. mit feurig scharlach * baut sich aber gut, fast 3 Zoll
20 Delfino, h. mit hochincarnat Rflb. über 2 Zoll
22 Lanciano, h. mit violet Rflb. fast st. Bl. über 2 Zoll
23 Saragosfa, h. mit cramois, volle Zeichnung, herr= licher Bau fast 3 Zoll
25 Lascaris, h. glänzend weiß mit blaßrose st. Bl. Rosenb. über 2 Zoll
27 Ostia, h. mit violet, viel Zeichnung, baut sich gut
29 Gräfin Elicka, h. mit purp. fast st. Bl. Rflb. eine niedliche Blume
31 Hermann von Mila, h. mit viol. st. Bl. unpl. fast 3 Zoll
38 Amestris, h. mit rose kurz gezähnt, über 2 Zoll
40 Cassiope, h. mit aschgrau in glänzend weißem Gr. herrlich über 2 Zoll
41 Gräfin von Einsiedel, h. kupferrose in glänzend weiß. Gr. seltne Zeichn. o Rosenb. unpl. 3 Zoll extra

42 Salerno, h. mit incarnat, viel Zeichn. schöner Bau fast st. Bl. fast 3 Zoll

— 43 Alasio, h. Kupfer in glänzend weiß, steifes st. Bl. reiner Grund und Zeichn. über 2 Zoll o.B.

44 Larisfa, h. mit cramois ohne Seitenlinie fast 3 Zoll

47 Palermo, h. mit violet, platzt, baut sich aber gut 3 Zoll

— 48 Janna, h. mit feurig incarnat unpl. über 2 Zoll herrlich

63 Graf Cilley, h. mit scharlach, contrastisch gez. fast st. Bl. halbkugelbau unpl. beynahe 3 Zoll

77 Vargula, h. mit purp. seltne Zeichn. st. Bl. schön gebaut über 2 Zoll

— 80 Abt Fontana, h. mit dunkelaschgrau unpl. über 2 Zoll

90 Colosaeum, h. mit incarnat, kurzgezähnt * baut sich aber vortreflich, 3 Zoll

91 Malebranche, h. mit purpur, schöne Grund- und Zeichnungsfarbe, gut gebaut kurzgezähnt, fast 3 Zoll

93 Fürst Albanus, h. mit hoch Feu volle Zeichn. schöner Bau, fast 3 Zoll

96 Graf von Einsiedel, h. mit feu.rar. illum. o Rosenb. über 3 Zoll extra

97 Herzog von Braunschweig, h. mit dem dunckelsten violet steifes o ganz herrl. Grund- und Zeichnungsfarbe, schöner Bau über 2 Zoll, eine vorzügliche Blume

98 Hugo Blancus, h. mit viol. o auffallend gez. mit einiger Hülfe unpl. 3 Zoll sehr schön

101 Montefiascone, h. mit aschgrau in glänzend weißem Grund beynahe 3 Zoll

103 Rofargus, h. mit dunkelincarnat etwas gezähnt, gut gebaut 3 Zoll

105 Leonidas, h. mit purpur ohne Seitenlinie faſt ſt. Bl. über 2 Zoll

109 Erymanthe, h. mit violet ſteifes ſt. Bl. ſehr ſchöner Bau, faſt 3 Zoll

110 Musfidora, h. mit aſchroſe, vollgezeichn. auffallend 3 Zoll o. V.

114 Alzire, h. mit aſchgrau hagelweißer Grund, gut gebaut, üb. 2 Zoll

115 Prinzesſin von Sachſen, h. mit roſe in glänzend weiß rar. illum. ſteifes ſt. Bl. über 2 Zoll vortreflich

118 Cythere, h. mit aſchgrau, glänzender Grund, herrlicher Bau, über 2 Zoll

121 Eduard, h. mit violet, ſehr ſchöne Zeichn. faſt ſt. Bl. faſt 3 Zoll

123 Floriſante, h. mit aſchblau, haarfein gezeichn. ſt. Bl. mit einiger Hülfe unpl. über 2 Zoll o. V.

127 Superbe royale, h. mit kupfer, ſt. ſt. Bl. unpl. faſt 3 Zoll

129 Lehrs Preis von Gersdorf, h. faſt röm. Zeichn. mit kupfergrau beynahe ○ Roſenb. mit einiger Hülfe unpl. faſt 3 Zoll

131 Lehrs Brillante, h. faſt römiſche Zeichnung, mit beſondern cramois, * baut ſich aber vortreflich, über 3 Zoll, eine Prachtblume

132 Tameſtris, h. mit violet, rein gezeichnet, ſchön gebaut, faſt 3 Zoll

135 Pygmalion, h. mit roſe ſphäroidiſcher Bau, faſt 3 Z.

136 Jacobine, h. mit dunkelpurpur, hagelweißer Grund, faſt ſt. Bl. beynahe 3 Z. vortreflich

138 Ulfar, h. mit feurigſcharlach, ſehr brillant, unpl. über 2 Zoll

Y

148 Amafia, h. mit viol. schöne Zeichn. fast st. Bl. 3 Z.
150 Aegina, h. mit purpur, rar. illum. st. Bl. unpl. über
2 Zoll
159 Graf Alberico, h. mit hochrose fast st. Bl. mit einiger Hülfe unpl. über 2 Zoll
162 Aba Thulle, franz. Zeichn. m. rose st. Bl. mit Hülfe unpl. fast 3 Zoll
166 Medrese, h. mit dunkelviolet, schöner Bau fast 3 Zoll
169 Paul Rubens, h. mit dunkelbraun st. Bl. baut sich prächtig beynahe 3 Zoll
187 Bernhardine, franz. Zeichn. mit purpur st. Bl. über 2 Zoll
191 Tarello, h. mit violet, grosse Blätter schöner Bau fast 3 Zoll
194 Pucadillus, h. mit lichtviol. unpl. baut sich herrlich 3 Zoll
195 Violette imperiale, h. mit purpurblau, unpl. kurz gezähnt, fast 3 Zoll
196 Rosa virginale, h. mit kupferrose, etwas gezähnt, schöner Bau über 2 Zoll
197 Sulamith, h. mit cramois stark gezeichn. fast st. Bl. * baut sich aber vortreflich 3 Zoll o. W.
199 la grande Chartreuse, h. mit violet in glänzend weiß, braucht etwas Hülfe st. Bl. 3 Zoll prachtvoll
201 Campanula, h. mit dunkelbraun contrastisch gezeichn. * baut sich aber vortreflich st. Bl. 3 Zoll
202 Sophie Waller, h. mit brennend scharlach unpl. fast st. Bl. über 2 Zoll eine vorzügliche Blume
203 Bederich von Teuchern, h. mit dunkelbraun contrastisch gezeichnet st. Bl. unpl. fast 3 Zoll o. W.
206 Francavilla, h. mit dunkelpurpur sehr reinlich gezeichn. unpl. über 2 Zoll

207 Lesfino, h. mit violet, bleubend weißer Grund, gut gebaut, groß.
208 Nicaria, h. mit purpurblau, * baut sich gut, kurz gezähnt faſt 3 Zoll
210 Duc de Toſcana, h. mit violetroth faſt 3 Zoll
211 Adelbert, h. mit purpur o faſt rar. illum. Roſenb. unpl. beynahe 3 Zoll
212 Fürſt von Fürſtenberg, h. mit purp. blau ſt. Bl. platzt, baut ſich aber gut, über 3 Zoll
213 Soſtrata, h. mit pompadour ohne Randlinie Mklb. 3 Zoll
224 Montaban, h. mit cramois, glänzend weiß, ſtark gezeichn. über 2 Zoll
225 Eulalia, h. mit purpur, ſchöne Zeichn. ſt. Bl. faſt 3 Zoll
226 Zamore, h. viol. faſt ſt. Bl. beynahe 3 Zoll
227 Aeſchinus, h. mit purp. auffallend ſchöne Zeichn. * baut ſich herrlich faſt 3 Zoll
235 Altamon, h. mit violet, faſt ſt. Bl. groß und anſehnlich
238 Lumello, h. mit pompab. kurz gezähnt ſchöner Bau faſt 3 Zoll
239 Cibola, h. mit viol. * baut ſich aber vortreflich faſt 3 Zoll
241 Philumena, h. mit lichtviol. ſt. Bl. ſchöne Zeichn. über 2 Zoll, eine herrliche Blume
245 Petro Leone, h. mit hochfeu ſt. Bl. beynahe 3 Zoll, o. W.
246 Perillo, h. mit kupferroſe rar. illum. ſt. Bl. über 2 Zoll, vortreflich
247 Empedocles, h. mit violet, kurz gezähnt faſt 3 Zoll
249 Sciolto, h. mit hochfeu, kurz gezähnt, ſchöner Bau über 2 Zoll

— 251 Manfredonia, h. mit incarnat, ft. Bl. herrliche Gr. und Zeichnungsfarbe fast 3 Zoll

256 Doncula, franz. mit aschblau, sauber gezeichn. gut gebaut, über 2 Zoll

259 Duc de Braganza, h. mit purpurviol., feine Zeichn. ft. Bl. fast 3 Zoll

265 la Griotte, h. mit schön violet, ft. ft. Bl. über 2 Z.

283 Trepani, h. mit purpur ft. ft. Bl. herrlicher Bau, groß und vorzüglich

284 John Dryden, h. mit aschblau, fein gezeichn. kurz gezähnt über 2 Zoll

285 Mimosa, h. mit brennend scharlach in Gr. u. Zeichn. farbe auffallend, kurz gezähnt * baut sich aber prächtig, fast 3 Zoll

290 Bougainville, h. mit lackroth, voll und contrastisch gezeichn. fast o unpl. fast 3 Zoll

— 292 Venus medicea, h. mit ächt violet, in blendend weißem Gr. kurz gezähnt, * wegen vieler Krume, baut sich aber herrlich über 3 Zoll

302 Murano, h. mit violet, rar. illum. ft. Bl. fein gezeichn. * baut sich aber gut, 3 Zoll

305 Ritter Friz von Wangenheim, h. mit dunkelviolet ft. Bl. viel Krume, fast 3 Z. sehr schön

306 Fauna, h. mit cerise, glänzende Gr. und Zeichnungsfarbe, * baut sich aber gut fast 3 Zoll

307 Reginger, h. mit hellviolet ohne Randlinie Mklb. über 2 Zoll

— 313 Uranie, h. mit ächtem Kupfer, volle fast r. Zeichn. ganz ft. Bl. Rosenb. fast 3 Zoll

314 Virguleuse, r. mit cerise ft. Bl. unpl. ganz besondre Zeichn. über 2 Zoll

315 Periander, h. mit dunkelpurpur, rar. illum. ft. Bl. unpl. über 2 Zoll

316 Camellio, h. mit purp. unpl. in glänzendem Gr.
über 2 Zoll
317 Herzog von Savelli, h. mit sehr dunklen purpur=
violet, volle und auffallende Zeichn. unpl. über 2. Z.
sehr schön
318 Tullia, h. mit lichtviol. fast o ohne Ranblin. unpl.
eine niedliche Blume
319 Chalon, h. mit dunkelbraun, ganz st. Bl. unpl.
über 2 Zoll
320 Monodora, h. mit dunkelpurp. o Rklb. unpl. 3 Zoll
vortreflich
321 Erzherzogin Amalia, h. P. mit purp. fast st. Bl.
baut sich aber gut, 3 Zoll
323 Balckland, h. mit braun rar. illum. in blendend
weiß, st. Bl. 3 Zoll
324 Perlenschnur, h. mit incarnat, kurz gezähnt,
braucht Hülfe, 3 Zoll
332 General Clairfait, r. mit cramoisi schön gebauet, 3 Z.

2. Picotten in gelbem Grunde.

2 Sigena, h. mit scharlach, st. Bl. * bey dünner Hül=
se, über 2 Zoll
6 Unica perfecta, r. mit aschblau, o in Geschmack des
Maltheser Ritters, aber noch schöner, eine beson=
dre Blume, über 2 Zoll
11 Cassandra, h. mit rose, st. Bl. rar. illum. sehr groß
16 Amalfi, h. mit dunkelviolet, fast st. Bl. groß und
ansehnlich
17 Frontera, h. mit kirschbraun, reine und schöne Gr.
farbe, fast st. Bl. über 2 Zoll
18 Epernon, h. mit scn, auf weißer Unterlage unpl.
über 2 Zoll

26 Woldemar, r. mit cramois, kurz gezähnt, *baut sich aber gut, über 2 Zoll
28 Viterbo, h. mit incarnat, st. Bl. Rklb. über 2 Zoll sehr schön
39 Vigano, h. mit cerise fast seltne Zeichn. mit einem Räubchen st. Bl. eine sanfte Blume
54 Pelion, h. in schwefelgelbem Gr. mit chamois, fast st. Bl. über 2 Zoll
64 la Preference, h. mit aschgrau, volle Zeichn. st. Bl. unpl. über 2 Zoll.
67 Saricho, neub. mit violetroth, voll gezeich. in Geschmack des Maleschüz, o über 2 Zoll, o. V.
107 Plaisante, h. mit hochincarnat, rar. illum. st. Bl. Rklb. über 2 Zoll
108 Pisano, neub. mit cramois, kurz gezähnt, beynahe 3 Zoll
116 Thamar, h. mit rose, groß und regelmäßig gezeichnet, st. Bl.
119 Eberhardine, r. mit aschblau, st. Bl. o. V.
130 Germanicus, h. mit beaschtem purpur, st. Bl. groß und schön
133 Glycere, h. in Geschmack des Scrinde Canarie, mit seltenen rose Strichen, über 2 Zoll
141 Emma von Ruppin, h. mit violet, unpl. kurz gezähnt, über 2 Zoll, sehr schön
143 Alcino, h. mit violet, reine und glänzende Zeichn. unpl. über 2 Zoll
145 Gemiano, h. m. pomp. * baut sich aber gut, 3 Z. schön
146 Friedrich von Salza, h. mit violet, groß, o. V.
158 Prima donna, neub. mit kupfer, o mit einiger Hülfe unpl. fast 3 Zoll prachtvoll
164 la Robine, h. mit pompad. frgz. in glänzendem Gr. fast 3 Zoll, schön

343

179 Appoltonia, h. mit pompad. faft ft. Bl. fehr groß
185 Epialtes, h. mit violet, faft ft. Bl. über 2 Zoll
190 Barbieri, h. mit brennend pompad. in hochgelb,
 mit einiger Hülfe unpl. Rkfb. über 2 Z. extra
200 Adelphi, h. mit pompad. glänzend in Gr. u. Zeichn.
 farbe, o über 2 Z. prachtvoll
204 Benedetto, h. mit aschblau, * baut sich aber vor=
 treflich, ft. Bl. über 3 Z. eine Prachtblume
214 Plumage, h. mit pompad. brennend in Grund= und
 Zeichnungsfarbe, ft. faft o über 2 Z. sehr schön
215 Lanfranco, h. mit violet, ft. Bl. unpl. eine herrli=
 che Blume
217 Maria Tindoret, h. mit brennend pompad. hat viel
 Aehnlichkeit mit Barbieri, über 2 Z. extra
221 Graf Ulvo, h. mit brennend pompad. ganz ft. faft o
 beynahe 3 Z. extra
222 Eberhard von Mohrenfels, r. mit purpurviolet, *
 baut sich aber schön 3 Z.
223 Gaudentia, h. mit kupfer, kurz gezähnt über 2 Z.
 sehr schön
232 Antivari, h. mit pompad. krgz. * baut sich aber schön
 3 Zoll
236 Graf von Flandern, h. mit chamois, rar. illum. ft.
 Bl. mit Hülfe unpl. faft 3 Z. sehr schön
237 Monte Olivetto, neub. mit incarnat, fein gezeichn.
 schön gabaut, über 2 Z.
252 Rothardus, h. mit violetroth in paille Grund, faft
 ft. Bl. grose Knospe, * baut sich aber cirkelrund, bey=
 nahe 3 Z.
255 Touraine, h. mit chamois, faft ft. Bl. schöner Bau 3
 Z. sehr schön
260 Eilger von Ilefeld, h. mit dunkelcramois, in blaß=
 gelben Gr. ft. Bl. mit einiger Hülfe unpl. faft 3 Z.

Y 4

268 Abt Luperto, h. mit pompad. krzz. unpl. fast 3 Z.
269 Almedina, h. mit chamois, feurige Zeichn. fast st. Bl. über 2 Z. extra
272 Festoni, h. mit pompad. blaßgelber Gr. regelmäßige Zeichn. krzz. fast 3 Z.
273 Bodo von Ilburg, h. mit brennend pompad. contrastisch gezeichn. krzz. fast 3 Z. o. B.
275 Narina, h. mit brennend pompad. sehr abstechende Zeichn. fast st. Bl. unpl. u. doch 3 Z. extra
276 Acone, h. mit purpur, rein gezeichn. schön gebaut über 2 Z.
277 Albania, h. mit cramois, st. st. Bl. unpl. fast 3 Z.
279 Pergula, h. mit cramois, schöne Zeichnung, krzg. fast 3 Zoll
293 Campo di Rione, h. mit rosa, reinlich und auffallend gezeichnet, krzgz. über 2 Z. o. B.
294 Tivoli, h. mit violet, krzgz. über 2 Zoll
295 Lucilianus, h. mit violet, kurzgez. unpl. beynahe 3 Zoll
296 Timaro, h. mit brennend pomp. sehr fein und doch auffallend gezeichnet, st. Bl. über 2 Z. o. B.
298 Wellington, h. mit feu in blaßgelb. Grunde, unpl. über 2 Zoll
304 Isentrude, h. mit purpur, in blaßgelbem Grunde, schöne Zeichn. unpl. über 2 Z.
322 Louise Welmar, h. mit chamois, * baut sich aber gut, beynahe 3 Z.
325 Thermia, h. mit incarnat in blaßgelb. Grunde, baut sich selbst.
326 Belisarius, h. mit brennend pompad. auffallende Zeichn. st. Bl. unpl. über 2 Z. sehr schön
334 Hortense, h. mit purpur, feurige Grund- u. Zeichnungsfarbe, unpl.

3. Weiße Picottbizarden.

7 Chelone, h. mit aschroth und pompad. pastellartig gezeichnet, fast st. Bl. beynahe 3 Z. o. B.

24 Eccard von Wallhausen, h. mit dunkelaschgrau u. kupferroth frzs * baut sich aber gut über 2 Zoll

50 Petreuse, h. mit kupfer und cramois, volle fast r. Zeichn. Rllb. über 2 Zoll o. B.

51 Hermann von Goldacker, h. mit rose u. aschblau, frzg. unpl. mit Hülfe, über 2 Zoll

53 Mirandola, h. mit incarnat u. purp. st. Bl. sehr schön und groß

55 Graf Reder, r. mit rose u. purp. sehr großes und st. Bl. unpl beynahe 3 Z. o. B.

57 Albrecht von Vargel, h. mit kupferfeu, u. purp, unpl. über 2 Zoll

58 Cäsarini, r. mit kupferroth u. braun, st. Bl. fast 3 Zoll sehr schön

60 Circe, h. mit rose und dunkelviolet o über 2 Zoll herrlich

70 Malvasina, h. mit rose und dunkelviolet fast 3 Zoll sehr schön

72 Amphytrion, h. mit rose u. dunkelpurp. letzteres selten unpl. fast st. Bl. über 2 Zoll

74 Thimo von Nordeck, h. mit incarnat u. purp. rar. illum. st. st. Bl. fast 3 Zoll extra

75 Metastasio, h. mit kupfer u. braun, fast st. Bl. unpl. über 2 Zoll

76 Morpheus, h. mit rose u. violet, in schneeweißem Gr. frzg. gut gebaut, unpl. über 2 Zoll

82 Sophronia, h. mit rose u. violet, rein und regelmäßig gez. fast st. Bl. beynahe 3 Z.

83 Graf von Gleichen, h. mit rose und purpurviolet, rar. illum. st. st. Bl. fast 3 Z.

— 84 Ajax Telamonius, h. mit rofe und violet, blen=
    bend weißer Grund, krzgz. unpf. beynahe 3 Z.
O — 85 Alcantara, h. mit kupfer und braun, etwas gez.
    unpf. faſt 3 Z. prachtvoll
O   88 Bon jour, h. mit kupfer und dem dunkelſten Purp.
    faſt o extra
    89 Coronelli, h. mit rofe und purpur, rar. illum. o
O   faſt 3 Z. ſehr ſchön
    100 Stalimene, h. mit feu und purpur, lebhafte Zeichn.
    unpf. über 2 Z. ſchön
_ 102 Ulrich von Cosheim, h. mit rofe und violet, über
    2 Z. ſehr ſchön.
— 104 Corregio, h. mit rofa und violet, rar. illum. ſt. ſt.
    Bl. beynahe 3 Z.
    112 Tyraeſia, h. mit feu und braun, Halbkugelbau, faſt
    rara illum. beynahe ſt. Bl. unpf.
    113 Abbé Goglia, h. mit kupferroth und violet, krzgz.
    über 2 Z.
— 117 Olympius, h. mit rofe und violet, ſt. Bl. unpf.
    über 2 Z. ſehr ſchön
— 124 Candace, h. mit rofe und violet, rar. illum. ſt.
    ſt. Bl. über 2 Z. vorzüglich
    125 Etienne, h. m. rofe u. viol. Roſenb. unpf. üb. 2 Z.
) — 134 Montalegre, h. mit incarnat u. purpur, reine ab=
    ſtechende Zeichn. Rklb. unpf. üb. 2 Z. ſehr vortreff.
— 139 Minnehold, h. mit rofe und violet, rar. illumin.
    ſt. Bl. ſehr groß und ſchön
— 142 Mignon de Jardin, h. mit aſchgrau violet und au=
    ror, ſt. Bl. unpf. über 2 Z.
    147 la Cheuwrefe, h. mit rofe und dunkelpurpur, *
    baut ſich aber gut, beynahe 3 Z. extra
    154 Montreale, neub. mit incarnat und purpur, * baut
    ſich aber ſchön, Rklb. über 2 Z.

155 Anna Boley, h. mit rosa und dunkelpurpur, fast st. Bl. über 2 Zoll sehr schön
157 Vix ultra, h. mit kupfer und dunkelpurpur, fast o unpl. über 2 Zoll extra
161 Rittmeister Lehmann, h. in glänzend weiß mit rose und purpur, fast o, mit einiger Hülfe unpl. sehr breite Blätter, über 3 Z. eine Prachtblume
165 Honoria, h. mit rose u. violet, illum. rar. st. Bl. über 2 Zoll
170 Salamandria, h. mit rose u. violet, etwas gezähnt, schöner Bau, beynahe 3 Z.
172 Pomposa, h. mit rosa und dunkelviolet, fast röm. Zeichn. krgz. unpl. beynahe 3 Z. o. V.
171 Callimachus, h. mit rose u. dunkelviolet, fast rar. illum. st. Bl. fast 3 Z.
175 Alcala, h. mit rose u. viol. pastellartig gezeichn. fast o platzt, sehr groß
177 Graf von Kefernburg, h. mit rose u. dunkelviolet, fast rar. illum. unpl. Rkbl. über 2 Z.
178 Graf Bernhard von Nellenburg, h. mit dunkelrose u. purp. rar. illum. krgz. baut sich selbst 3 Z.
180 Berthold von Weimar, h. mit rose u. cerise krgz. volle Zeichn. über 2 Z.
182 Desiderable, r. mit incarnat u. purp. letzteres selten st. fast o braucht etwas Hülfe, 3 Z. prachtvoll
184 Cambresis, h. mit rosa u. violet st. fast o sehr schön und groß
192 Albrecht von Dürer, h. mit rose u. dunkelviol. fast st. Bl. Rosenb. über 2 Z.
198 Aristophanes, h. mit rose u. purpur unmerklich gezähnt, fast 3 Z. sehr schön
205 Agnes von Kollenberg, h. mit rose u. viol. st. fast st. Bl. groß u. schön

209 Camillo, h. mit incarnat u. purpurblau, regelmä=
ßig gezeichn. st. st. Bl. fast 3 Z. sehr schön
216 Siragosfa, h. mit rose und dunkelpurpur, st. st. Bl.
sehr schön
218 Nanny von Veline, h. mit rose u. violet, ersteres
sparsam, braucht Hülfe, sehr groß
219 Mechtilde, h. mit incarnat u. braun, st. fast o über
2 Zoll o. W.
228 Phormio, h. mit rose u. violet, krgz. schöner Bau,
über 2 Zoll
229 Morea, h. mit rose, aschgrau u. purp. krgz. unpl.
groß u. sehr schön.
230 Velo von Staden, h. mit incarnatrose u. purp. voll
u. kontrastisch gezeichn. krgz. über 2 Z.
231 Hugo von Tubichin, h. mit rose u. violet, volle
Zeichn. fast st. Bl. baut sich prächtig, fast 3 Z.
233 Graf Goswin. h. mit rose und violet, volle starke
Zeichn. fast st. Bl. herrlicher Bau, beynahe 3 Z.
244 Euclio, h. mit rose u. violet, starke Knospe, krgz.
fast 3 Zoll
248 Corallina, h. mit rose und viol. rar. illum. st. Bl.
sehr feine Zeichn. über 2 Z.
250 Caribona, h. mit rose u. viol. st. fast o feine Zeichn.
fast 3 Z.
253 Amalia Greding, h. mit hochfeu u. purp. st. st. Bl.
über 3 Z. braucht Zeit zum Aufblühen u. hat einen
2 Ellen langen Stengel, eine majestät. Blume.
261 Afanasia, h. mit kupferroth und braun, fast st. Bl.
mit Hülfe, unpl. beynahe 3 Z.
264 Romeo, h. mit hochrose u. viol. st. fast st. Bl. sehr
glänzend, groß u. prächtig
274 Salieri, h. mit rose und dunkelviolet. st. Bl. üb. 2
Zoll o. W.

289 Villa regia, h. mit blaßrose u. cerise, rar. ill. in blendend weißem Gr. st. fast o * baut sich aber herrl. beynahe 3 Z.
297 Salamis, r. mit rose u. violet, voll u. contrastisch gezeich. st. beynahe o wegen ihrer vollen Zeichn. auffallend, unpl. fast 3 Z.
299 la Perche, h. mit feu u. purpur, fast st. Bl. Rklb. fast 3 Zoll
300 Pescara, h. mit feu u. scharlach, st. Bl. unpl. über 2 Zoll
327 Pantheus, h. mit cerise u. scharlach, rar. illum. st. st. Bl. groß u. vortreflich
328 Lord Weymouth, h. mit incarnat und purp. auffallende Grund= u. Zeichnungsfarbe, krgz. Rosenb. über 2 Zoll
329 Edrene, h. mit rose u. purpurviol. st. Bl. hat viel ähnliches mit dem Rittmeister Lehmann, o über 2 Z. ganz vortreflich
330 Maeander, h. mit rose u. purp. o braucht Zeit zum Aufblühen, 3 Z. eine Prachtblume, o. V.
331 Klopstok, h. mit scharlach u. pomp. in hagelweißem Gr. steifes fast o über 2 Z.

4. Gelbe Picottbizarden.

13 Cuno von Beichlingen, h. fast r. Zeichn. mit rose u. viol. st. Bl. Rklb. fast 3 Z. sehr schön
15 Piperno, h. mit hellcramois u. purp. auffallende Zeichn. unpl. st. Bl. über 2 Zoll
30 General Lindt, h. mit feu und purpur fast st. Bl. platzt, baut sich aber gut, außerordentl. groß, eine Prachtblume
45 Spalatro, h. mit rose und viol. starke Zeichn. unpl. über 2 Z. sehr schön

46 Cephalonia, h. mit rose u. purp. herrliche Zeichn. *
baut sich aber gut fast 3 Z.
73 Talasius, h. mit rose u. purp. brillant gezeichn. krgz.
* baut sich aber cirkelrund, fast 3 Z. prachtvoll
78 Aretusa, h. mit incarnatrose u. viol. krgz. hat einen
Knopf, blüht aber gut heraus 3 Z.
79 Agamemnon, h. mit feu u. purp. glänzende Zeichn.
farbe, fast st. Bl. über 2 Z. sehr schön
86 Bergamo, h. mit rose u. viol. unpl. groß u. herrlich
87 Basilicata, h. mit cramois und braun, auffallende
Zeichn. fast st. Bl. über 2 Z.
92 Alematte, r. mit rose und violet, sehr voll gezeichn.
krgz. platzt, fast 3 Z.
94 Montasia, h. mit rose u. viol. fast rar. illum. st. Bl.
Rosenb. über 2 Z.
95 Tivoli, h. mit rose u. dunkelpurp. contrast. gezeichn.
krgz. fast 3 Z.
99 Doge von Venedig, h. mit incarnat und purp. in
hochgelb, st. Bl. * halbkugelb. 3 Z. eine Prachtblume
122 Tesfino, h. mit rose und viol. volle fast r. Zeichn. st.
Bl. unpl. über 2 Z. o. B.
128 Servilia, h. mit rose u. purp. schöne Gr. u. Zeichn.
farbe, unpl. über 2 Z.
137 Agnes von Wildungen, h. mit rose und purp. rar.
illum. fast st. Bl. schöner Bau, groß
140 Willhelm von Mäyenthal, fr. mit rose u. purp. st.
Bl. gut gebaut, über 2 Z.
152 Rinaldo, h. mit rose und purp. volle Zeichn. * baut
sich aber gut fast 3 Z.
153 Hermann von Unna, h. mit rose u. purp. sehr fein
gestrichen groß u. schön
156 A propos, fr. mit kupferoth u. dunkelbraun, ganz
st. Bl. * baut sich herrlich, 3 Z. eine Prachtblume

163 Nord Briton, h. mit incarnatrose u. dunkelviolet, ⸺
frgz. in Gr. und Zeichn. auffallend, * baut sich aber
cirkelrund, sehr schön
167 Narbonne, h. mit rose u. purp. sehr feine Zeichn st.
Bl. beynahe 3 Z. schön
168 Phönissa, h. mit rose u. purp. auffallende Grnnb=
farbe, frzg. groß und schön
173 Oristano, h. mit rose u. purp. etwas gezähnt, herr=
licher Bau, fast 3 Z.
174 Miss Janthelli, h. mit rose und purp. volle Zeichn.
unpl. fast st. Bl. über 2 Z. sehr schön
176 Bertha von Wöllstein, h. mit incarnat u. dunkel=
purp. herrliche Gr. u. Zeichnungsfarbe über 2 Z.
183 Grand Triomph, h. mit hochrose u. purp. herrliche ⸺ ◡
Grundfarbe, st. Bl. groß u. sehr schön
186 Tolentino, neub. mit blaßrose u. purp. frgz schöne
Grundfarbe über 2 Z.
188 Limosin, h. mit incarnat u. pomp. etwas gezähnt,
aber schön u. groß
189 Lucas von Leyden, h. mit kupferroth und braun, ⸺ ◡
platzt, baut sich aber vortreflich, 3 Z. sehr schön
193 Potosi, h. mit rose u. purp. frgz. gut gebaut, 3 Z.
220 Placidia, h. mit rose u. viol. frgz. niedliche Zeichn.
über 2 Zoll
234 Werner von Veltheim, h. mit incarnatrose und ⸺ ◡
viol. herrlich in Farben, etwas gezähnt, * baut sich
mit Hülfe prächtig, über 3 Z.
240 Megador, h. mit kupferroth u. braun, volle Zeichn.
viel Krume, Kegelbau, groß u. schön
242 Portenone, h. mit chair u. viol. ersteres pastellar=
tig gezeichn. st. st. Bl. Rklb. fast 3 Z. o. V.
258 Cremona, h. mit rose u. viol. feine Zeichn. unpl.
mit einiger Hülfe, über 2 Z.

262 Montroyal, h. mit rose u. viol. in blaßgelben Gr. schöner Bau fast 3 Z.
263 Hispaniola, h. mit aschgrau, auror u. purp. volle Zeichn. große Blätter, braucht Zeit zum Aufblühen, über 3 Z. eine Prachtblume
267 Asbeth von Erlbach, h. mit ponceau u. viol. groß u. sehr schön
270 Conrad von Pleißen, h. mit incarnatrose u. braun, krzg. unpl. beynahe 3 Z.
271 Dedo von Crosig, h. fast r. Zeichn. mit rose u. viol. platzt bey dünner Hülse, etwas gezähnt, über 2 Z.
278 Port Louis, h. mit incarnat u. purpur, unpl. groß und schön
280 Amiroo, h. mit rose und dunkelviolet, auffallende Zeichn. hat einen Knopf, baut sich aber mit einiger Hülfe prächtig, über 3 Z
281 Arica, h. mit incarnat u. purp. schöne Zeichn. groß und herrlich
282 Oehrida, h. mit incarnat u. purp. krzg. unpl. über 2 Zoll
286 Graf Hoyer von Mansfeld, h. mit blaßrose u. viol. st. Bl. über 2 Z.
287 Mikaddo, h. mit incarnatrose u. purp. krzg. unpl. über 2 Zoll
288 Hugo von Wartha, h. mit incarnatrose u. dunkel= viol. sehr fein u. abwechselnd gezeichn. in Grund= u. Zeichnungsfarbe auffallend, unpl. beynahe 3 Zoll
291 Olivenza, h. mit incarnatrose und viol. sehr volle fast r. Zeichn. st. Bl. Rosenb. fast 3 Z.
301 Tityrus, h. mit feu u. purp. fast st. Bl. Rklb. über 2 Zoll
308 Eido, h. mit violet und purp. fast st. Bl. Rklb. über 2 Zoll

333 Grand valeur, r. mit aschroth u. purpurblau, fast st. Bl. unpl. durchaus schön

5. Englische Doubletten in weißem und gelben Grunde.

8 Ariadne, w. mit rose, o Rosenb. über 2 Z.
9 Thamyris, w. mit kupferrose, o Rosenb. über 2 Z.
34 Grand prior, w. mit scharlach, st. Bl. große Knospe umpl. fast 3 Z.
36 Ida, w. mit rose st. Bl. fast 3 Z.
56 Alcinoe, w. mit blaßrose st. Bl. o. V.
81 Turnus, w. mit scharlach auffallend gezeichn. st. Bl. unpl. fast 3 Z. o. V.
181 Philadelphia, g. mit chair st. Bl. fast 3 Z.
254 Francolina, w. mit blaßrose st. Bl. groß
303 Chironia, w. mit kupf. feu sehr lebhaft st. Bl. über 2 Zoll
335 Olinde, w. mit rose st. Bl. über 2 Zoll
236 Xenares, w. mit blaßrose, reinlich gezeichn. o schön

6. Englische Bizarden in weißem und gelbem Grunde.

33 Adria, w. mit rose und dunkelviol. baut sich selbst st. Bl. über 2 Z.
35 Carl von Burgheim, w. mit rose u. purp. st. fast o volle Zeichn. * fast 3 Z.
37 Don Philipp, w. mit rose u. dunkelviol. o große Knospe, 3 Z. herrlich
59 Aristippus, w. mit rose u. viol. scharf gezeichn. st. Bl. unpl. über 2 Z.
62 Anna Comnena, w. mit feu u. cramois, st. Bl. unpl. über 2 Z.

66 Rosiere, w. mit rose u. viol. st. Bl. o. B.
68 Zoroaster, g. mit feu und braun, gezähnt unpl. über 2 Zoll
69 Lydia, w. mit kupferroth u. viol. st. Bl. * fast 3 Z.
106 Learchus, w. mit rose und violet st. Bl. unpl. über 2 Z.
111 Saladin, w. mit rose u. viol. st. Bl. fast 3 Z.
120 Dido, g. mit incarnat u. braun, st. Bl. groß u. schön
151 Gräfin von Rohrbach, w. mit rose und viol. breite Streifen, gezähnt. über 2 Z.
243 Olyka, g. mit rose u. viol. fast st. Bl.
257 Farinelli, w. mit feu u. purp. st. Bl. schön. Bau 3 Z.
266 Catharine victorieuse, w. mit kupferroth u. puce o mit einiger Hülfe unpl. fast 3 Zoll
311 Irenope, g. mit rose und purpur scharf gestrichen, fast st. Bl. 3 Zoll, schön
337 Churfürst von Mainz, w. mit chair und cramoisi, st. st. Bl. beynahe 3 Z.
338 Comte de Mirabeau, g. mit feu und braun o über 2 Z.
339 Vanvitelli, w. mit hochrose und violet, vollgezeichnet, o fast 3 Z.
340 Othanes, g. mit ponceau und purpur, groß
341 General Nostiz, w. mit rose und röthlich violet, st. Bl. über 2 Zoll
342 Vasco de Gama, w. mit incarnat und braun, volle Zeichnung, st. Bl. über 2 Zoll
343 Monte Casfino, w. mit rose und violet, o über 3 Zoll, eine Prachtblume
344 Lord Grandley, w. mit hochrose und purpur, frequent gezeichnet, o beynahe 3 Zoll
345 Lord Douglas, w. mit rose und purpur st. Bl. über 2 Zoll

346 Marschal von Luckner, w. mit feu. und cramoisi, Rosenbau, über 2 Zoll
347 Ganymedes, w. mit rose und puce, letzteres selten, o über 2 Zoll

7. Feuerfarbe.

3 Calliste, aschgrau in aurorgelb, pic. pastellartig gezeichn. etwas gezähnt, über 2 Z.
4 Philadelphus, mit cramoisi u. aschblau, in aurorg. getuscht, fast st. Bl. über 2 Zoll
19 Aristaeus, m. aschgrau, in gelb picot. unpl. üb. 2 Z.
21 Marsyas, mit aschgrau in gelb picot, unpl. Rtlb. über 2 Z.
32 Macerata, mit aschgrau u. puce biz. in gelb groß
49 bel Ombre, auror in Kelche, aschgrau am Rande breit getuscht, großes krgz. Bl. ° fast 3 Z.
52 Silvius von Hohenhausen, in gelb mit auror. und aschgrau biz. über 2 Z.
61 Richardson, mit aschgrau in gelb picot unpl. fast 3 Zoll

8. Extraordinaire.

348 Tarino, in silberweißem Grunde. mit puce Streifen unpl. Rtlb. zur Zeit noch o. W.
349 Grenoble, ist bekannt
350 Vue de N. in aschgrauen G. runde incarnat Streifen gezähnt über 2 Z.

V.

Verzeichniß der im Herbst 1796. bey dem Raths-Syndicus Johann Heinrich Albonico in Vermehrung seyenden Nelkensorten.

Anmerkung Zu Vermeidung unnöthigen Drucks, und Correspondenz sind alle diejenigen Sorten, so nur in zwey Senkern vorhanden, aus diesem Verzeichnisse hinweggelassen worden, und bleibt es in Rücksicht der Zeichen, Buchstaben und Abbreviaturen, bey der in vorigen Verzeichnissen gemachten Bemerkung, auch hat man dieses Verzeichniß, wegen Kürze der Zeit, nicht nach den Classen, sondern bloß nach Ordnung der Nummern gefertiget.

Nro.

3 Aly Talleſtro, Fr. ponceau in gelb, picottmäßig getuscht, kurz gezähnt, in Zeichnung, Bau und allen vorzüglich

6 Alonzo de Molina, w. E. B. aschgrau, pompad. st. Bl. fast 3 Zoll

7 Lord Douglas, w. E. B. roſ. purp. volle doch regelmäßige Zeichnung o fast 3 Zoll

8 Bell' Abeſſe, w. E. B. roſ. viol. o *** über 2 Z.

9 Albonicos Herzog von Monmouth, g. h. P. scharlach, st. fast o über 2 Zoll

10 Albonicos Bonnet, g. h. P. br. frzg. üb. 2 Z. 1796.

11 Albonicos Dr. Seelig, g. r. P. roſ. welches zuletzt chair wird, st. Bl. fein und vollgez. über 2 Z. 1796.

13 Chloe, g. neub. P. cham. sehr voll gezeichn. rein in Grund- und Zeichnungsfarbe, fast st. Bl. braucht Hülfe, groß
16 Incarnat admirable, w. h. P. inc. hat nicht geblühet
17 Diomedes, w. h. P. ros. herrlich in Grund und Zeichnung, über 2 Zoll
18 Albonicos Pfeilschmidt, w. h. P. lackroth, in blendend weißem Grunde, reinlich und regelmäßig gezeichnet st. fast o fast 3 Zoll, 1796.
20 Amalfi, g. h. P. dunkelviol. hat nicht geblühet
22 Adria, w. E. V. ros. viol. st. Bl. über 2 Zoll
23 Kresners Secretair Demiani, g. h. P. purp. kurz gezähnt über 2 Zoll
24 Albonicos Omphale, g. h. P. zimmtroth kurz gezähnt über 2 Zoll
25 Albonicos Kresner, w. r. P. aschroth, volle Zeichnung. st. Bl. in Bau und Zeichnung vortreflich, über 2 Zoll, 1796.
26 Albonicos Ingenhous, w. h. P. V. ros. purp. st. Bl. *** große Knospe unpf. beynahe 3 Zoll .1796.
28 Graf v. Gleichen, w. h. P. V. ros. purpurviol. o *** sehr hohen Stängel, fast 3 Z.
30 Albonicos Fredegunde, g. fr. P. V. chair viol. herrliche Grund- und Zeichnungsfarbe, schön in Bau, über 2 Zoll
31 Albonicos Hales, w. h. P. V. ros. violetroth, fast st. Bl. große Knospe, unpf. *** 3 Z. 1796.
33 Albonicos Graft Dochester, g. h. P. V. inc. br. lezteres sparsam, daumenstarke Knospe, st. Bl. fast 3 Zoll
34 Albonicos Pere d'Ardenne, w. h. P. V. kupferroth, br. fein und regelmäßig gezeichnet, kurz gezähnt⸱ baut sich aber gut 3 Z. 1796.

35 Mirandola, w. h. P. B. inc. purp. st. Bl. fein gezeichnet, über 2 Z.
36 Basilicata, g. h. P. B. hell und dunkelcram, hat nicht geblühet
37 Albonicos Acosta, w. h. P. hochrof. unmerklich gezähnt, baut sich schön über 2 Z. 1796.
38 Albonicos Inka Atabalipa, g. E. B. rof. viol. ersteres etwas getuscht, st. Bl. brillant in Farben 3 Zoll ohne zu platzen
40 Eduard, w. h. P. viol. voll gezeichn. st. Bl. fast 3 Z.
42 Preifs von Schneeberg II. in colombinfarbigen glänzenden Grunde, inc. pompad. puce Bandstreifen, jede Farbe expressiv gezeichn. langen geraden Stängel fast 3 Zoll
42 Albonicos Kleonymus, w. E.B. inc. br. voll gezeichnet st. Bl. über 2 Zoll
44 Albonicos Sigismund Loffredo, w. h. P. rof. fein gezeichnet, fast st. Bl. über 2 Zoll
45 Ninus, g. E. B. rof. viol. etwas gezähnt, *** über 2 Zoll
48 Albonicos Abercrombie, w. h. P. inc. st. Bl. in Geschmack der Comtesse d' Einsiedel, große Knospe, unpl. 3 Zoll 1796.
51 Doge von Venedig, g. h. P. B. feucram. in brennend gelben Grunde, voll gezeichnet, st. fast rund baut sich aber mit wenig Hülfe vortreflich, 3 Zoll, streitet mit Plato und Cicero um den Rang
53 August Engel, Fr. incar. in gelb picottmäßig getuscht, kurz gezähnt, über 2 Zoll
56 Watson, w. E. D. cerise st. Bl. über 2 Zoll, sollte ein Biz. seyn, legitimirte sich aber Doubl.
58 Albonicos Hirschfeld, g. E. B. inc. br. letzteres selten st. Bl. über 2 Zoll, 1796.

59 Albonicos Jungnickel, w. h. fast r. P. violetroth, starke Zeichnung, st. fast o beynahe 3 Zoll unvl. 1796
60 Albonicos Arsand, w. h. P. B. feu br. lezteres selten, kurz gezähnt, über 2 Zoll 1796.
61 Monaldini, w. r. P. hochrose volle Zeichn. * baut sich aber herrlich, steht lange in Flor, 3 Z.
62 Claufs, w. fr. P. cram. voll gez. st. Bl fast 3 Zoll
63 Wilhelm von Mayenthal, g. fr. P. B. rose purp. st. fast. o voll und abwechselnd gezeichnet, über 2 Z.
64 Diadem de Freyberg, g. C. B. inc. br. auch chair, regelmäßig gezeichnet o über 2 Z.
65 La Chewrese, w. h. P. B. rose viol. ersteres Pastelartig gezeichnet, kurz gezähnt, über 2 Z.
66 Pfeilschmidts Claudius, w. h. P. B. scharl. br. schön gezeichn. etwas gezähnt, über 2 Z.
67 Albonicos Alvaros de luna, w. r. P. lakroth, voll gezeichnet st. Bl. über 2 Z.
68 Cicero, g. h. P. B. rose viol fast o über 2 Z.
69 Albonicos Avens, w. C. B. inc. puce volle Zeichn. o über 2 Z. 1796.
71 Mithridates II, g. h. P. cram. voll fast r. gezeichnet, fast o *** über 2 Z.
75 Albonicos von Rheden, w. h. P. cram. am Rande. neub. sehr voll doch haarfein gezeichn. fast o baut sich vortreflich. über 2 Z. 1796
76 Anna Boley, w. h. P. B. rose purp. fast o reinlich gezeichnet, über 2 Z.
77 Albonicos Zeuxis, w. h. P. aschroth kurz gezähnt, regelmäßig gezeichnet, über 2 Z.
78 A propos, g. fr. P. B. kupferroth, dunkelbr. hat nicht geblühet
79 Albonicos Morgenstern, g. h. P. cram. fein gezeichnet, herrliche Grundfarbe, kurzgez. über 2 Z. 1796

80 Albonicos Müller, w. h. P. B. kupferroth, br. kurz gezähnt über 2 Z. 1796
81 Arria, w. r. P. feu st. fast o schön gezeichn. über 2 Z.
82 Albonicos Campomanes, g. B. Fr. mit dunkeln brennenden ponceau gemischt, braun gestreift, ganz st. Bl. über 2 Z.
83 Albonicos von Mühlen, w. h. P. cram. * baut sich mit einiger Hülfe prächtig, 3 Z. 1796.
84 Deiphobus, w. h. P. purp. im hohen Weiß st. fast o * baut sich zirkelrund, über 3 Z.
85 Albonicos von Paschwiz, w. h. fast r. P. violetroth in blendendweiß gezeichnet o fast 3 Z. 1796.
86 Abt von St. Emmeran, w. h. P. B. rose dunkelviol. steifes st. Bl. über 2 Z.
87 Albonicos Friederique Stoppelberg, w. h. fast r. P. rose in blendend weißem Grunde, sehr fein und voll gezeichn. st. fast o über 2 Z., behauptet in ihrer Art den ersten Rang, 1796.
88 Albonicos Kuhn, g. h. P. B. rose, viol. st. Bl. in Gr. u. Zeichnungsf. reinlich, über 2 Z. vortreflich, 1796.
90 Hispaniola, g. h. P. B. auror. purp. aschgrau kurz gezähntes mehr st. Bl. große Knospe * baut sich vortreflich über 3 Z.
91 Zopyrus, g. h. P. B. ros. purp. etwas gez. * fast 3 Z. blühte dis Jahr nur als P. mit purp. aber schön
92 Osmann, w. h. P. B. scharl. morderée st. Bl. contrastisch und auffallend gezeichnet, fast 3 Z.
93 Formosa, g. h. P. hochrose, kurz gezähnt, *** über 2 Zoll
94 Abonicos Percivall, w. h. P. feu, regelmäßig gezeichnet, kurz gezähnt, über 2 Z. 1796
95 Zeno, g. r. P. B. hochros. br. sehr voll gezeichnet, o über 2 Z.

96 Hecuba, w. E. D. viol. o in Grund = und Zeichnungsfarbe auffallend, fast 3 Z.
97 Superbe, w. h. P. B. scharlach dunkelpurpur, letzteres selten vollgezeichn. st. Bl. über 2 Z.
98 Minna, g. h. P. ros. fein gezeichnet, st. fast o herrlicher Bau, über 2 Zoll
100 Rittmeister Lehmann, w. h. P. B. rose purp. o blendend weißer Grund, 3 Zoll, übertrifft alles in dieser Art
101 Lycanus, w. h. P. hochros. kurzgez. * über 2 Z.
102 Albonicos Herzog von Beaufort, g. fr. P. B. feu br. st. fast o * baut sich aber vortreflich, 3 Zoll
103 Albonicos Schmahling, g. h. P. B. aschroth inc. violet, fein und voll gez. kurz gez. üb. 2 Z. 1796.
104 Thimo von Nordeck, w. h. P. B. incarnat, purp. rar. illum. st. Bl. fast 3 Zoll
106 Von Herzberg, w. h. P. B. aschgrau, purpur, kurz gezähnt, über 2 Zoll
107 Albonicos von Dieskau, g. h. P. B. incarnatrose, st. fast o * baut sich mit ein. Hülfe schön, üb. 2 Z. 1796
108 La Richesse, g. h. P. B. ros. violet, ersteres pastellartig gezeichnet, kurz gezähnt, über 2 Z.
109 Albonicos Dr. Hirth, g. h. P. B. aschgrau, aurora, kurz gz. über 2 Z. 1796.
110 Dido II. g. E. B. incarnat braun, vortreflich gezeichnet, üb. 2 Z.
111 Juweele von Anhalt, w. h. P. pfirsichblüth, voll fast r. gezeichnet, kurz gez. baut sich gut, über 2 Z.
112 Albonicos Moser, w. h. P. dunkelbleystift, fast st. Bl. über 2 Z. 1796.
114 L'incomparable, w. h. P. purpur, o fast 3 Z.
117 Grand Pontife, w. h. P. scharlach, voll gezeichnet, st. Bl. über 2 Z.

121 Aristoxanes, w. h. P. B. feubrann, schön gezeichnet, st. Bl über 2 Z.
123 Paucis, w. r. P. scharlach, fast st. Bl. schön gez. und gebaut, üb. 2 Z.
128 Gräfin Charlotte, b. D. in krapprothem Grunde, breite und schmale weiße Streifen, kurz gezähnt, unpl. fast 3 Z. ein Prahler
134 Albonicos Northumberland, w. h. P. violet in blendend weiß, reinlich contrastisch gezeichnet, sehr hoher Stengel, fast st. Bl. 3 Z.
140 Sophie Waller, w. h. P. scharlach, expressive Zeichnungsfarbe, kurzgezähntes fast st. Bl. üb. 2 Z.
142 Grand Valeur, g. h. P. B. aschroth, purpur, vollgezeichnet, kurz gezähnt, über 2 Z.
151 Henriette, w. h. P. B. rose viol. st. Bl. über 2 Z.
153 Caroline Förster, w. h. P. hochrose, sehr fein und vollgezeichnet, pergamentstreifes und st. Bl. *** über 2 Z.
154 Monte Olivetto, g. neub. P. incarnat, blaßgelber Grund, st. Bl. * blüht aber gut heraus, 3 Z.
157 Cebola, w. h. P. violet, mehr lackroth, st. fast o voll gezeichnet, üb. 2. Z.
165 Summa Summarum, w. h. P. B. rose violet, o rein gezeichnet, üb. 2 Z.
176 Kunz von Kaufungen, w. h. P. B. rose purp. kurz gezähnt, * und braucht Hülfe, fast 3 Z.
185 Ganimedes, g. h. P. B. incarnat braun, hat nicht geblühet
191 Vestalin, w. sp. B. hochrose, voll gezeichnet, kurzgezähnt, fast 3 Z.
197 L'esperençe a la couronne imperiale, w. h. P. B. scharlach purpurblau, in blendend weiß, schön gezeichnet, o über 2 Z.

201 Domina, g. h. P. chamois, schwefelgelber Grund, st. Bl. über 2 Z.
204 Mehala, w. h. P. braun, st. Bl. über 2 Zoll
205 Diego, w. h. P. scharlach, brennend in Grund= und Zeichnungsfarbe, st. Bl. üb. 2 Z.
207 Graff Artois, w. h. P. B. feu cerise, st. fast *** üb. 2 Z.
209 Tamino, w. h. P. B. kupferrose purpur, letzteres selten, st. Bl. schön gezeichnet, über 2 Z.
215 Lottchen v. Rosenau, w. E. B. rose viol. o üb. 2 Z.
224 Augusta Gräfin von Schönburg, w. h. P. B. rose auffallende Grund= u. Zeichnungsfarbe, st. Bl. über 2 Z. übertrifft alles in der Art
226 Ramler, w. h. P. feu, fast st. Bl. hat nicht geblüh.
229 Picolomini, w. h. P. aschblau, kurzgez. über 2 Z.
232 Cartaon, g. h. P. B. chair violet, ersteres wenig sichtbar, sonst. voll gezeichnet, * beynahe 3 Z.
235 Hollandia stellata, w. E. D. dunkelviolet, hat nicht geblühet
238 Neptun, w. h. P. B. feu cramois, in hagelweißem Grunde, vollgezeichnet, st. Bl. über 2 Zoll
240 Agnes von Wildungen, g. h. P. B. rose purpur, kurz gezähnt, über 2 Zoll
246 Lentulus, w. h. P. purpur, kurz gezähnt, fast 3 Z.
247 Gloria rubrorum, w. h. P. feu, voll gezeichnet. o über 2 Zoll
250 Amalia, w. E. B. chair cramoisi, o über 2 Zoll
252 Emilie, g. h. P. incarn. feurig gezeichnet in hoch= gelben Grunde, * über 2 Zoll
253 Fürst v. Dessau, w. E. B. rose pomp. o über 2 Z.
254 Andromeda, g. h. P. B. incarnat, violet, st. Bl. schön in Grund und Zeichnung, fast 3 Zoll, hat viel ähnliches vom Cicero

255 Donquixotte, g. E. B. chair lichtbraun, ersteres pastellartig, letzteres scharf doch schmal gezeichnet, fast st. Bl. *** über 2 Zoll
263 Prinz Carl, g. h. P. violet, fast st. Bl. beynahe 3 Z.
264 Potemkin, w. E. D. aschgr. breitgestr. fast o üb. 2 Z.
267 Friz, w. h. P. purp. st. Bl. fast 3 Z.
273 Wilhelmine, w. r. P. aschroth voll gezeichnet fast st. Bl. über 2 Zoll
274 Veronica, g. neub. P. viol. *. kurz gezähnt 3 Z.
276 Furius Camillus, w. r. P. dunkelbr. o*3 Z.
277 Sethos, w. h. P. purp. contrastisch und reinlich gezeichnet * 3 Zoll
278 Metellus, w. E. B. chair viol. st. Bl. über 2 Z.
279 Imperatrice, g. E. D. chair st. Bl. * bey dünn. Hülse über 2 Zoll
282 Antonius, der Grund puce mit feinen weißen Strichen blühte nicht in Gloria
290 Robinson, w. E. B. scharl. br o über 2 Z.
297 Lusitania, w. E. D. ächt kupfer, kurzgez. über 2 Z.
298 Urania, Concord. Kupfergrund mit Stahlblau, st. Bl. im Kelche mit hohen incarnat gestammit *** über 2 Z. ich würde solche eher unter die Fr. zählen
306 Klopstock, w. h. P. B. scharl. pompad. iu hochweißem Grunde steifes fast o über 2 Z.
312 Rongs Liebgen, w. h. P. scharl. schön gezeichnet st. Bl. über 2 Z.
325 Isagoras, g. E. B. dunkelrose, viol. ersteres etwas getuscht, letzteres gestreift, volle Zeichnung, kurz gezähnt, fast 3 Zoll
348 Königin von Schweden, g. fr. P. B. grauviol. rose, purp. fast. st. Bl. über 2 Zoll
350 Roi des roses, g. E. R. dunkelroth, purp. st. fast o über 2 Z.

351 Gloria Nordhusae, g. h. P. aschroth, kurz gezähnt *** über 2 Zoll
354 Oberon, g. d. B. ponceau, purp. frgz. ᵃ fast 3 Zoll
357 Freya, w. h. P. B. rose, cram. voll gezeichnet st. Bl. über 2 Zoll
367 Bienvenue, g. E. D. chair o ˣ ** über 2 Zoll
368 Ranffts Don Carlos, w. h. P. hochrof. schön gezeichnet st. Bl. über 2 Zoll
369 Vitringa, g. h. P. B. inc. viol. kurz gezähnt, unpl. fast 3 Zoll
373 Grazie, w. h. P. B. kupfer, purp. blühte nicht in gloria
377 Sidow, w. r. P. aschrose, so zuletzt aschgr. wird, sehr fein gezeichn. o über 2 Zoll
381 Pethion, w. E. B. hochrose, cram. o * baut sich aber gut über 2 Z.
382 Henri le quatre, w. neud. P. violetroth, haarfein doch volle Zeichnung, o * fast 3 Z.
391 Pfeilschmidts Cantor Weinling, w. E. B. inc br. o über 2 Zoll
394 Belisuvius, w. h. P. B. kupferroth, cram. ersteres Pastellartig st. Bl. ˣ 3 Z.
396 Rose sans epines, g. h. P. rof. kurz gezähnt * baut sich mit einiger Hülfe schön 3 Zoll
400 Lord Weymouth, w. h. P. B. inc. purpur, kurz gezähnt, *** auffallend über 2 Z.
410 Grenoble, rothgrundige P. mit weißer Zeichnung. ist bekannt
414 Semiramis, w. h. P. aschbr. in blendend weiß st. Bl. fast 3 Zoll
415 Belle de L. g. E. B. rose, viol. st. fast o über 2 Zoll
418 Selima, w. h. P. B. aschrose, viol. fein gezeichnet, st. fast. o über 2. Z. macht ihrem Zusender Ehre

421 Couronne d' Argent, g. E. B. chair cram. ersteres Pastellartig gezeichnet, st. Bl. über 2 Zoll
422 Anacreon II. w. h. P. B. feu purp. st. fast o sein doch voll gezeichnet über 2 Z.
431 Gouverneur von Brabant, w. h. P. aschgrau, kurz gezähnt, über 2 Zoll
434 Carl Vierthaler, w. h. P. aschros. st. fast o über 2 Zoll
436 Cleopatra, g. h. P. B. inc. cram. br kurz gezähnt * wegen vieler Krume fast 3 Z.
437 Ranffts Clairfait, g. h. P. purp. steifes kurz gezähntes Bl. *** über 2 Zoll
438 Nemea, g. h. P. B. aschr. viol. kurz gezähnt, über 2 Zoll
441 Perlenschnur, w. h. P. inc. fast scharlach, kurz gezähnt ?*, braucht Hülfe, 3 Zoll
443 Bliomberis, w. h. P. B. feu br. kurz gezähnt über 2 Zoll
452 Bell Emilie, g. h. P. cram. sehr volle Zeichnung im reinen Grunde fast st. Bl. * baut sich aber gut über 2 Zoll.
453 Honorata, g. neub. mehr fr. violetroth, brillant in Farben, unpl. 3 Zoll
455 Irene, w. h. P. aschroth fast st. Bl. über 2 Zoll
457 Flora II. w. h. P. cram. kurz gezähnt, fast st. Bl. über 2 Zoll
458 Delila, g. E. B. chair purp. st. Bl. über 2 Zoll
459 Olympia II. g. h. P. B. ros. cram. fast st. Bl. im Bau und Zeichnung schön, über 2 Zoll
461 Feu d'amour, g. E. B. ponceau br. scharf gezeichn. o über 2 Zoll
464 Adrast, g. h. P. B. feu, br. o über 2 Z.
465 Lisette, g. E. B. ros. purpur ersteres Pastellartig, st. Bl. über 2 Zoll

466 Dahlberg II. g. E. B. br.cram. blühte nicht in Glor.
467 Ida, Fr. aschgr. in gelb, picottmäßig getufcht, über 2 Zoll
372 Montreale, w. neub. P. B. inc purp. vollgezeichnet, kurz gezähnt, über 2 Z.
473 Amalie, w. h. P. ponceau, kurz gezähntes fast st. Bl. über 2 Zoll
491 Monte Cassino, w. E. B. rose, viol. o schön und abwechselnd gezeichnet, über 2 Zoll
492 Edrene, w. h. P. B. hochrose, viol. fein und abwechselnd voll gezeichnet o fast 3 Z. ein Compagnon zu Nro. 100
494 Lautherburg, w. h. P. purp. sehr weißer Grund, st. Bl. über 2 Zoll
496 Friederique von F. w. h. P. dunkelviol. kurz gezähnt über 2 Zoll
498 La magnifique, w. h. P. B. feu braun kurz gezähnt, *über 2 Zoll
499 Lord Bridport, w. h. pompad. in blendend weiß voll gezeichnet st. Bl. fast 3 Zoll
500 Macbride, g. h. P. cram. so ich eher vor viol. halte, kurz gezähnt, über 2 Zoll
502 Pantheus, w. h. P. B. scharlach, cerise in hagelweiß o rar. illum. ** über 2 Z.
506 Prinz Ferdinand in Altenburg, w. h. P. B. inc. br. rar. illum. über 2 Z.
507 Lorenzo, g. h. P. kupferrose, fein und voll gezeichnet, viel Krume unmerklich gezähnt, 3 Z.
511 Cavaceppi, w. h. P. B. inc. br. frgz. über 2 Zoll
520 Bellona, w. h. P. B. ponceau, pompad. o feine Zeichn, über 2 Z.
521 Duc d' Ossuna, g. h. P. inc. fast rar. illum. * baut sich aber gut, beynahe 3 Z.

522 Graff von Lehrbach, Fr. ponceau cramoisi, in röth=
lich gelb picottindßig getuscht, 3 Z.
523 Von Bender, w. h. P. cram. fast st. Bl. über 2 Z.
526 Sapineau, w. fr. P. feu, vollgezeichnet kurz ge=
zähnt fast 3 Zoll
527 De puisage, w. neub. P. blauroth fast st. Bl. gut
gebaut über 2 Z.
531 Augusta D., w. h. P. B. ros. purp. fast st. Bl. *baut
sich aber gut, 3 Z.
536 Meszaros, w. E. B. hochrose, dunkelviol. voll und
abstechend gezeichnet o ° ° über 2 Z.
539 Polymnia, w. r. P. B. feu br. voll und contrastisch
gezeichnet, st. Bl. über 2 Z.
540 Iussuf Pascha, Bizfr. aschblau, aschgrau und viol.
in gelb, kurzgezähnt, über 2 Z.
541 Zevs, w. E. B. rose purpur, frequent gezeichnet,
o über 2 Z.
542 Pfeilschmidts Oswaldus, w. h. P. aschblau, kurz
gezähntes fast st. Bl. reinlich in Grund und Zeich=
nung, über 2 Z.
543 Angelo. w. h. P. B. rose cram. st. Bl. rar. illum.
über 2 Zoll
547 Callisthenes, g. h. P. cerise, kurzgez. * über 2 Z.
548 Rose touchante, w. h. P. rose, sehr fein gezeichn.
st. Bl. über 2 Z.
555 Nicanor, w. h. P. B. incarnat purpur, steifes o
fast rar. illum. über 2 Zoll
561 Fürst von Fürstenberg, w. h. P. purpurblau, st.
Bl. fast 3 Z.
565 Dalegre, w. h. P. viol. hat einen Knopf, so aber
gut heraus blühet, baut sich herrlich, 3 Zoll
570 Laubé du jour, Fr. aschgrau in auror. getuscht,
über 2 Zoll

564 BeauteVirginale, w. h. P. blaßchair, o über 2 Z.
577 Minerva, g. h. P. pompad. ſt. Bl. über 2 Zoll
579 Chloe, w. h. P. aſchgrau, ſehr fein und vollge=
zeichnet, kurzgezähnt, über 2 Zoll
585 Marius, w. h. P. aſchroth, rein und regelmäßig
gezeichnet, kurz gezähnt, baut ſich ſchön, üb. 2 Z.
587 Comteſſe d'Einſiedel, w. h. P. kupferroſe, in
glänzend weißem Grund, rar. illum. *** Daumen=
ſtarke Knoſpe, unpl. 3 Zoll.
589 Sitalces, w. h. P. B. incarnat, braun, ſt. faſt o
ſchön in Zeichnung, faſt 3 Zoll
591 Achilles, w. d. D. kupferglanz, gezähnt, ſonſt
ſchön, faſt 3 Zoll
700 Favorite ſuperbe, g. h. P. roſe, ſt. Bl. voll und
ſchön gezeichnet, über 2 Zoll.

VI.

Verzeichniß der bey Endesbenannten zu ha=
benden Bäume und Sträucher,

als:

1) Nord=Amerikaniſche, auch andere ausländi=
ſche und einheimiſche Bäume, Sträucher
und Pflanzen.

Acer Suedo platanus, der große weiſſe Ahorn
pr. St. 1 : 2 gr.
--- foliis argenteis mit dem verſilberten Blatte 4 =

A a

Acer negundo, Ahorn mit dem Eschenblatt, 2:4 gr.
--- rubrum, Pensilphanischer rother, 4:8 =
--- folio laciniato, mit dem zerschnittenen
  Blatt, = = 8 =
--- Sacharium, der Americanische Zucker=
  Ahorn, = = 6 =
--- striadum, der Virginische gestreifte 4:8 =
--- Tataricum, der Tartarische Ahorn, 2:4 =
Amygdalus flore simpl. einfache Zwerg=Mandel, 2 =
--- --- pleno. pumyla, vollblühende 8 =
Aesculus pavia fl. rubro. rothblühende Castanie
--- --- --- flore luteo, dergl. mit gel=
  ber Blume, = 8 =
--- --- --- flore rubro, dergl. mit ro=
  ther Blume, 8 =
Berberis vulgaris, sauer Dorn, Eßig=Dorn, 2 =
Betula lenta americana, Americanische zähe Birke, 4 =
--- nigra Americanische schwarze Birke, 4:8 =
--- alnus alba, die weisse Erle, 4 =
--- --- — rugosa, die schwarze Erle Nord=
  Americ. = 4 =
--- pumyla, die Zwerg=Birke, 6 =
Bignonia Catalpa, der Trompeten=Baum, 8 =
--- radicans, die grosse Trompeten=Blume, 6 =
Buxus arborescens, der baumartige Buchs=
  baum, = = 1:2:4 =
Celastrus scandens, der steigende Celaster, 8 =
Calicanthus floridus Gewürz=Baum, 20 =
Cassia Chamecrista, Cassiabeeren=Strauch, 8 =
Cercis canadensis, der Judas=Baum,
Cephalanthus occidentalis, der Americ. Knopf=
  Baum, = = 8 =
Ceanothus Americanus, der Americ. Thee=Baum, 4 =

Celtis occidentalis, Nessel=Baum, 4:8 gr.
Clematis viticella, die blaue Wald=Rebe, 6 =
--- vitalpa, die weisse Wald=Rebe, 4 =
--- orientalis, = = 6 =
Cytisus alpinus, der schmalblättrichte Bohnen=
 Baum, = = 6 =
--- laburnum, der breitblättrichte Bohnen=
Baum, = = 2=4 =
--- Sessilifolius, der kleine Italiänische Boh=
nen Baum, = = 2=4 =
Cornus alba, Hartriegel mit weissen Beeren, 1 =
--- amomum, — mit blauen Beeren, 2=4 =
--- Mascula, Cornelius=Kirschen, 2=4 =
Colutea arborescens, die falsche Senne 1=2 =
--- orientalis, die morgenländische, 4=8 =
Coronilla emerus, die Scorpion=Senne 4 =
Crataegus coccinea, Americaner grosser Hage=
dorn, = 4=8 =
--- grusgallii, Hahnen=Sporn=Dorn, 6 =
--- Lucida, Weißdorn mit glänzenden Blät=
tern, = = 6 =
--- oxiacantha flore pleno, Weißdorn mit
gefüllt. Blume, = 4=8 =
--- torminalis Arls=Beeren, 4 =
--- Aria, Mehlbeer=Baum, 2=4 =
--- Azaralus, Weißdorn Americ. mit La=
zarol=Blatt, = = 8 =
--- Pensilphanica, Pensilphanischer Weiß=
dorn, = = 6 =
Crataegus Salici folio, dito mit Weyden=Blatt, 8 =
--- germanicum, teutscher Weißdorn, 2 =
Daphne mezereum, = = 2=4 =
Daphne laureola, immergrüner Kellerhals, 6 =

A a 2

Daphne laurebla, dito mit rother Blume, 8 gr.
--- Mezereum, mit weissen Blumen, 12 =
Eleagus angusti folio, der wilde Oel-Baum, 2=4 =
Fraxinus excelsior, die gemeine Esche, 2 =
--- paniculata florifera americ. die blühen=
  de dito   =   =   12 =
--- Americana, neue Englåndische dito 8 =
--- rotundifolia, die Manna=Esche, 4 =
--- folio variegato,   =   8 =
Fagus sylphatica, folio rubro, die Bluth=
  Buche,   =   =   1=2 rthl.
— castanea castanienblättrichte Buche, 16 gr.
Genista lusitanica, Spanischer Gnister, 8 =
--- sagittalis, Zwerg=Gnister,   =   4 =
Hypophae Rhamnoides, See=Creuzdorn, 4 =
Junyperus Sabina folio variegato, bunter See=
  ven Baum,   =   =   4 =
--- Sabina vulgaris, Seeven=Baum, 2=4 =
--- Virginiana Virginische rothe Ceder, 4=8 =
--- Suedica. Schwedischer Wacholder, 8=12 =
--- communis, gemeiner teutscher dito, 1=2 =
Liriodendron Tulpifera, Americ. Tulpen=Baum,
      2=4 rthl.
Liquitamber styraci flua, der Storax=Baum, 16 gr.
Ligustrum folio variegato, reine Weyde mit bun=
  ten Blumen,   ε   4 =
Licium europaeum, der Stechdorn, 2 =
Lonicora, gemeines teutsches Geißblatt, 2 =
--- Italicum, Italiånisches Geißblatt, 4 =
--- Germanicum, teutsches dito, 2 =
--- Symphoricarpos, St. Peters=Kraut, 2 =
— Tartarica, tartarische Hecken Kirsche, 4 =
— Diervilla, die Diervilla,   =   2 =

Lonicora Xylosteum die Alpen=Kirsche, 4 gr.
— semper virens, die immergrüne dito, 4 =
— folio Variegato, = = 8 =
Mespilus pyracantha, der feurige Busch 2=4 =
Mirica cerifera, der Americ. Wachsbaum, 4=8 =
Morus fructu albo, Maulbeere mit weisser
   Frucht = 1=2=4 =
— — rubro, dito, mit rother Frucht, 2=4 =
--- fructu nigro magno, dito mit großer
  schwarz. Frucht, = 8=12 =
Morus papyriferae, der Chinesische Pappier=
  Maulbeerbaum, = 8
Periploca graeca, griechische Walbrebe, 4 =
Pinus Strobus, Lord Weymuths Kiefer, 4=8 =
— abies balsamea Americ. Balsam=Tanne. 8=12 =
— Canadensis, Canadische Fichte, 4=8 =
— Americana, Americ. oder Hemlocks tanne, 20 =
— Taeda, Weyrauchs=Kiefer, =
— palustris, Sumpf=Kiefer =
— Virginiana, Jersey=Kiefer =
— Mariana, schwarze Americanische Taune
— Montana, Zwerg=Fichte, =
— Picea, die Fichte die rothe Tanne, 1=2 =
— larix alba, weiße Lerchenbaum, 2=4 =
--- abies alba, die weiße Tanne, 4=8 =
Platanus orientalis, Morgenländ. Kleider=baum, 4=8 =
--- occidentalis, Abendländischer dito, 4=8 =
--- hispanicus, Spanischer dito, 4=8 =
Populus nigra Italica, Italiänische oder Lombar=
  dische Pappeln, = 1=2=4 =
--- balsamifera, Balsam Pappel, 4 =
--- balsamifera folio magno, dito mit gro=
  ßen Blättern. « 4=6 =

Polus Alba, Silber Pappel, = 4:6 gr.
--- Canadenfis, Canadische Päppel, 4 =
--- Cordata, mit großen herzförmigen Blatt
--- haederophilla, Carolinischer dito 8:16 =
--- virginiana, Virginische 4:8 =
Potentilla fruticola, Fünffingerkraut 2 =
Ptelea trifoliata, Carolinischer Stauden=Klee, 4:8 =
Prunus Virginiana, Virginische Traubenkirsche, 2:4 =
--- pumyla, Zwerg=Pflaume, = 4 =
--- Cerafus flore pleno, mit voller Blüthe, 4:6 =
--- Mahalep, wohlriechende Mahalep=Kirsche, 8 =
Pyrus folio argenteo, Birne mit versilberten
  Blatte, = = 6 =
— flore pleno, mit voller Blüthe, 4:6 =
— Malus variegatus, bunter Apfel 6 =
— Malus Coronaria, Virginischer mit wohl=
  riechender Blume, = 12 =
— Sangvinolle, Blutbirne, 4:6 =
Ribes alpinum, Alpenbeere ohne Stacheln, oder
  Corinthen=Baum, = 2 =
— nigrum, schwarze Johannisbeere 2 =
— rubrum folio variegato, bunte Johannis=
  beere, = 2:4 =
Robina Caraganna, Sibirische Taubenerbsen, 2:4 =
— hifpida, rothblühende Acatie, 6:8 =
— Pfuedo Acatia, falsche Acatie mit weißen
  Blumen = = 2:4 =
— Pygmea, der kleinste Sibirische Erbsbaum 8 =
Rhus Tymphirum, Virginischer Sumach, 2:4 =
--- glabrum, rother Sumach, = 8 =
--- Catinus, Bracken=Baum, 4:6 =
--- radicans, der an Gelenken Wurzeln treibt, 2 =
--- Copallium, geflügelter Sumach, 6 =

Rhus Coriaria, Färber=Baum   =
Rubus fruticosus, Americaner Brombeere, 2=4 gr.
— alba, weiße Himbeere,   =   2=4 =
— odoratus, blühende Hinkbeere   2 =
— flore pleno, Brombeere mit gefüllter
Blume,   =   4 =
Salix Babilonica, Babylonische Weyde, 2=4 =
— folio argenteo, mit versilberten Blatte 4 =
— fusca, mit Buchsbaum=Blättern,   2 =
— Rosmarini folio, mit Rosmarien=Blät=
tern,   =   =   4=8 =
— pentendra   =   •   4=8 =
— folio amydelino,   =   =   6 =
Sambuccus racemosa, Trauben=Holder 4 =
— folio argenteo, mit versilberten Blatt,
=   =   4=8 =
— Canadensis, Canadischer,   2=4 =
— Ebulus, Sommer=Holder,   4 =
— folio laciniato, Holunder mit zerschnit=
tenen Blatt,   '   =   4=6 =
Solanum folio variegato   =   4=6 =
Salanum Ginese, der Schinesische Nachtschatten 2 =
Spirea alba, Spierstaude, weißblühende,   2 =
— Sali i folio, mit dem Weyden=Blatt,   2 =
— Opuli folio, mit Wasserholder=Blätter   2 =
— hyperici folio, mit Johanniskraut=Blatt 4 =
— tomentosa, rothe dito,   =   6 =
Sophora alberoides,   =   8 =
Staphilea pinata, Bimbernuß=Strauch,   4 =
— trifolia, American. dreiblättrichte dito, 8 =
Syringa Persica, Persischer Lilac oder Holunder, 4=2 =
— flore albo, mit weißen Blumen,   6 =
— flore coeruleo, mit blauer Blume,   2=4 =

Aa 4

Tamarix gallica, Französischer Tamarick 8 gr.
Taxus baccata, Tarus-Baum, 2:4 :
Tilia Caroliniana, Carolinische Linde, 6 :
— Cordata, großblättrichte Sommer-Linde, 6 :
— Viminibus rubris, : : 6 :
Thuya orientalis, Chinesischer Lebens-Baum,
— occidentalis, Americaner Lebens-Baum 4:8 :
Vipurnum lantana, der Mehl-Baum, 2:4 :
— opulus, der Bachhold. Geldrische Rose, 2 :
— Roseum, der Schneeballen-Strauch, 2:4 :
— — mit bunten Blatt, 8 :
Vinca minor folio argenteo, Sinngrün mit bunten Blatt, : 2 :
Vitex agnus castus, Keusch-Baum, 8 :
Vitis labrusca, wilder Wein, : 4 :
Ulex europaeus, stachlicht Ginster, 2 :
Ulmus sativa, zahme Rüstern, : 4 :
— folio variegato, mit bunten Blatt, 4 :
— Vitis vulpina, : 4 :
Zantoxillum, Zahnweh-Baum, : 8 :

Rosen-Sortiment.

Rosa flore simplici luteo, die einfache gelbe, 2 :
— flore pleno luteo, die gelbe gefüllte, 4 :
— punicea, die türkische oder Damascener-Rose, 4 :
— Virginia, flore rubro simpl. Virginische, 2 :
— pumyla flore rubro pleno, Zwerg-Rose, geful. 4 :
— foecundissima, die Niederländ. Bouquet-Rose, 4 :
— Muscosa, die Moos-Rose, 8 :
— Scaudens flore albo, die steigende Rose, 4 :
— palustris, Sumpf-Rose, : 6 :
— praenestina variegata, die bunte Rose, 1 :

	gr
Rofa omnium Calendarum, Monath=Rofe,	2 gr
— Provincialis rubra, rothe Provinz=Rofe,	1 ,
— Centifolia alba, die weiße Rofe,	1 ,
— Rubra, = =	1 ,

NB. Der höhere Preiß muß allezeit von den größern Pflanzen verstanden werden.

2. Nachtrag zu vorstehenden ausländ. Holz Arten.

	gr
Acer platanoides, die Lenne,	4
— sempervirens, immer grüner Ahorn, 1 rthl.	---
Amorpha fruticofa, falscher Indigo=Baum,	8
Berberis Canadenfis, Canadische Berberizen=Staude	6
Betula alni folio, Erlenblättrichte Birke,	10
Celtis auftralis, französischer Zürgel=Baum,	8
Ciftus helianthemum, Zwerg=Ciftus,	—
Clematis orientalis, Morgenländische Waldrebe,	8
Cytifus fupinus, auf dem Rücken schwärzlicher Bohnen=Baum,	8
--- nigricans, der schwärzliche Bohnen=Baum,	6
--- hirfutus, der rauche Bohnen=Baum,	8
Cratægus fine ftimulo, ohne Dorn,	6
--- tomentato, mit gelber Frucht,	6
--- viridis, der grüne,	6
Cletra alni folio, mit dem Erlen Blatt,	8
Cornus florida, Hart=Riegel mit großer Blumen=Decke,	16

Aa 5

	gr
Cornus alterni folio, mit dem Pensilphanischen Alternus-Blatt,	6
--- Japponica, Hart-Riegel, Japponischer,	6
Colutea media, Pockops-Senne,	6
Cypressus Thyoides, die Amerikanische weiße Ceder,	20
--- disticha, Virginische Cipresse, 1 rthl.	—
Evonymus verrucosus, der warzige Spindel-Baum,	12
---. latifolius, der breitblättriche	—
--- americanus, Amerikanischer Spindel-Baum,	16
Ephedra monostachia, einährigcr Roß-Schwanz,	12
--- distachia, zweyähriger Roß-Schwanz,	12
Fagus folio castanea, Büche mit Castanien-Blatt,	8
Fraxinus ornus, die blühende Esche,	8
--- folio variegato, mit bunten Blatt,	8
--- nigra, die schwarze Amerikanische,	8
Genista Sibirica, Sibirisch Geniste,	8
Hypericum calmianum, Nord-Amerikanisch Johannis Kraut,	4
— androsæmum breitblättrich dito,	4
— canarienfe, Canarisches,	4
Hydrangea arborescens, Virginischer Kehl-Knopf-Baum,	6
Iberis sempervirens, immer grüner Iberis,	4
Jasminum fruticosum, gelber Jasmin,	4
Juglans alba, Amerikanische weiße Wall-Nuß,	8
--- nigra, Amerikanische schwarze Wall-Nuß,	8

	gr
Juglans oblonga, Amerikanische lange Wall-Nuß,	12
Mespilus Canadensis, Canadische Mispel,	6
---, Codoneaster, Zwerg-Mispel-Baum mit rother Frucht,	4
--- Amelanchier, neue Englische Mispel,	6
Menispermum Canadense, Canabisches Mond-Saamen-Kraut,	6
Pyrus malus pensilphanica, Pensilphanischer Apfel,	8
Phytolacca decandra, Kermes-Beere, Scharlach-Beere,	6
Philadelphus nana, flore pleno, Zwerg-Jasmin, gefüllter.	4
Phyllirea rosmarini folio, die Philirea mit Roßmarin Blättern,	8
Prinos virticallatus Winter-Beere	6
Quercus alba, die weiße Amerikanische Eiche,	8
--- nigra, die schwarze Amerikanische Eiche,	8
--- rubra, die Rothe Amerikanische Eiche,	8
--- ægilops, die Ziegenbart-Eiche,	16
Rhamnus Chatarticus, Kreuzdorn,	6
--- frangula, Faul-Baum, Rhabarber-Baum,	6
Ribes Cynospati, mit stachlichten Früchten,	4
Rubus prostratus,	4
— americanus, Americaner Brombeere,	6
Rhus canadensis, Canadischer Sumach,	—
--- Virginica, Virginischer Sumach,	16
Spirea Crenata, Spanische Spitz-Staude,	6

	gr
Spirea Chamædrifolio, die Siberische Spier-Staude	6
— lævigata, mit glatten Blatt, 1 rthl.	8
Ulmus pumila Sibirica, Zwerg-Rüster,	4
Vitis vulpina, Fuchs-Wein,	4
Viburnum latifolium, breitblättrichter Mehlbaum	4

VIII.
Todesfall.

In diesem 1796. Jahre starb Herr Stifts-Syndicus Doctor Bucher zu Meissen, ein großer Liebhaber der Schönheiten der Natur, er hinterließ eine Nelken, und Aurikel-Sammlung, welche auctionis lege versilbert worden.

Inhaltsanzeige

des erſten, zweyten, dritten und vierten Heftes der nützlichen Bemerkungen für Garten- und Blumenfreunde.

Erſter Heft.

I. Einige Regeln über das Beſchneiden der Fruchtbäume   =   Seite 6
II. Etwas über die Behandlung der Tulipanen   13
III. Von Zubereitung der Erde zum Gebrauch der Blumen, beſonders der Nelken   20
IV. Wie ſind die auf den Nelkenpflanzen befindlichen Blatt-Läuſe zu vertreiben?   23
V. Wie geht es zu, daß unter den Saamen-Nelken ſo wenig gute Sorten ausfallen; wenn gleich der Saamen nur von den vorzüglichſten Nelken genommen iſt   ,   25
VI. Vom Bau der Nelke   =   27
VII. Beſchreibung des gräflich Vitzthumſchen Gartens zu Lichtenwalde zwiſchen Frankenberg und Chemnitz   =   =   29

VIII. Verzeichniß der bey dem Gräflich Einsiedel=
schen Gärtner Johann Caspar Lehr zu Gers=
dorf bey Roßwein, im Jahre 1794 und 1795
aus Saamen gefallenen Nelken Sorten   31
IX. Verzeichniß der bey dem Hn. Prem.Lieut.Manst
zu Freyberg, im vorigen und heurigen Jahre
aus Saamen gefallenen neuen Nelken=Sorten   41
X. Verzeichniß der vorzüglichsten bey dem Raths=
Syndic. Albonico zu Döbeln in 1795 Jahre ge=
fallenen Saamen Nelken   =   49
XI. Nelken.Verzeichniß des Raths=Syndicus Joh.
Heinrich Albonico zu Döbeln aufs Jahr 1795. 53
XII. Ankündigung   =   =   87

Zweyter Heft.

I. Entwurf zu einem Landschafts=Gemälde,
in der Beschreibung des Gräflich Vizthumschen
Gartens zu Lichtenwalde   =   99
II. Ueber die Cultur der Nelken, von Herrn Amt=
mann Morgenstern in Sanderßleben   124
III. Theorie der künstlichen Befruchtung der Blu=
men Gewächse, besonders der Nelken   134
IV. Was ist von dem Einflusse der Electricität,
auf Gewächse, deren Vegetation, und Farben
zu halten   =   =   146

V. Von Auswinterung der Nelken, und einer in Zimmern zugebrauchenden sehr bequemen Blumen Stellage 149
VI. Mittel wider die Blattläuse 154
VII. Vermischte Nachrichten 159
VIII. Ankündigungen 160
IX. Todesfälle 190
X. Aufforderung 191

Dritter Heft.

I. Einige Bemerkungen über die Erziehung der Aurikel aus Saamen, von Herrn Doct. Selig in Plauen 195
II. Von der Cultur der Ranunkel 205
III. Ueber das Beschneiden der Obstbäume, und den Gebrauch des Baumwachses, nebst Anweisung zur Fertigung des leztern, und das bey kranken Bäumen zu gebrauchenden Forsythischen, und anderer Baum Mörtel 224
IV. Eine auf Erfahrung gegründete leichte Art, guten Spargel aus Saamen zu ziehen 237
V. Denkmal eines eben so sonderbaren, als prächtigen Naturprodukts, des unter den Nelken bekannt gewesenen Flammanten Königs 242
VI. Von der Bedachung der Blumen Stellagen 248

VII. Von Benennung der aus Saamen erzeugten
Blumen   =   =   253
VIII. Ankündigungen   =   261

Vierter Heft.

I. Beschreibung meiner Nelken Stellage vom
Herrn Doct. Hirt in Zittau   =   291
II. Betrachtungen beym Schluß des Blumen-Jahres 1796.   =   =   300
III. Beschreibung des Palais-Royal zu Paris   311
IV. Verzeichniß der Nelken, die bey Johann Caspar Lehren, Gräflich Einsiedelschen Gärtner zu Gersdorf bey Roßwein zu haben sind   331
V. Verzeichniß der im Herbst 1796 bey dem Raths-Syndicus Johann Heinrich Albonico in Vermehrung seyenden Nelken Sorten   356
VI. Verzeichniß der bey dem Churfürstlichen Hofgärtner zu Lichtenburg bey Torgau, Herrn Johann Wilhelm Manger, zu habenden ausländischen und einheimischen Bäume und Sträucher   369
VIII. Todesfall   =   =   380

Nützliche
Bemerkungen
für
Garten- und Blumenfreunde.

Gesammlet

von

Johann Heinrich Albonico,

Rechts-Consulent und Raths-Syndicus
zu Döbeln.

Fünfter Heft.

Leipzig,
bey Gerhard Fleischer, dem Jüngern.
1797.

Non possidentem multa vocaveris
Recte beatum; rectius occupat
Nomen beati, qui Deorum
Muneribus sapinter uti
— — callet — —

Horatius.

I.

Rhapsodische Bemerkungen über die Cultur und Erziehung der Nelke, vom Senat. Gellert in Plauen.

Ich hörte einmal einen alten Dorfprediger, der wohl 20. Jahr nur seinen Bauern gepredigt hatte, und nun einmal vor einer ziemlich gebildeten und aufgeklärten Gemeine auftreten mußte, sagen, daß freylich den Meisten seiner Zuhörer, was er jetzt sagen würde, Spreu seyn möchte, doch sey sein Trost, daß doch wohl manches gute Hühnchen ein Körnchen darunter finden werde, das es brauchen könne — So möchte ich auch wohl mit vollem Recht bey diesen fragmentarischen Bemerkungen über die Nelke sagen, jener herrlichen Blume, über die so vieles geschrieben worden. Den meisten meiner blumistischen Leser werden diese Bemerkungen bekannte Dinge und Spreu seyn. Doch hoffe ich mancher Anfänger soll ein Körnchen darunter finden, das er bey dem Bau seiner Nelken anwendbar finden wird, und blos aus diesem Gesichtspunkt bitte ich diese Fragmente zu beurtheilen.

Ab ovo anzufangen, so ist um eine schöne Nelkenflor zu erhalten, eine gute Erde, worein die Nelken gepflanzet werden wesentlich nothwendig. Allein worinne besteht eine gute Erde für diese so schöne Blume? Fast jedes Gartenbuch lehret uns die Zubereitung einer guten Nelkenerde anders. Ich glaube aus 16jähriger Erfahrung behaupten zu können, daß die Nelkenerde, die Weismantel vorschlägt immer die beste ist: nämlich $\frac{1}{2}$tel verfaulten Kuhdünger ohne Stroh, und $\frac{1}{2}$tel gute fruchtbare Gartenerde aus Gurkenbeeten mit etwa den 8ten Theil sogenannten feinen Triebsand vermischt. Aus diesen Bestandtheilen lasse ich alle Herbste einen Haufen schichtenweise anlegen, der 3 Jahr ehe er gebraucht wird im Freyen den Einflüssen des Regens, Schnees, Sonne und Frost ausgesetzt liegen bleibt, und nur oft einmal umgestochen wird. Der mir so schätzbare Verfaßer des Aufsatzes im ersten Heft dieses Journals über die Zubereituug der Nelkenerde schimpft zwar auf diese Kuhfladenerde sehr, hält sie für die Pflanzschule der so verderblichen Nelkenläuse, und meinet, eine Erde von altem Teichschlamm sey weit besser. Allein mit Ihrer Erlaubniß, theuerster Freund! ganz unbedingt, und ganz allgemein kann ich Ihrer Meynung nicht beypflichten. Seit 16 Jahren in denen ich mich mit dem Bau der Nelken beschäftige, brauche ich keine andere Erde als die oben beschriebene, und ich kann eben nicht sagen, daß ich, zumal bey ein wenig Reinlichkeit und Aufsicht mit dem häßlichen Uebel der Nelkenläuse sehr beschwert wäre, ja ich kenne einen Freund von mir, der zu seiner Nelkenerde blos ganz frischen getrockneten Kuhdünger ohne Stroh nimmt, der vor dem Gebrauch klar gestoßen und gerieben, hernach aber unter die Gartenerde gemischt wird, und der demohngeachtet alle Jahre die prächtigste Flor hat, und von Läusen ganz frey ist. Es scheint mir also nicht, daß eine solche Erde die Pflanzschule der Nelkenläuse sey, eines Insekts, mit dessen Geschichte wir noch immer zu wenig bekannt sind, das wir vielmehr nur aus den traurigen Verwüstungen, die es unter unsern Nelken anrichtet, kennen. Und was die Teichschlammerde anlanget, so scheint mir bei deren Gebrauch zuförderst

die Hauptfrage zu seyn, aus was für Hauptbestand=
theilen die um den Teich, woraus die Erde genom=
men worden, herumliegenden Ländereyen, wovon er
seine Zugänge erhält, bestehen? Ist der Grund und
Boden in der Gegend des Teichs lehmigt oder letticht,
so glaube ich, daß auch nach 40 Jahren so eine Teich=
schlammerde zum Gebrauch als Nelkenerde unbrauch=
bar, immer lehmigter Natur bleiben, und wenn sie in
Topf oder Asch kommt durch das Begießen klosicht und
fest wie Eisen, dadurch aber das Wachsthum der darein
gepflanzten Nelke, die lockern Boden liebt, ganz
verhindert würde. Ist aber diese Teichschlammerde
aus einem Teich, um den herum schwarze fruchtbare
Erde ist, gehen in diesen Teich die Ausflüsse von
Ställen oder Einzuchten, dann pflichte ich der Mei=
nung des Herrn Verfaßers im 1sten Stück dieses
Journals völlig bey, daß so eine Erde, wenn sie
10 bis 12 Jahr gelegen, ganz vortreflich für Nelken
ist. Auch kommt in Absicht dieser Erde viel darauf
an, wie der Stand unserer Nelken ist. Stehen diese
in einem Garten, wo viel Bäume sind und sie viel
Schatten haben, da wird diese Erde, weil sie doch alle=
mal etwas lehmiger Natur und also kühlend ist, nicht
mit Nutzen zu gebrauchen seyn, sondern verursachen,

daß viele Sorten uns die Flor schuldig bleiben. Stehen aber die Nelken an einem freyen und solchen Ort, wo sie die Sonne den ganzen Tag haben, da wird diese Erde vortreflich für unsere Nelken seyn.

Nur dann erst, wenn man eine gute Erde hat, muß man sich schöne Blumen anschaffen. Diese erlangt man theils durch Kauf theils durch Säen. Von der ersten Art sage ich nichts, allein von der zwoten Art einige Worte. Es ist gewiß, daß diese zwote Art viele Vorzüge hat, weil dadurch der Nelkenfreund so viel neue noch unbekannte Sorten erhält und zu erhalten Hofnung hat

Aber hierzu ist Saame von guten Sorten wesentlich nothwendig; diesen Saamen muß man von guten Sorten selbst ziehen, und zu dem Ende in der Flor die guten Blumen von allen mittelmäßigen oder schlechten Sorten ganz entfernt halten. Der Weg, von guten Sorten guten Saamen zu erhalten ist entweder die künstliche Befruchtung, oder daß man die Befruchtung unserer guten Blumen der Natur oder den Insekten überläßet. Die erste Art hat zwar viel Gutes, ich zweifle aber, ob sie für alle Nelkenliebhaber seyn möchte, weil nicht jeder Nelkenfreund bey seinen übrigen Berufsgeschäften, und bey einer Flor von 4 bis 500 Sorten Zeit genug zu diesem etwas mühsamen Geschäfte haben möchte, da ohnehin in der Flor Beschäftigung genug für den Nelkenliebhaber vorhanden ist. Ich überlasse die Befruchtung meiner Nelken der Natur und den Wespen und Bienen. Ich habe den Vortheil, daß in der Nachbarschaft meiner Nelkenstellagen Bienenstöcke stehen. Diese fallen in der Flor häufig über meine Nelken her, und befruchten sie, so, daß ich jährlich viel Saamen und sehr guten Saamen erbaue. Man hüte sich also die Wespen und Bienen von den blühenden Nelken zu verjagen. Man suche vielmehr sie herbey zu ziehen.

Hat der angehende Nelkenliebhaber gute Erde und schöne Sorten: so muß er letztere auch zu behandeln wissen, wenn eine schöne Flor die Mühe und Sorgfalt fast eines ganzen Jahres belohnen soll.

Die Bemerkung des Herrn Amtmann Morgensterns, im 2ten Heft. dieses Journals, daß bey einer fehlerhaften Behandlung Alles verloren sey, ist völlig wahr und richtig, und die Behandlungsart, die derselbe angiebt, ist Muster! Also hierüber von mir nur noch einige fragmentarische Bemerkungen.

Wer freylich in seinem Hause so viel Platz hat, daß er seine Blumen gleich im Herbst in die Blüh= scherben setzen, und sie so im Hause auswintern kann, der hat freylich schon einen großen Vortheil voraus, und ich unterschreibe die Behauptung des Herrn D. Hirt im 4ten Heft, daß die Herbsteinsetzung das ein= zige wahre und wichtigste Beförderungs=Mittel zu ei= ner schönen Flor sey, mit voller Ueberzeugung. Kann nun aber ein Nelkenfreund diesen Vortheil nicht ha= ben; so ist es doch wenigstens wesentlich nothwendig, daß die Versetzung der Nelken in die Blühscherben im Frühjahr so zeitlich als möglich geschehe, damit die neuversetzte Nelke ehe sie zu wachsen und zu spin= deln anfängt zum Einwurzeln Zeit habe. Ich versetze meine Nelken, wenn ich trockene Erde habe, nach Be= schaffenheit der Witterung, schon in den ersten Tagen des März, behalte sie aber im häuslichen Winterquar= tier, wo ich ihnen Luft soviel möglich gebe, und sie des Nachts nur für Frösten schütze. Hierdurch gewin= nen die Nelken Zeit zum Einwurzeln, so daß hernach wenn sie in den freyen Garten gebracht werden, sie schon völlig eingewurzelt sind, und gleich zu treiben anfangen. Alles übrige, was bey dem Verpflanzen der Nelken in die Blühscherben zu beobachten ist, hat Herr Amtmann Morgenstern in der oben angeführten Abhandlung sehr schön und richtig gesagt, nur bemerke ich noch in Ansehung der Blumentöpfe, daß derjenige, deßen Blumen einen solchen Stand haben, daß sie im freyen Garten, den ganzen Tag die Hitze der Sonne ausstehen müßen, besser thut, wenn er seine Blumen in glasurte Töpfe setzet, weil diese eher etwas kühlen und die allzugroße für die Nelke schädliche Hitze abhalten, und man den Nachtheil, den diese Aesche haben, daß sie später austrocknen, durch sparsameres Gießen vermeiden kann, dahingegen derjenige, dessen Blumen einen solchen Stand haben, wo sie nur einen Theil des Tages die Sonne haben, weit besser thut, wenn er seine Blumen in unglasurte Töpfe setzt, damit sie in diesen der Sonnenhitze mehr genießen, weil außerdem in glasurten Töpfen, diesem, viele seiner Blumen die Flor schuldig bleiben möchten.

In der Mitte des Aprils bringe ich meine Nelken von Haus in den freyen Garten auf die Nelkenstellagen, an welche ich gleich die Dächer anhängen laße, damit diese bey etwa noch einfallenden Frösten des Nachts niedergelaßen werden können.

Nun noch einige Worte über die Nelkenstellagen. Deren giebt es verschiedene Arten. Diejenige, die uns Herr D. Hirt im 4ten Heft dieses Journals beschreibt, scheint sehr vortheilhaft und sehr zweckmäßig zu seyn, nur scheint mir die Bedachung derselben den Mangel zu haben, daß das Niederlaßen des Dachs so auf beyden Seiten der Stellage angebracht ist, mehrere Zeit erfordern wird, als das Niederlaßen eines Dachs nach Art der Ranftischen Stellagen, worauf doch z. E. bey einem Gewitter, schnellkommenden Schloßenwetter oder Platzregen viel ankommt.

Meine Nelkenstellagen sind nach Art derjenigen Stellagen eingerichtet, mit deren Beschreibung vor einigen Jahren der seel. Prem. Lieut. Ranfft die Blumenliebhaber beschenkt hat.

Nur hab' ich dabey folgende Veränderungen angebracht. Die sogenannte Aufziehsäule hab' ich ganz weggelaßen. Statt derselben werden die beyden hintersten Ecksäulen etwan 2 Zoll zurückgesetzt, und sind eben so lang als die Ranftische Aufziehsäule angegeben worden. In diese beyden Ecksäulen werden oben an der Spitze Einschnitte gemacht, queer durch diesen Einschnitt gehet ein runder Pflock oder Spindel von sehr glattgehobelten Pflaumen= oder Birnbaumholz, über welchen die Schnur mit der das Dach aufgezogen wird hinwegläuft. Den Kloben oder die Rolle aber, die Ranft angiebt, worin die Schnure zum Aufziehen laufen soll, habe ich ganz weggelassen, weil, wenn die Spur derselben noch so tief ist, sich doch alle Augenblicke die Schnure aushakt oder überschlägt, dadurch aber die schnelle Niederlassung des Dachs hindert. Durch diese Veränderung habe ich den Vortheil erhalten, daß ich auf diese Stellage statt der in der Ranftischen Beschreibung angegebenen 5 Reihen, nun 6 Reihen stellen und das Dach, welches mit zwo Schnuren, in denen sich am Ende derselben eine Schleife befindet an 2. an den hintersten Ecksäulen unten an der Erde eingeschlagenen Nägeln angehänget ist, in einem Augenblick niederlaßen kann, weil ich nur die beyden Schnuren von den Nageln abzuhängen brauche, dann fällt das Dach von selbst nieder.

2. Wesentlich nothwendig zu einer vollkommenen Nelkenstellage ist endlich auch ein gutes dichtes und

leichtes Dach, oder Bedeckung, das bey Schloſſenwetter, Plaßregen, der heftigen Sonnenglut, unſere Lieblinge für Verderben ſchüßet. Wie iſt nun aber ein ſolches Dach einzurichten? die meiſten dieſer Dächer beſtehen aus Wachsleinewand oder Segeltuch. Allein beyde Arten verdienen alle den Tadel, womit der Herr Verfaſſer des Etwas über die Nelkenſtellagen ſie belegt hat, vollkommen. Ich habe zwar bisher ſelbſt keine andern Dächer gehabt. Seit ich aber vorigen Sommer bey einem Freunde von mir, der die ſchönſte Nelkenflor in hieſiger Gegend hat, eine andere Art von Dächern geſehen, die alle Erforderniſſe eines guten Dachs hat, werde ich die vorigen Dächer ganz abſchaffen, und dieſes dafür anſchaffen. Von dieſem Dache will ich eine Beſchreibung zu liefern verſuchen.

Die Nelkenſtellagen meines Freundes ſind nach Art der Raufftiſchen und meiner dabey gebrauchten Abänderung, und nur bey dieſer, glaube ich, iſt dieſe Bedachung anwendbar.

Das Dach beſteht aus Schindeln. Aus gutem, ausgetrokneten Schindelholz werden Schindeln geſchnitten und gefertiget, die aber nicht die gewöhnliche Länge der Schindeln haben, sondern nach der Breite des Dachs zugeschnitten und eingerichtet werden müßen. Diese Schindeln werden zuförderst so dünne als möglich abgehobelt, sodann in einander gefüget, und gewöhnlichermaßen auf die obern und untern Queerlatten des Dachs angenagelt. Weil aber so ein Dach, wenn es so lang als die gewöhnlichen Rannfftischen Stellagen sind, wäre, der dünngehobelten Schindeln ohngeachtet für eine Person zum Aufziehen zu schwer seyn würde, gleichwohl meines Bedünkens es eine wesentliche Nothwendigkeit eines guten Daches ist, daß solches leicht von einer Person behandelt werden kann, so ist jenes Dach meines Freundes so eingerichtet, daß es aus zwo Hälften bestehet, oder jede Stellage ist mit 2 Dächern versehen, davon jedes die Hälfte der Stellage bedeckt, oder noch deutlicher, es ist ein in 2 Hälften zerschnittenes Ranftisches Dach. Diese jetzt beschriebenen 2 Hälften werden wie das Ranftische Dach oben mit eisernen Bändern und Queerstiften an die Stellage angehänget. Sodann ist die mittelste hinterste Säule der Stellage eben so lang als die beyden Ecksäulen, und diese mittelste Säule ist oben mit 2 Einschnitten versehen; durch jeden derselben gehet ein in der Queerwand glatt gehobelter Pflock von Pflaumen oder Birnbaumholz, über den die Schnuren zum Aufziehen jeder Hälfte des Daches wie bey den Ranftischen Dächern laufen. Es sind also die 3 hintersten Säulen eine so hoch wie die Andere, und über jede der zwey Ecksäulen läuft die andere Schnur, die zum Aufziehen jeder Hälfte gehöret. Uebrigens wird diese Art von Dächern in Ansehung des Aufziehens und Niederlaßens eben so wie ich oben meine Art von Dächern beschrieben, behandelt.

Diese Art von Dächern ist ganz vollkommen, ist waßerdicht, unter selbigen sind die Blumen für den Schloßen völlig gesichert, und eine einzige Person kann sie ohne alle Anstrengung in einem Augenblick niederlaßen, was oft bey schnell einbrechenden Schloßenwetter oder Platzregen, wo 2 Personen zu Niederlaßung des Dachs öfters nicht sogleich bey der Hand sind, von wesentlichem Nutzen ist.

(Die Fortsetzung künftig.)

II.
Einige Vorsichts-Regeln bey Erziehung eines guten Nelken-Saamens.

Es ist nicht so leicht, guten Nelken-Samen zu erziehen, als mancher es wohl glaubt. Mehrere einsichtsvolle Blumisten haben darüber viel richtiges und belehrendes in ihren Anweisungen bekannt gemacht. Dieses habe ich zu benutzen gesucht, und meine eignen Erfahrungen damit verbunden. Ich habe daraus folgende Regeln gezogen, die ich mit Vergnügen hierdurch bekannt mache.

1.) Man wähle zu Samen-Müttern, Blumen von mittler Größe, von einer ganz reinen Grund- und nicht zu starker Zeichnungs-Farbe, mit verschnittenem Blatte.

2.) Diese setze man schon im Herbst in ihre Blüthscherben, in eine etwas magere Erde, laße sie im Winter nicht treiben und schütze sie im Frühjahr für Nachtfröste.

3.) Sind diese vorüber, so stelle man die Töpfe ins Freye bis zum aufblühen und gieße sie nicht zu häufig.

4.) So bald die Blumen sich entfalten, stelle man sie in zwey Reihen hinter einander, unter ein etwas hohes Obdach, wo sie von Morgen bis Mittag Sonne und freye Luft genießen, jedoch gegen Nässe gesichert sind. Die beste Stellung dazu ist auf einem, an einen Gebäude, gegen Morgen angebrachten Blumenbeete.

5.) Wer Kenntniß und Zeit genug dazu hat, thut wohl, sich der künstlichen Befruchtung, wozu Weißmantel, Moser und besonders ein ungenannter zu Studtgart (1780 bey Mezler) gute Anweisungen gegeben haben, zu bedienen. Allein auch ohne diese wird guter Samen erzogen, wenn die Samen-Mütter von den übrigen Blumen abgesondert stehen, und sich unter einander selbst befruchten können.

6.) Wenn die Blume anfängt welk zu werden, reiße man, ohne jedoch die Samenhörner zu beschädigen, alle Blätter heraus. Gemeiniglich fängt nach dieser Operation (welche auch oft die Ohrwürmer verrichten) die Samen-Kapsel an zu wachsen, und tritt oft nach 14 Tagen schon zur Hülse heraus.

7.) Alle Blumen, welche Samen=Kapseln anse=
tzen, bleiben bis zur völligen Reife des Samens un=
ter dem Verdeck stehen.

8.) Man berühre die Samen=Kapseln nicht zu
oft und drücke sie nie.

9.) Bey naßen Sommer, wie in dem verwiche=
nen, löse man die äußere Hülse um der Samen=Kapsel
mit einer feinen Scheere vorsichtig ab, damit die
Kapseln nicht multern und die Ohrwürmer ihre
Schlupfwinkel verlieren.

10.) Man nehme die Samen=Kapseln nicht
eher ab, bis sie selbst aufspringen; als welches das
sicherste Zeichen von der völligen Reife des Samens ist.

Wer diese Regeln beobachtet, wird alljährlich
eine Menge Samen erziehen, und nicht nur seinen
eigenen Bedarf bestreiten, sondern auch andern Lieb=
habern von seinem Ueberfluß mittheilen können.

Sandersleben, den 6. Decbr. 1796.

J. W. Morgenstern.

III.

III.
Beschreibung des englischen Parks zu Hagley.

(Diese Beschreibung ist nach Heely's Briefen über die Schönheiten von Hagley ꝛc. und Youngs Reisen durch die nördlichen Provinzen von England frey bearbeitet, und wird denen, die noch keine wahre Idee von einem englischen Park haben, gewiß nicht unangenehm seyn.)

Hagley ist der Landsitz der Familie des Lords Lyttelton in England. Diese Beschreibung fängt sich mit den Wohn-Gebäuden an, zu welchen ein etwas gekrümmter mit Linden und Ulmen besetzter Weg führet. Man siehet Größe durch Simplicität unterstützt, und findet, daß wahre Zierlichkeit, die Hülfe überflüßiger Zierathen verachtet. Die Wohnung des Besitzers hat bequeme und gut proportionirte Zimmer, mit schönen Decken und leichten sinnreich angegebenen Frießen, worinnen eine Menge ausgesuchter

Gemälde, durch welche zum Theil Vandyk und Titian ihren unnachahmlichen Pinsel verewigt haben, befindlich sind. *)

Alles ist mit Geschmack und Mäßigkeit, wie es schicklich ist meublirt, welches dem Auge weit mehr gefällt, als die größte Pracht und Verschwendung. Dies sehr ansehnliche Wohngebäude steht auf einer sich nach und nach erhebenden Anhöhe, im Mittelpunkt einer schönen geräumigen Aue, **) ausgenommen auf der Nordseite, wo die Küche, Wohnungen der Bedienten, und der Küchen-Garten angebracht, aber von allerley zierlichen Gebüschen, immergrünenden Sträuchern, Linden und andern Bäumen dergestalt versteckt sind, daß man aus dem ganzen Park, nirgends einen unangenehmen Anblick hat. —

---

*) Die besondere Beschreibung dieser Gemälde ist hier hinweggelassen worden, weil solche nicht allen Garten-Liebhabern angenehm seyn dürfte.

**) Der Uebersetzer der Heelyschen Briefe, drückt das Wort Lawn durch Wildbahn aus, allein ich finde diesen Ausdruck, dem Begriffe der Sache gar nicht angemessen, und halte das Wort Aue für passender.

Auf der Treppe, welcher noch eine Gallerie fehlet, gewähret ein grenzenloser Prospekt, der mit allen möglichen Abwechselungen bereichert ist, ein großes Vergnügen, und wenn man, um das Haus, bis zum Mittelpunkt der Nordseite gehet, wird man aufs neue in Verwunderung gesetzt.

Der Park stellt von hieraus eine Landschaft vor, welche dem Pinsel des Poußin Ehre bringen würde. Ein überraschender Anblick von allen was schön und erhaben ist, thut seine ganze Wirkung. Gerade gegenüber entdeckt man in gehöriger Entfernung am Ende einer Ebene, eine hochstehende, wohlproportionirte Säule, welche mit hohen Kiefern und Ulmen umgeben ist. — Diese Bäume gehen den Hügel hinab, und scheinen mit denen zusammen zu hängen, welche eine, hundert Schritte vom Fuße desselben entfernte kleine gothische Kirche einschließen.

Eine andere von hieraus ansteigende Aue, ist mit großen, theils einzeln, theils dicht zusammenstehenden Eichen geziert; dazwischen hin und wieder Flecken mit Farrenkraut befindlich. Die Eichen gehen mit abwechselnder Ungleichheit zu einer andern Abtheilung, von einer dünnen Waldung fort, die immer abnimmt, bis zu einem luftigen Hayne, über dessen Spitze queer vor, die grünen Hügel von Clent, hoch, kühn, und mahlerisch hervorragen.

Wenn man nach der Säule zurück sieht, so wird man gewahr, wie sich der Wald linker Hand hinabsenkt, und den Mittelpunkt, eines großen halben Mondes ausmachet, da indessen ein anderer kleiner Hayn, der vom Walde abgesondert ist, und gleichsam durch einen Zufall dort entstanden zu seyn scheinet, den Eingang zu einen Haufen von Kiefern am Ende des hintern Hügels formiret. — Von hier senkt sich die Aue nach und nach abwärts, macht den schönsten Grund, den man sich nur vorstellen kann, und führt das Auge mit einer edlen Krümmung, wieder aufwärts, nach dem ansehulichen Hügel von Witchberry.

Obgleich dieses Stück, welches die Landschaft auf eine so reizende Art füllt, nicht zum Anfange des Parks gehört, so ist es doch so genau damit verbunden, daß man es nicht anders als unzertrennlich davon halten kann. Die einzige Heerstraße trennt diese verschwisterten Schönheiten, sie ist aber so versteckt, daß man es nirgends merkt, und die Verbinduug un= unterbrochen bleibt.

Gedachter Grund ist in einem lebhaften, und prächtigen Geschmack gezieret. Oben auf dem vorder= sten steilen Hügel, zeigt sich eine zierliche Gallerie, die nach einer Zeichnung vom Tempel des Theseus ge= nommen ist; sie liegt gegen eine dicke Pflanzung schottischer Kiefern, die sich von dem steilen Abhange herunter zu beyden Seiten, des gerade gegen über liegenden Hügels verbreitet; linker Hand des Gebäu= des steht etwas höher, mitten auf einer unregelmä= ßigen Aue ein Obelisk, und erhebt seine stolze Spi= tze. — Jenseits desselben am äußersten Ende des Grundes senkt sich ein ehrwürdiger Hayn bejahrter Eichen abwärts, verlieret sich hinter dem Gesträu= che und den Linden, die den Vorgrund zieren, und macht dadurch eine der reizendsten Aussichten, welche man sich nur denken kann, vollkommen. Von hier geht man nach der

Kirche.

Sie ist ein kleines altes Gebäude, deßen Thurm ganz mit Epheu bedeckt ist. Sie ist so dicht mit Bäu=

men umgeben, daß man sie kaum in einer geringen Entfernung sieht. Inwendig ist sie ungemein sauber, und die Fenster um den Altar sind schön gemahlt.

Unter den verschiedenen Monumenten, dieses Ortes, verdient, das zum Andenken der Lucinda Lyttelton vorzügliche Aufmerksamkeit. Die folgenden schönen Verse auf demselben sind von ihrem geliebten Gemahl dem letztverstorbenen Lord.

„Sie war gemacht, aller Herzen einzunehmen „und aller Augen zu reizen. Sanftmuth war bey ihr „mit Großmuth, Witz mit Klugheit verbunden; sie „besaß soviel feine Lebensart als man nur am Hofe „wünschen kann, und soviel Güte des Herzens, als „die Welt nie gesehn. Man sahe in ihr das edle „Feuer einer erhabenen Seele, mit der größten weib= „lichen Zärtlichkeit vereinigt. Ihre Sprache war die „harmonische Stimme der Liebe, und ihr Gesang „glich den melodischen Tönen der Sänger des Wal= „des. Ihre Beredtsamkeit war lieblicher als ihr Ge= „sang, so sanft als ihr Herz, und so stark als ihr „Geist. Ihre Bildung drückte jede Schönheit ihrer „Seele aus, und ihre Seele war Tugend von den „Grazien bekleidet."

In der Nachbarschaft ist ein Grab, das keiner Lobrede im Styl der Monumente bedarf, um seinen Charakter zu verewigen. Man liefet auf einem blosen Steine nichts weiter als den Namen

Georg. Lord Lyttelton.

Von diesen melancholischen Wohnungen der Todten führt der Weg auf einem sanft auf= und abwärts fortlaufenden Gange längst einem kiesigten Bach in eine wilde finstere Vertiefung, die ganz das Ansehn hat, als wenn sie durch ein heftiges Erdbeben, oder durch eine Ueberschwemmung in diesen Zustand versetzt worden wäre.

In der Mitte dieses Orts ist unter einem Baume eine Bank befindlich und man findet sich, wenn man hier Platz genommen, auf einmal aus einem lustigen, mit reizenden Gegenständen angefüllten Park, in eine wilde unordentliche Einöde versetzt. Rings umher sieht man kleine, steile, abgerissene, abhängige Anhöhen, ohne alles Grün, Bäume von erstaunlicher Höhe, die sich zum Theil in der Tiefe befinden, zum Theil, als wenn sie von den Seiten herunter gerutscht wären, verwirrt durch einander stehn. Hervorragende, und über den Erdboden fortkriechende Wurzeln, große, rauhe, unordentlich liegende Steine, die dahin gerollt, oder vom Waſſer hingeführt zu ſeyn ſcheinen, Waſſerfälle in den Felſen, und herabtropfelnde Quellen, macht das Schaudernde dieſes Aufenthalts vollkommen.

Eine ſteile Bank von Felſen, die in finſtern Gebüſchen und Sträuchern liegt, und von deren einem Winkel, ein kleiner wohl gekrümmter Fluß hervorkommt, zieht von hier die Aufmerkſamkeit des Wanderers auf ſich. Hier findet er, daß die Hand des edlen Beſitzers, der die Anlage gemacht, geſchäftig geweſen, ob es gleich ſehr unmerklich iſt, und daß das wilde Anſehen des Ortes hauptſächlich von dieſer Felſenbank herrühret. Bey genauerer Unterſuchung ihrer Anlage wird man die Seiten ſehr natürlich finden, wenn man vollends gewahr wird, daß dieſe Vertiefung, oder dieſer hohle Weg (die Dämme der obenliegenden Waſſerbehältniſſe ausgenommen) bis an den Rand des Parks fortgehet, und dort wie eine ſchmale Rinne anfängt, ſo ſchließt man ganz natürlich, daß ſolcher ſeit undenklichen Jahren, von einem reißenden Waſſer entſtanden, welches bey einer Ueberſchwemmung, ober von dem geschmolzenen Schnee auf den Clentischen Hügeln herabgeflossen, und indem es unterweges mehrere Bäche zu sich genommen, wilder und gefährlicher geworden, den Boden fortgerissen, die Ufer erweitert, die Unordnung unter den Bäumen angerichtet, die Wurzeln entblößet und hier wie auch an andern Orten, alles in den verwirrten Zustand versetzt habe. Dieser Platz, wenn ihn gleich nur viele eines flüchtigen Blicks würdigen, hat sehr viele Schönheiten, und an keinem Orte des Parks, findet man soviel Beweis von Genie in der Anlage; dies muß jeder eingestehen, wenn er sich, nachdem er einige Schritte hinaufgeklettert, auf einmal aus dem Sitze der finstern Melancholie in paradiesischen Lauben von Rosen umflochten, befindet.

Zufällige Scenen verursachen allemal Vergnügen, und dies um so mehr, wenn sie einen auffallenden Contrast mit den vorhergehenden machen. Dieser Contrast ist hier außerordentlich, und verräth die Absicht, der vorhergehenden, rauhen wilden Einöde. Sie thut eine erwünschte Wirkung. Der Prospekt von der Palladischen Brücke reizt durch seine Schönheit den Zuschauer zu stiller Bewunderung. —

Das Lusthaus,

welches auf diesem Bogen ruhet, ist ein leichtes angenehmes Gebäude, von guter Erfindung, mit der Ueberschrifft.

— Viridantia Tempe

Tempe, quae sylvae cingunt superimpendentes.

Schwerlich ist dem Auge jemals ein Prospekt, von einer so vortheilhaften Seite vorgestellt worden. — Mit welchem Entzücken sieht nicht jeder, auf den hellen vor ihm liegenden See! — auf die sich majestätisch ausbreitenden Bäume, welche dessen kühn ansteigende Ufer zieren, und indem sie ihre Aeste horizontal ausbreiten, sich in die wirbelnden Wellen tauchen! — Was empfindet er nicht, wenn er die Kaskade, von dem mit Gesträuch bewachsnen Felsen, in das engeingeschloßne Thal schäumend hinabstürzen sieht, wenn er die Augen, auf die darüber befindliche Abwechselung, von Gebüsch und Auen wirft, und auf den sich am Ende des Prospekts erhebenden grünen Hügel, welcher zuweilen mit weidendem Wilde, und auf der Spitze mit einem schönen seiner Bestimmung gemäßen runden Tempel besetzt ist. — Wenn nun zugleich die verschiedenen Sänger, des Waldes, mit ih-

411

ren lieblichen wilden Tönen, seine Empfindungen noch lebhafter machen, so steht er voll Entzücken da, erstaunet, bewundert, und muß sich mit Gewalt von diesem Elysischen Stande losreißen.

Die Gewalt der Kunst vermag viel, und ist verführisch, besonders bey denen, die keine Augen haben, die weit größern Reizungen der Natur einzusehen, und zu empfinden. So sehr auch diese vorher beschriebene Scene zu bewundern ist, so ist doch das sehr steife Ansehen der Kaskade zu tadeln, so wie die geradlienigten Absätze, daraus sie zusammen gesetzt ist, welche mit dem wahren Geschmacke nicht bestehen können, ob sie gleich ziemlich durch das Gesträuch versteckt sind. Hätte der Erfinder dieser Anlage seine ihm sonst gewöhnlichen Einsichten hier völlig angewandt, so würde das Ganze vollkommen geworden seyn. Das Uebrige ist alles so, daß es bey der schärfsten Untersuchung die Probe hält.

Allein wenn die Natur gleich bey der Anlage dieses schönen Prospekts, welcher jeden bezaubert, der ihn erblickt, etwas hart behandelt worden, so hat sie sich doch nicht ganz entfernt, sondern schwebt mit ihrer gewöhnlichen Grazie in der Nachbarschaft umher, als wenn sie einen Ort ungerne verließ, wo sie sich sonst so sehr gefiel. Sie ist wieder ihren Willen entflohen; sie hält sich aber in geringer Entfernung von dem Orte auf, wo die Kunst gar zu sichtbar ist, und hat ihren Wohnplatz mit allen ihren Reitzungen in der Grotte darüber aufgeschlagen.

Geht man nun von hier, wieder längst dem Wasser hin, und folgt einem, sich sanft krümmenden schattigen und wohlgeführten Weg, so kommt man auf eine freye Aue, die allenthalben mit hohen Bäumen umgeben, und hin und wieder truppweis mit Ulmen besetzt ist. Ein zierlicher Tempel, der auf einer Anhöhe, die sich nach und nach herabsenkt, steht, zieht die Aufmerksamkeit eines jeden auf sich, und nöthigt ihm das Bekenntniß ab, daß kein Gebäude mehr Wirkung auf eine Landschaft thun kann, um sie angenehm zu machen. Wenn man nach der Länge hingeht, hat man ihn immer vor Augen, bis man an einen Rasenplatz kommt, bey dem jeder einen Augenblick mit Vergnügen verweilen wird, ehe er sich in die Gegend der Grotte

begiebt. Ein Thorweg führt zu diesem bezaubernden Aufenthalte, worinnen man unter dem Schatten finsterer Tarus, und anderer immer grünenden Bäume, welche dicht und nachläßig gepflanzt sind, spazieret. Man sieht, daß die Absicht ist, daß alles ein feyerliches dunkles Ansehen haben, und zu einem Contrast, mit einer lebhaftern Scene, von des Aulegers Erfindung dienen soll; und man wird in dieser Muthmaßung auch nicht betrogen. —

Von einer schmalen, unter einer Eiche von außerordentlicher Größe angebrachten Bank, fängt sich die Aussicht an zu erweitern, und stellt einen so unaussprechlichen reizenden Anblick dar, daß man glaubt, auf einmal, in eine der glückseligsten Arkadischen Gegenden, oder in einen Feen-Aufenthalt versetzt zu seyn.

Bey Fortsetzung des Weges, kann man auf jedem Schritte, eine Pause machen, und unter den hohen Bäumen, und an den Abhängen, die mit allerley Moos, Gesträuchen und wohlriechenden Blumen, die Duft und Farben unter einander mischen, stehen bleiben, um die vor sich liegende Scene mit allen ihren ländlichen Reizungen aufmerksam zu betrachten. In einer Nische von Felsenstücken mit Steinkohlen eingefaßt, findet das begierige Auge des Wanderers den bequemsten Standpunkt, sich an den vielen rings umher anlachenden Gegenständen zu weiden.

Die erste Aufmerksamkeit zieht eine mediceische Venus auf sich. — Sie thut in der That, eine artige Wirkung, welches von dem mit so vieler Klugheit gegebenen Stande herrührt. Sie steht in einem auf bäurische Art gewölbten Winkel, einsam, an einem abgelegenen Orte in einem Dickigt von Bäumen und Sträuchern. Meist gegenüber stehen die angenehmsten Gruppen von Lorbeern, und andern immergrünenden Bäumen, und hängen damit zusammen; sie machen den Fuß eines prächtigen Waldes aus, der sich hinterwärts in aller Pracht und Schönheit den Hügel hinanziehet. In der blumichten Vertiefung, und unter dem Lorbeerhayn sind ländliche Sitze, als wenn sie die Natur hier von Felsen gebildet hätte, mit aller Simplicität angebracht.

Eine bejahrte in der Nähe befindliche Linde, deren altem Ansehen, diese Vertiefung viel von dem malerischen Ansehen zu verdanken hat, zieht die Aufmerksamkeit auf sich. Dieser Baum ist vermuthlich vor 100 Jahren sehr hoch und in seinem vollen Wuchse gewesen, und ist von der Art gefället, oder, welches wahrscheinlicher ist, durch einen Sturm einige Fuß hoch über der Erde abgebrochen und der Sturz bis an die Wurzel in drey Theile gespalten worden, aus welchem, wie aus einem alten Apfelbaume verschiedene Ausläufer, zu ansehnlichen sich weit ausbreitenden Bäumen gewachsen sind.

Das besondere des Anblicks ist sehr unterhaltend; wozu der glückliche Stand der Linde viel beyträgt, indem sie auf der einen Seite vom Rande eines Abhanges hinunter hängt, und sich auf der andern, über den Fußsteig ausbreitet. Mit vielem Geschmack hat man auf dem Stamm und den hervorragenden Wurzeln Moos anzubringen gewußt, welches das ländliche ungekünstelte Ansehen derselben noch vermehret.

Ein nackender Boden ist allemal ein unangenehmer Anblick, und soll nirgends anzutreffen seyn, als wo man eine wilde melancholische Scene anbringen will, da ist er charakteristisch, sonst aber nicht zu leiden, weil ein grüner Rasen aber im Schatten, und wo die

Sonne keinen freyen Zugang hat, nicht frisch fortwachsen kann, so ist nichts dagegen zu sagen, wenn Moos an dessen Stelle gesetzt wird; es macht eine sanfte Decke, und hat in den finstersten Abörtern allezeit ein lebhaftes Ansehen.

Aus diesem angenehmen Standpunkte geht man seitwärts von gedachter schönen Linde, wobey eine Bank angebracht ist, einen muntern Weg hinab zu einem steinern Sitze wo man folgende Zeilen findet
— — — Ego laudo ruris amoeni
Rivos, et musco circumlita saxa nemusque.

Die reizende Venus zeigt sich abermals, gleichsam schüchtern, als wollte sie sich in ihrer ländlichen Höhle verstecken, oder als wenn sie eben aus dem Wasser gestiegen wäre. In einer hohlen Vertiefung, die in einer darüberliegenden steilen Anhöhe angebracht; und nur grob mit Glasschlacken und unregelmäßigen Steinen verziert ist, entdeckt man eine Kaskade. Anstatt daß sie vorher das Ohr nur mit ihrem Geräusche vergnügte, stellt sie sich nunmehr dem Auge dar, wie sie mit Gewalt hervorbricht, und schäumend über steile Absätze herabstürzt, bis sie sich unter der Wurzel eines

nes hohen Baumes, in eine Oefnung verliert, und nicht mehr gesehen wird. —

Die Betrachtung dieser Kaskade überzeugt den Beobachter, in wie weit der Geschmack sie durch Nebenumstände, wobey der Charakter des Ganzen beobachtet worden, noch wichtiger zu machen gewußt hat. Dies wird theils durch die über der erwehnten Vertiefung fast senkrecht aufgehäuften Steine und Schlacken, theils durch die am Rande stehenden Bäume bewirkt, die ihr Haupt stolz erheben, und zugleich den untern Gang beschatten, da indeßen die mahlerische Linde, die man nun am Abhange stehen sieht, ihre Arme über die ganze Vertiefung der Kaskade verbreitet. Die sanft ansteigenden Abhänge sind mit Rosen, Geisblatt, und andern Sträuchern, wie auch jährigen Pflanzen, die in verschiedenen Monaten blühn, und also eine ununterbrochene Flor darstellen, besetzt, und dieser abwechselnde Anblick wird durch eine Aue, die sich in einem Gebüsche von Lorbeern verliert, unterbrochen. Wer nur einiges Gefühl hat, kann die angenehme Verbindung so vieler Gegenstände ohnmöglich sehen, ohne dadurch hingerissen zu werden.

In diesen ruhigen Gefilden, wo Friede und Vergnügen zu wohnen scheinen, muß der Boshafte seine

D b

finstern und blutigen Absichten bey Seite setzen, und jede Leidenschaft, welche an dem menschlichen Herzen naget, vollkommen ruhig werden.

Es ist zu bewundern, daß man einen so unterhaltenden Theil der Gartenkunst nicht mehr anbringt und ausbreitet, da doch jedes Auge so angenehm davon gerührt wird; so wie zu beklagen ist, daß derselbe Geschmack mit den Blumen nicht auch in der wilden Scene, die vor dem Gebäude bey der Palladischen Brücke vorher gieng, angebracht worden; hätte man dies anstatt der jetzt dort befindlichen Wasserbehältnisse gethan, und die Anlage mit gehöriger Vorsicht gemacht, so wäre die schönste Scene, die das Genie nur erfinden kann, gebildet worden.

Wo die Kunst nöthig ist, um eine romantische Scene hervorzubringen, da kommt die Hauptsache darauf an, seinen Endzweck zu erreichen, ohne daß man die Spuren der Kunst im geringsten merkt. Diese Höhle hat derselben viel zu danken, und ist unleugbar eine bloße Garten-Scene, die ganze Anlage hat aber doch ein leichtes, simples, ländliches Ansehen. Die Natur zeigt sich auf allen Seiten, in dem Stan=

de eines jeden Busches, und der Blumen, und folgt dem Künstler auf allen Schritten nach.

Man verläßt diesen Aufenthalt der Waldgötter höchst ungerne; die Seele wird beym Anblick desselben in eine solche heitere, sanfte Fassung gebracht, daß man wünscht, seinen Wohnsitz hier aufzuschlagen, und nie wieder an dem Geräusche und den Thorheiten der Welt Antheil zu nehmen.

Die immer grünenden Stauden und Bäume geben dem Hügel sowohl, als dem finstern Aborte so viel Schönheit, und sind so wichtig, daß man sie nie genug bewundern kann.

Nur mit Gewalt, muß man sich von der Scene der Grotte losreißen, und nachdem man an den mit Gesträuche besetzten Seiten hinaufgeklettert, befindet man sich in einem benachbarten Hayn, in dem kühle Lüfte spielen, versetzt. Bey einer Bank unter einer außerordentlich großen Eiche sieht man durch eine Oefnung im Laube eine Gallerie. Um solche aber aus einem noch bessern Standpunkte zu betrachten, geht man über den Damm eines wohlgeformten Wasserstücks, wo sie sich mit aller Würde zeigt. Das Gebäude liegt vor einer schönen Waldung, die sich hinterwärts den steilen Hügel hinan zieht, und indem sie auch von beyden Seiten plötzlich herabsinkt, das edelste Amphitheater formiret, und eine schöne Aue einschließt. Auf dieser breitet sich eine ehrwürdige, einsame, am Stamme mit Epheu bewachsene Eiche aus; die sie umgebenden Bänke laden zum Sitzen ein, und man betrachtet hier mit Vergnügen das lebhafte Gemälde um sich her.

Diese gefällige Scene gehört sowohl als die vorige zu einem Garten, und ob sie gleich in allen Betrachtungen gerade das Gegentheil ist, so wird doch jeder gestehen, daß die Absicht der Anlage dahin gehet, die Seele mit romantischen Ideen anzufüllen. Wenn man sich unter einen Lorbeerbusch ohnweit der Eiche stellet, so ist man fast gezwungen, sich in einen Aufenthalt einer ländlichen Gottheit, wovon die alten Dichter singen, zu denken. Das gegenüberstehende Lusthaus am Abhange eines Hügels, die hohe Waldung, das Gebäude der palladischen Brücke, welches auf der einen Seite tief im Thale liegt, und auf der andern Seite die Rotunde, zwischen Klumpen von Bäumen auf einer Anhöhe über einen See mit vielen Krümmungen; alles dies giebt der Ab=

sicht der Anlage einen gewißen Nachdruck, und macht die Illusion immer stärker.

Hagley hat vor allen bekannten Lust=Revieren den Vorzug, weil es nicht nur eine Menge von Sce=nen giebt; sondern auch, weil eine jede von einem verschiedenen Charakter ist, und doch mit den übrigen in einer gewissen Verbindung steht; ja, was der Anlage noch mehr Ehre macht, ist, daß man diejenige Parthie, in der man sich befindet, allezeit für die schönste hält, bis man eine neue betritt, deren Rei=zung und unerwarteter Anblick den Eindruck, den die vorige gemacht, wieder auslöscht.

Ehe man durch das Dickigt zurückkehret, muß man nach dem Lorbeer=Gebüsche gehen, um einen voll=kommnern Prospekt von der Halle, bey der Palladi=schen Brücke, und der Gegend umher zu bekommen. Anstatt der Kaskaden, welche dort das Gesicht belusti=gen, erblickt man hier die Behältnisse, welche jene mit Wasser versorgen, in der Gestalt eines Armes von einem Flusse, so daß es scheint, das überflüßige Wasser fließe unter der gedachten Brücke ab. Bey einer ganz ruhigen Oberfläche des Sees, macht das Spiegeln des

Gebäudes in demselben ein Gemälde, das Niemandes Aufmerksamkeit entgehen wird.

Wenn man von dieser kleinen Excursion, den Weg wieder erreicht hat, kommt man in eine waldigte Gegend, die mit Farnkraut, und allerley alten moosigten Bäumen besetzt ist, und findet eine Bank, von der man über ein gut angelegtes unregelmäßiges Wasserstück, die Aussicht nach dem gegen über liegenden Wald und Aue genießet. Von einer andern, die etwas höher am Rande eines Abhanges angebracht ist, hat man eine Erdzunge, oder Halbinsel vor sich, welche durch die Verbindung eines andern Wassers, das in jetzt gedachtes Wasser läuft, entsteht, und mit hohen vortreflichen Eichen besetzt ist. Eine in der Mitte stehende Urne ladet den Wanderer ein, näher zu kommen, um sie zu betrachten. Man wird sowohl durch das Feyerliche, welches ringsumher herrscht, als durch den Gegenstand selbst, der sich vortreflich zu der ruhigen einsamen Gegend schickt, gerührt. Vielleicht ist nie etwas glücklicher nach dem erforderlichen Charakter ausgeführt worden. Die Urne selbst ist dem verstorbenen Dichter der Leasowes gewidmet, und trägt die Inschrift:

„Dem Andenken des Ritters Wilhelm Scheastone, „in deßen Poesien die natürlichen Schönheiten, und „in deßen Sitten die liebenswürdige Simplicität „des Schäfer-Gedichtes mit der sanften Zärtlichkeit „der Elegie verbunden war.„

Hier zeigt sich die vorher schon gedachte Vertiefung, welche von den Elentischen Hügeln, bis in das finstere Thal hinab gehet, in ihrem natürlichen Zustande, und obgleich der Geschmack sich hier nicht in Kaskaden, Grotten und Wasser zeigt, so macht er doch weit stärkern Eindruck, indem er gleichsam alle Kunst verwirft, und die Natur ohne den geringsten Zwang, arbeiten läßt. Der Contrast ist vortreflich, und der neue Anblick, wenn man durch muntere belaubte Gänge gegangen, verräth den mit Beurtheilung verknüpften Geschmack des Anlegers. Was kann man sich mehr wünschen, als wenn das Auge die angenehmsten Aussichten hat, wenn das Ohr unaufhörlich mit der lieblichsten Harmonie der Vögel erquickt wird, wenn einem unter dem angenehmsten Schatten nichts fehlt, das die Empfindung der Glückseligkeit unterbrechen könnte? Zuweilen entwischt dem Auge gleichsam ein Blick durch eine Durchsicht auf eine wohl an=

gelegte Aue, vorzüglich von einer, eine alte Eiche umgebenden Bank, wo sich die Rotunde in einer ganz neuen Lage auf einem grünen Hügel mit vortreflichen Gruppen von Bäumen darstellt, außerdem ist alles einsam und ohne alle Aussicht.

Auf diese Art wird man abwechselnd unterhalten, indem der Weg längst der Vertiefung fortgeht bis er queer durch solche dahinführt, wo man die berühmte von jedermann bewunderte Aussicht, über das umliegende Land hat, und welche der Lieblings=Platz eines der größten englischen Dichters, eines Pope, gewesen, den er auch den Wohnsitz der Musen genannt: Kein Wald kann einen Hügel auf eine edlere Art zieren, und sich glücklicher ins Thal hinabstrecken, keine Aue ein schöneres Grün, mehr Abwechselung und Schönheit haben. Unstreitig ist derjenige Theil des Parks, den man Popens Gang nennen kann, der schönste von Hagley.

Wenn man durch diesen muntern unregelmäßigen waldigten Gang, der sich über die Oberfläche fortkrümmt, bald unter einer bejahrten Eiche, bald unter einem Klumpen von Bäumen hingeht, kommt man an den Ort, wo der Lord seinem Freunde eine schöne Urne mit sinnbildlichen Figuren errichtet hat. Auf dem Postamente lieset man folgende Inschrift:

„Dem Andenken des Alexander Pope, des zierlich=
„sten und angenehmsten Dichters, der durch seine
„Satyre das Laster eben so sehr bestrafte, als er
„durch lehrreiche Gedichte die Weisheit einflößte,
„gewidmet. Im Jahr 1744.

Bey einer benachbarten Bank, wo eine Quelle unter der Wurzel eines alten Baumes hervorbricht, muß man etwas ausruhen, um die Aussicht zu bewundern; sie ist zwar eingeschränkt, aber doch mit so vieler Anmuth ausgeschmückt, daß sie jedem eine angenehme Unterhaltung verschaffen wird. Sie besteht nur aus wenigen Theilen, die aber Eindruck machen, und eine reiche Mischung von Wald und Aue darstellen.

Der Weg wird nunmehr steil, jedoch nicht unangenehm, und wäre er auch etwas beschwerlich, so würde man es nicht achten, weil die Landschaft so ungemein interessant ist.

Indem man den Hügel mit Vergnügen ersteigt, kommt man an eine Bank, unter alten krummen Elfern, von der man über den Hayn, der den Park einschließt, wegsieht, und den Abhang der grünen Clen=

tischen Hügel, bis zu ihrem mit Kiefern besetzten
Gipfel hinan verfolgt, oder mit den Augen bey den zu
den Füßen liegenden Ueberbleibseln eines alten Gebäudes stehen bleibt, das ein ehrwürdiges feyerliches Ansehen hat, und mit seiner Gothischen Spitze über die
Bäume hervorragt. Man nennt es

die Ruinen.

Beym ersten Anblicke dieses Gegenstandes, der
so viel beyträgt, die Scene ehrwürdig zu machen, stutzt
man, und kann dem Eindrucke nicht widerstehen; man
verfällt in Nachdenken, und die Neubegierde wird ge-
reizt, die Geschichte dieses Gebäudes kennen zu lernen.
Ein Liebhaber der Alterthümer wird voll Ungeduld
seyn, um zu wissen, in welchen Zeiten und von wem
dieses Schloß sey aufgeführt worden, was vor Bela-
gerungen es ausgehalten, wie viel Blut dabey vergos-
sen worden; er wird beklagen, daß die alles verzeh-
rende Zeit, es so geschwind vernichtet habe. Mit diesen Eindrücken, wird dies alte Gebäude gewiß jeden
Wanderer hintergehen, so meisterlich ist es ausgeführt;
denn ob es gleich erst von dem letztverstorbenen Besitzer angelegt worden, so sieht es, wenn man es auch
in der Nähe betrachtet, doch aus, als wenn es vor ei-

nigen hundert Jahren, ein vestes Schloß gewesen wäre. Der Lord hat es aber nicht bloß gebauet, um der Landschaft ein interessanteres Ansehen zu geben, sondern auch um des Nutzens willen, indem es zugleich die Wohnung des Aufsehers von dem Park enthält.

Diese gothische Ruinen sind sehr weislich am Rande der größten Anhöhe, des ganzen Landsitzes angebracht, und man hat von hier eine grenzenlose Aussicht, insonderheit aus einem artigen meubelirten Zimmer in dem Thurme, der mit Fleiß noch im guten Stande erhalten wird. Um den Begrif des Alterthums noch mehr zu bestärken und feyerlicher zu machen, ist an den Mauern und Thürmen so viel Epheu angebracht, daß man es unmöglich ansehen kann, ohne den Gedanken, es sey wirklich so alt als es scheine, zu bevestigen.

Die Gegend um diese Ruinen übertrifft alle in dem ganzen Park ohne Ausnahme. In dem edeln Ansehen kommt noch die angenehme Abwechselung, und wenn man oben hinauf kommt, die herrliche Aussicht über eine unbegrenzte schöne Landschaft, die Vergnügen und Erstaunen erweckt. Eine zum Füßen liegen-

be, weitläuftige Aue, die gleich an den Ruinen an=
fängt, und in einer ungleichen Oberfläche fortgehet,
hin und wieder theils mit Farrenkraut besetzt, theils
mit Waldung und Haynen, die sich von den Abhängen
herunter ziehen, umgeben ist, zieht nicht weniger die
Aufmerksamkeit auf sich. Alles verräth die ungekün=
stelte Natur, in ihrer Freyheit.

Von den Ruinen führt ein langer Fußsteig zu dem
sogenannten Gothischen Sitze, dessen Lage alle Er=
wartung weit übertrift. Eine Fläche von wenigstens
dreyßig Aeckern, die eine ungekünstelte Gestalt hat,
und mit Pflanzungen von Ulmen=Bäumen umgeben
ist, läuft zu den untenstehenden Waldungen hinab,
über welchen man zwischen dem Thurm der Ruinen,
und dem Obelisk auf dem Hügel von Witchberry hin=
durch einen angenehmen Strich Landes sieht, der vol=
ler Abwechselung ist. Man bemerkt z. B. den Sitz
des Lord Stamford, die Hügel von Clee und die hohe
Spitze des Wrekin. Nicht weniger angenehm ist auf
der andern Seite der Prospekt der Stadt Dudley mit
dem Schloße, und eine Kette buschigter Hügel, die
sich hinter den fleißig angebauten Feldern, und den
Waldungen erheben. Von hier geht man nach den

Ruinen zurück durch das Thor des Parks und gelangt dann zum Fuße der Clentischen Hügel, wenn man anders Lust hat diese zu besteigen und die reizende Aussicht auf selbigen genießen will, außerdem geht man nicht weit von den Ruinen den Weg, der unter einem Hayn von hohen Nußbäumen durchführt, und sich hernach unter ästigen Eichen, längst einem engen blos in der Tiefe buschigten Thal. fortschleicht, bis man an einen, mit Muschelwerk gezierten Sitz gelangt, darüber die Worte stehen

„ Sedes contemplationis. Omnia Vanitas.

Er ist mitten an einem schönen waldigten Orte angelegt, und schickt sich vollkommen zu der Absicht, von der die Ueberschrift redet, der Platz ist abgelegen, einsam und heiter, überhaupt kann der ganze Gang von den Ruinen an nicht schöner seyn; kein Thal kann mehr Abwechselung haben. Man wird den Geschmack schwerlich irgendwo mit glücklicherm Erfolg angewandt sehen. Hier lernt man den großen Vorzug der Gartenkunst kennen, wenn sie die von der Natur vorgeschriebenen Gesetze nicht beleidigt. Bey jedem Schritte, den der Wanderer in diesem Gange thut, er mag nun an einen dunklen, oder wieder an einen hellern Ort kommen, scheint die Gegend schöner zu seyn, bis er selbst zu dem Mittelpunkt aller Vollkommenheiten gelangt, nehmlich zu der

Einsiedeley.

Eine Einsiedeley oder Hütte schickt sich eigentlich nicht zu einem durch Kunst verschönerten zierlichen Park, es scheint etwas widersinniges zu seyn, und sollte eigentlich hier nicht angetroffen werden. Dem ohngeachtet ist diese Einsiedeley, oder wie man sie sonst nennen will, der umliegenden Gegend angemessen und gut eingerichtet, sie besteht aus alten Stämmen, und zusammengefügten Wurzeln, deren Zwischenräume mit Moos ausgefüllt sind. Der Fußboden des Vorhauses ist mit kleinen Kieseln artig gepflastert, und rings umher geht ein Sitz von Stroh.

Vermittelst einer Thüre, kommt man in ein Zimmer, das ohngefehr in eben dem Geschmack verfertiget ist. Alles hat ein armseeliges Ansehen, und verräth eine Verachtung des Ueberflußes in der Welt, wie es sich für den Bewohner einer solchen Einsiedeley schickt, der wie man annimmt, alle Thorheiten und Ueppigkeiten, dieses Lebens verachtet, und seine me=

lancholischen Stunden dem Nachdenken, und der strengsten Enthaltsamkeit widmet.

In dem Vorhause findet man folgende passende Stelle aus dem Pensenso des Milton:

„Möchte ich doch, in meinem entkräfteten Alter
„eine ruhige Einsiedeley, ein schlechtes Kleid, und
„eine bemooßte Zelle finden, wo ich sitzen, und
„über jeden Stern des Firmaments, über jedes
„vom Thau befeuchtete Gras nachdenken könnte,
„bis ich eine vieljährige Erfahrung, und dadurch
„gleichsam einen prophetischen Geist erreichte. Dies
„Vergnügen gewähre mir, Melancholie, so will ich
„gerne mit dir meine Tage beschließen."

Aus der Thüre dieser moosigten Zelle hat man zwey perspectivische Durchsichten über das entfernte Land, die eine geht über die gegenüberstehenden Bäume weg, und die andere unter solchen durch.

Weder in diesem Park, noch in einem andern, ist eine Scene anzutreffen, welche in der Brust eines Mannes von Geschmack, eine angenehmere Empfindung hervorbringt. Natur und Kunst, würken hier so gemeinschaftlich zusammen, daß beynahe eben so viel Beurtheilungskraft dazu gehört, sie von einander zu unterscheiden, als dazu nöthig war, es dahin zu bringen. Jene scheint alles angewandt zu haben, um abwechselnde Ungleichheiten hervor zu bringen, und diese hat Hayne, Klumpen von Bäumen, und einzelne Bäume meisterlich angeordnet, um jene zu verzieren.

Gedachte beyde perspectivische Aussichten ausgenommen, ist das übrige eingeschlossen, und blos in sich schön. Man sieht etwas von einem tiefen waldigten Thale, Wasser, ein Stück von einer Aue, und steile mit Holz bewachsene Hügel, welches zusammen genommen einen ungemein malerischen Anblick macht.

Von dieser Einsiedeley führt ein Fußsteig, den grünen Abhang hinunter auf den Boden des Thales. Man geht bey einer Art von Zelle, und seitwärts bey einem kleinen Wasserstücke vorbey, welches einen Teich bildet, und als Fischhälter genutzt wird. Auf einmal lenkt sich der Weg rechts einen steilen Hügel, in Form eines halben Cirkels, hinan, und führt abermals zu einer großen herrlichen Aussicht. Eine Veränderung, die um so angenehmer ist, da man zuvor einsame finstere Auftritte gehabt hat.

Die=

433

Dieser Hügel ist mit wohlgeordneten Eichen bepflanzt ohne einiges Unterholz. Wenn man diesen ermüdenden steilen Weg hinaufsteigt, wo man von der Ermüdung ausruhen, und sich zugleich mit den vielen Gegenden, die sich dem Auge darstellen, unterhalten kann. Hat man den Gipfel erreicht, so läuft der Weg ziemlich gleich fort, und ob er gleich in gerader Linie längst alten Ulmen und Ahornen hingeht, so bemerkt man es doch nicht, weil die Aussicht zwischen den Bäumen das Auge so sehr auf sich zieht, bis man endlich durch einen sanften Abhang zu dem berühmten Sitz gelangt, von dem man den edelsten und herrlichsten Prospect hat.

Man liest hier folgende passende Zeilen, aus dem fünften Buche von Miltons verlornen Paradiese

„Dies sind deine Werke gütiges Wesen! du hast
„dies alles so wunderbar geschaffen, Allmächtiger!
„Wie wunderbar mußt du selbst seyn. Unaussprech-
„licher, der du über den Himmeln wohnest, für
„uns unsichtbar, aber doch in deinem geringsten
„Werke zu erkennen, diese erzählen deine unbe-
„schreibliche Güte und deine göttliche Macht.

Eine eben so große als schöne Aue senkt sich hinab, und wird unten ganz eben. Sie ist mit Bäumen eingefaßt, und auf ihr stehen hin und wieder die schönsten Gruppen davon, die man sich nur denken kann. An derselben sieht man das Wohnhaus, ein an sich schon prächtiger Gegenstand, der, wenn man das umliegende dazu nimmt, eine vollkommene schöne Scene ausmacht, hier aber zugleich zu einem edlen Vorgrunde dienet, um die entfernte Landschaft, welche die Natur so reichlich mit ihren Reizungen ausgeschmückt hat, noch mehr zu heben.

Es ist fast unmöglich, alle Gegenstände dieses prächtigen Anblicks zu beschreiben. Man sieht angenehme Hügel, Bäume, große Thäler, Wiesen, Ebenen, Kornfelder, künstliche Wiesen, röthliche Heide, Wälder, Dörfer, Landhäuser, und der Horizont schließt sich endlich mit den hohen Gebürgen in Wales, die man vorher bereits von den Ruinen, und den Clentischen Hügeln gesehen hatte.

Mit einem Worte die Natur zeigt sich von dieser reizenden Anhöhe in einer Größe, die weit über alle Beschreibung ist. Sie bezaubert nicht nur das Auge, sondern erfüllet auch die Seele mit Ehrfurcht, für die Macht des Wesens, welches dies alles hervorgebracht hat. Wenn der Wanderer hier einige Zeit verweilet, und dies unbegrenzte Schauspiel betrachtet hat, so ladet ihn die angrenzende Holzung durch ihren Schatten ein, und zeigt ihm neue Scenen, die den übrigen Anlagen des Parks nicht nachgeben.

2. Die erste Scene ist dem Auge um desto angenehmer, weil man die plötzliche Abwechselung, eines mit unzähligen Gegenständen bereicherten Prospects, mit einer muntern Landschaft hat, die mit ländlichen Schönheiten angefüllt ist. —

Man sieht über eine schöne unregelmäßige Aue, die bis in eine mit Buschwerk und hohen Bäumen besetzte Vertiefung hinabgeht. Die Gipfel der Bäume machen gleichsam die Grundlinie einer andern Anhöhe, die sanft ansteigt, und oben auf derselben steht eine zierliche Halle, die zu beyden Seiten, und hinterwärts dick mit Ulmen und Kiefern besetzt ist. Noch etwas höher steht der Tempel des Theseus in einer finstern Pflanzung von Schottischen Kiefern, die sich nach der Höhe herauf ziehen. — Der majestätische Obelisk auf einem grünen Hügel, und der hinter demselben fort und ins Thal hinabgehende Wald von

Witchberry, und der Prospect der Thürme des Wohn=
hauses, sind alles Gegenstände, welche dies reizende
Gemälde ausmachen.

Jeder Liebhaber der Parks, welcher die Elysischen
Gänge zu Hagley besucht, wird diese Aussicht für eine
der schönsten halten, die jemals durch Kunst und Geschmack zu Stande gebracht worden. —

Des Wanderers Aufmerksamkeit, wird in diesem
Theile des Parks bey jedem Schritte rege gemacht.
Geht er von obiger Bank nur einige Schritte zu einer
andern, so findet er den Anblick von allen ganz ver=
ändert. Man sieht kein Gebäude mehr, sondern alles
ist hinter dem Walde versteckt: über diesem, und die
vorliegenden Aue, wird man aber durch eine Defnung
einen Klumpen Kiefern auf einem grünen Hügel, in
einer angenehmen Entfernung gewahr und am Ende
der abwechselnden Landschaft liegt in einer Entfernung
von dreyßig Meilen der hohe Wrekin.

Jetzt befindet man sich, mitten in Popens Lieb=
lingsgange, wo er unter friedlichen Laubengängen seinen Gedanken nachzuhängen pflegte. Etwas weiter

kommt man ganz unvermuthet an eine dorische Halle, welche nach ihm den Namen führt:

Popens Halle.

mit der Inschrift: Quieti et musis.

Dieser reizende Sitz befindet sich am Rande eines steilen Abhanges. Die Waldung umschließt vorne und auf den Seiten schöne Auen. Durch die Bäume, sieht man das Wasser schimmern, so wie auch die mit Epheu umschlungene hohe Eiche, zu welcher man von der Grotte aus, kommt. Weiterhin zeigen sich, beynahe in eben der Richtung, über den Hayn weg in dem unten liegenden Thale, die Halle, der Obelisk, der Wald von Witchberry, und ein Stück der Kiefern-Pflanzung. —

Wenn man von hier eine Meile fortgegangen, so lenkt sich der Weg in ein einsames Gehölze, und läuft ungekünstelt, unter dem Schatten prächtiger Eichen fort. Manche sind vom Alter beschädigt, und zeigen ihre bemoosten Wurzeln, manche sind noch im frischen Wuchse, und der Wind spielt mit ihren grünbelaubten Zweigen. Selbst die Luft duftet hier Vergnügen aus; und indem man solche sanft einathmet, eröfnet sich eine Aussicht über die weiten Auen, und Hayne, welche den berühmten Prospekt von Tinian sehr gleichen sollen.

Sie mögen aber diesem oder einem andern Prospekte gleich sehen, so kann man sich doch keine schönere Landschaft in Ansehung dessen, was man insgemein darin sucht, vorstellen: man sieht keine Pracht in den Tempeln, keinen Hayn mit erzwungenen Zugängen, oder andere lächerliche Einrichtungen; sondern die Natur zeigt sich im selbst gewählten ungekünstelten Gewande, welches allemal mehr gefällt, als Schmuck und Putz. Ob sich hier gleich kein Gebäude zeigt, die Urne des Pope ausgenommen, welche unter dem selbst gewachsenen Baume, und von dem herabhängenden Walde abgesondert steht; so merkt man doch den Mangel eines Tempels, Obeliskes oder dergleichen nicht. Man hat schon Gemälde genug an der Waldung, an der artigen Ungleichheit des Bodens, an der sich unregelmäßig fortstreckenden fruchtbaren Aue, an den lebhaften Hügeln von Clent, die sich über einen entfernten Hayn erheben, und auf den Gipfel mit Fichten besetzt sind. Die Natur ist an manchen Orten so reich an Annehmlichkeit, daß eine gothische

Einfalt, dazu erfordert würde, wenn man hier Ver=
beßerungen anbringen wollte; der Absicht der Natur
nach, soll sich hier nichts zeigen, als die ungekünstelte
Simplicität einer Schäfer=Scene.

Während daß die Augen und die ganze Aufmerk=
samkeit, auf diese angenehme Mischung von Auen,
Hügeln und Waldungen gerichtet ist, kommt man un=
vermerkt zu einer nicht weit entfernten Bank, wo man
folgende Verse liefet; —

 Libet jacere modo sub antiqua ilice,
  Modo in tenaci gramine,
 Labuntur altis interim rivis aquae,
  Querunter in sylvis aves.
 Fontesque lymphis obstrepunt manantibus
  Somnos quod invitet leves.

Diese Bank umgiebt die Hälfte einer ehrwürdi=
gen Eiche, die in einem tiefen einsamen Thal steht,
welches zum Theil bis an die zuvor beschriebene Halle
fortgeht. — Es ist mit allerley Bäumen, Buchen,
Eichen, Eschen durch einander angefüllt, einige sind
sehr alt, und ihre nackten Wurzeln ganz in einander
gewachsen, andre hoch, schmaal und gerade, und ver=
wickeln ihre frühwachsenden Zweige in einander; zwi=

schen durch schlängeln sich Bäche, in selbst gemach=
ten steilen Gängen fort. — Das Geräusch derselben,
das entfernte ländliche Geschrei der Krähen, das Gir=
ren der Holztauben, welches sich mit den durchdrin=
genden Tönen der kleinen Vögel vermischt, die feyerli=
che Einsamkeit und Dunkelheit des Platzes, machen
einen angenehmen Eindruck auf das Gemüth, daß es
alle Sorgen vergißt, und sich der Ruhe und dem
Vergnügen überläßt.

Wenn man aus diesem arkadischen Aufenthalte,
der sich ohnmöglich beschreiben läßt, heraus gehet, be=
tritt man einen einsamen schattigen Weg, längst der
einen Seite der Vertiefung hin; rechts bemerkt man
einen Bach, der von der Höhe herunter rieselt, und
sich zwischen den Bäumen fortkrümmt. Unter einer
großen Eiche stehen folgende Zeilen des Horaz:
Inter cuncta leges, et percunctabere doctos,
Qua ratione queas traducere leniter aevum,
Quid minuat curas, quid te tibi reddat amicum.
Quid pure tranquillet, honos an dulce lucellum
An secretum iter, et fallentis semita vitae.

Die Gegend um diesen Platz hat viel ähnliches
mit der vorigen Scene. Die Ungleichheit des Bodens

ist stark; er ist sehr gut mit Holz besetzt, welches zwar sehr angenehm umher steht, aber doch das Ansehen einer einsamen von der Welt entfernten Gegend hat. So wie sich der Fußsteig zwischen einer Menge von hohen prächtigen Bäumen durchkrümmt, so zeigt sich dann und wann

die Rotunde,

bis man sie endlich völlig zu Gesichte bekommt. Ehe man zu ihr gelangt, muß man aber einen Augenblick bey einer Bank verweilen, um den wilden, und am wenigsten eingerichteten Theil des Parks zu übersehen, der sich hier gegen den Fuß der Elentischen Hügel sehr erweitert. Man sieht hier auch den gothischen weißen Sitz, unter dem umherstehenden Hayn in einem sehr schicklichen Charakter.

Die Rotunde ist ein zierliches Gebäude, in dem besten Geschmack. Von hier erblickt man durch ein tiefes hohles Thal die Halle, die das artigste Gemälde macht, das man sich nur denken kann, und scheint die Rotunde blos errichtet zu seyn, um den Prospekt von der Halle desto vollkommner zu machen; weil sie sich sonst aus keinem andern Gesichtspunkte, von einer vortheilhaften Seite zeigt, wenigstens nicht auf eine solche Art, daß ein so kostbares Gebäude dazu nöthig gewesen wäre. —

Der Boden umher ist in einem angenehmen Geschmack angelegt. Ein von selbst gewachsener Hayn von Eichen deckt von allen Seiten die abhängige Aue, hinten verbirgt sich ein Klump von Lorbeerbäumen, und macht durch seinen Contrast, daß sich das Gebäude desto mehr hebt. Der Weg führt durch diesen Hayn wieder nach einer jähen Vertiefung, und alsdenn nach einer mit Holzung eingefaßten Aue. Hier stellt eine kleine Bank unter einer ansehnlichen Eiche einen vollkommnen Prospekt nach dem hohen Thurm der Ruinen dar, welche sehr angenehm im Walde liegen. Bey dem folgenden Baum hat man eine Aussicht nach der andern Seite, indem sich etwas von der entfernten Landschaft, der Obelisk, und die Hügel von Witchberry zeigen. Nunmehr kommt man zu einem mit Ulmen besetzten Gang, welcher zu den übrigen Schönheiten von Hagley wenig paßt; doch wird man dies vergeßen, wenn man die Augen, nach der andern Seite des Parks wendet, wo man auf dem ganzen Wege eine schöne Landschaft vor sich hat. Wenn man dem ländlichen Pfarrhause, und einem unter Kiefern und Stechpalmen sonderbar angelegten Brunnen vorbey gegangen ist, so kommt man wieder in eine Gegend, die vielen Geschmack und Zierlichkeit zeigt; nehmlich

Thomsons Sitz.

Dies ist ein sehr artiges Gebäude, von achteckiger Form, welches der Lord, der alles that, um seine Freundschaft für diesen Dichter zu zeigen, zu seinem Andenken mit nachstehender Inschrift aufführen laßen:

„Dem unsterblichen Geiste des Jacob Thomsons, „eines erhabenen Dichters und rechtschaffenen Man„nes, widmet dieses nach seinem Tode aufgeführte „Gebäude an einem einsamen Orte, den er bey „seinem Leben sehr liebte, Georg Lyttelton.

In Ansehung der Abwechselung, und der vornehmsten Stücke, die eine schöne Landschaft ausmachen, verschaft vielleicht kein einziger Platz in dem ganzen Park dem Auge so viel Vergnügen, als dieser, welcher der Lieblings-Aufenthalt des sinnreichen und im Mahlen so geschickten Thomsons war.

Vom Fuße dieses Tempels zieht sich eine Aue hinab, die immer weiter wird, und mit dichten Haynen umgeben ist. Gerade gegen über steht der schönste von allen, der den Abhang des Hügels bedeckt. Auf der halben Höhe, gerade über dem Gipfel der untern Abtheilung von Bäumen erhebt sich Popens Gebäude, wie eine bezauberte Feen=Wohnung. Nicht weniger reizend ist der Anblick des entfernten Hügels von Clent, mit der Gruppe von Fichten, der untenliegende alte verfallene Thurm, und die mahlerische Spitze der Aue, die sich in den Wald hinein zieht. Auf der andern Seite hat man eine Durchsicht, nach den weit von hier liegenden fürchterlichen Berge Malvern, der sich mit seiner ungeheuern Masse, bis zu den Wolken empor hebt.

Von hier führt der Weg unter dem Schatten nach der Schnur gesetzter Bäume zur

Säule,

worauf die Statüe Friedrichs, Prinzen von Wales, und Vaters des jetzigen Königs in römischer Kleidung steht.

Diese Säule ist auf der angenehmen Anhöhe errichtet, deren gleich anfangs, wenn man vom Hause weggehet, erwehnt worden, und die so viel zur Schönheit der Landschaft beyträgt. — Sie ist mit einem Hayn von Ulmen und Buchen in der Form eines halben Circuls umgeben, der sich auf der Seite des Hügels hinabstreckt, hinter demselben stehen Kiefern, wovon sich immer eine hinter der andern, auf eine artige Weise und weit über die Höhe des Monuments erhebt. Die Aussicht von demselben kann nicht schöner und edler seyn: Das liebliche Grün der sanft geschweiften Aue, die anmuthigen Hayne auf derselben, das majestätische Wohnhaus, der ununterbrochene große Umkreis, machen zusammen eine der prächtigsten und abwechselndsten Scenen aus, die sich das Auge nur wünschen, und die nur eine lebhafte Einbildungskraft denken kann.

Von diesem Hügel zieht sich der Weg unter einem schattigen Hayn nach der Halle hinab, wo man sich niedersetzen, und den blumenreichen Anblick genießen kann. Drauf geht man durch eine kleine Thüre, und kommt durch einen angenehmen Weg von alten ungemein großen Bäumen, bey der Kirche vorbey, wieder nach dem Wohnhause zurück.

Wenn man diesen berühmten Park, entweder bloß als Park, oder als Garten, oder als beydes zugleich, betrachtet, so sind seine Schönheiten, in so gutem Verhältniße gegen einander, und so charakteristisch, daß sich allenthalben der bekannte große Geist des Urhebers zeigt. Nie sind Scenen mit reiferer Ueberlegung angelegt, und glücklicher mit einander verbunden. Giebt man auf die Gebäude Acht, so sind sie alle, es sey auf den Hügeln, oder im Walde, oder in der Einsamkeit für ihren Platz passend uud interessant.

Ein Park bietet einem Manne von Geschmack allemal ein weites Feld dar. Muntere und sinnreiche Gegenstände werden allerdings erfodert, und müssen fleißig angebracht werden, wo es sich nur schicken will. Sie dürfen aber nicht getändelt, kindisch und gehäuft seyn. Die Hügel von Witchberry hatten in ihrem natürlichen Zustande ein widriges, nacktes und wildes Ansehen. Dies und die Nachbarschaft eines so muntern Parks fiel dem Lord auf, und bewogen ihn zu ihrer Verschönerung. So wie die Halle, der Obelisk, und die Kiefer-Pflanzung auf ihren Rücken angelegt ward, so wuchs auch zugleich ihre Schönheit zu einem solchen Grade, daß sie anjetzt von jedem, der sie sieht bewundert werden. — Mit einem Worte es muß jeder der Hagley sieht, gestehen, daß es in Ansehung des Geschmacks oder Zierlichkeit, und Schönheit einer der vorzüglichsten Oerter, in ganz England sey.

IV.
Vermischte Nachrichten.

a) Etwas über Nummer Hölzer.

Herr Gotthold, Handels-Gärtner in Thüringen, erwähnt bey Bekanntmachung seiner Blumen- und Küchen-Sämerey unter andern einer bequemen und wohlfeilen Art Nummerhölzer, zu deren Anschaffung er sich gegen billigen Preis erbietet, ich habe nichts dawider, vielmehr kann ich Herrn Gotthold, das gebührende Lob nicht versagen, da hierdurch manchem Blumen-Liebhaber große Erleichterung verschaft wird; allein diese Nummern sind doch nur auf Holz gemahlt, und wenig Dauer von ihnen zu erwarten; ich halte es daher vor Schuldigkeit die Blumen-Liebhaber mit einer weit dauerhaftern Art Nummern bekannt zu machen, deren ich mich nun schon seit 3 Jahren bediene, und welche ich dem Beſitzer einer anſehnlichen Nelken-Sammlung, Herrn Kuhn auf Präßdorf, der mir das erſte Exemplar zugeſchickt, zu verdanken habe, dieſe Nummer-Stöcke ſind von Schiefer gemacht, und werden im Gebürge in den Schieferbrüchen gefertiget. Ihre Form iſt die gewöhnliche, oben ſind ſie breit, und gerundet, der untere Theil aber iſt ganz ſpitz; das Schok koſtet 2 Rthl. —— und ſcheint der Preis etwas hoch zu ſeyn, wenn man aber bedenket, daß ſolche nicht verfaulen, und man ſie zeitlebens haben kann, ſo iſt der Preis gegen die hölzernen ſehr geringe, da letztere über 2 Jahr nicht gebraucht werden können, indem die Spitzen wo nicht im erſten, doch gewiß im zweyten Jahre abgefault ſind. — Ich habe meine Schiefer-Nummern zu den Nelken den obern Theil mit Oehlfarbe roth, und die Nummern ſelbſt weiß, zu den Aurikeln aber den obern Theil gelb, und die Nummer ſchwarz aufmahlen laßen, ſo ſich im Ganzen ſehr ſchön ausnimmt. Anfänglich fürchtete ich, daß ſolche ſehr zerbrechlich ſeyn möchten, allein ich fand das Gegentheil, nur auf Steine muß man ſelbige nicht fallen laßen, dieſe ſind aber in einem Garten nicht leicht in Wege, auf einen hölzernen Fußboden, können ſolche fallen und es ſchadet ihnen gar nichts.

Ich

— Ich kann daher jedem Blumen-Liebhaber, diese Nummern sicher empfehlen und würde es mich sehr freuen, wenn ich hierunter manchem gefällig gewesen wäre. —

b) Noch etwas wider Nelken-Läuse.

Herr Garnison-Cantor Pfeilschmidt, hat in seinem zum Herbst 1796 herausgegebenen Nelken-Catalog in einem P. S. etwas wegen Vertilgung der Nelkenläuse gesagt, das bekannter gemacht zu werden verdienet, daher solches mit seinen eigenen Worten hier mit einzurücken kein Bedenken trage.

———————————

So groß und vorzüglich das Vergnügen ist, welches der Nelkenfreund bey der Flor an seinen Lieblingen hat, so ist es doch nicht zu leugnen, daß vor den übrigen Blumenarten die Nelke viel Arbeit, Pflege und Mühe erfordert — und zumal da den meisten Sammlungen die Blatt- oder Nelkenlaus viel zu schaffen macht.

Unter so mancherley schon versuchten Hülfsmitteln, die Egyptische Plage los zu werden, zeichnen sich aus gemachter Erfahrung vor andern, ohne den Pflanzen nachtheilig zu werden als Präservativmittel vorzüglich aus:

I.

Das Räuchern mit schlechtem Toback, welches in einem dazu eingerichteten Räucherkasten oder in einem kleinen Behältnisse oder Kammer des Hauses geschehen kann. Nur ist das zu bemerken, daß wenn man den Räucherkasten hierzu brauchen will, der Tobacksrauch in einer 2 Zoll starken und über das Kohlfeuer gepaßten blechernen Röhre von außen hinein und so kühle als möglich, muß gebracht werden, welches die Länge des Rohres bewirket. Räuchert man aber in einem kleinen Behältnisse des Hauses, so will erforderlich seyn, daß man die Nelkentöpfe etwas von dem Fußboden in die Höhe bringe, weil dadurch die Stöcke mehr in den Rauch zu stehen kommen. Um dieses zu bewerkstelligen, setze man etliche hölzerne Böcke ins Behältniß, belege diese mit Brettern und stelle die Nelkentöpfe darauf. Auf den Fußboden des Behältnisses setze man die vorher angefachten und mit Toback belegten Kohlentöpfe oder Kohlfeuer; doch hüte man sich ja, daß die Hitze der glühenden Kohlen den

Töpfen nicht zu nahe komme und diese den Pflanzen schade.

Das Behältniß aber muß von unten bis oben ganz dichte voll Rauch seyn, so, daß man die Töpfe darinnen nicht sehen kann. Hier bleiben selbige 8 bis 12 Stunden und die im Räucherkasten 6 bis 8 Stunden stehen, wodurch die Verderber ohne Nachtheil der Pflanzen ihren Tod finden werden.

II.

Man nehme ein Stück Seife, schabe oder schneide selbiges in dünne Blättchen und gieße darauf Wasser, lasse diese darinn aufweichen und dann quirle man Wasser und Seife recht durch einander. Wäre nun dieses aufgelöste und gequirlte Seifenwasser noch zu dicke und schmierig, so verdünne man selbiges mit mehrern Wasser, gieße die Nelken damit gegen Abend, welches darum zuträglicher ist, weil am Tage die darauf scheinende Sonne den Guß von den Blättern sogleich wieder abtrocknen würde.

Oder, man schlage oder quirle die aufgelöste Seife so lange, bis selbige völlig zu Schaum oder Gisch geworden ist, und bringe dann diesen mit einem weichen Pinsel auf die mit Blattläusen behafteten Nelkenstöcke, so, daß die Blätter ganz mit Schaum bedeckt sind.

Dieses letztere, so leichte und den Pflanzen mehr zuträgliche als schädliche Mittel, schlage ich den Nelkenfreunden zu weitern Versuchen vor und hoffe davon den besten Erfolg.

V.
Neueste Garten Litteratur.

1. Taschenbuch für Gartenfreunde von W. G. Becker 1797. 8. Leipzig bey Voß und Compagnie mit K. 450 Seiten ohne Vorrede.

Herr Profeßor Becker zu Dreßden, der bekannte Verfaßer mehrerer beliebten Schriften in dieser Art, hat den Garten-Freunden, auf das Jahr 1797. ein abermaliges sehr angenehmes Geschenk gemacht. Zum verdienten Lobe dieses Werkchens läßt sich hier nichts weiter sagen, als daß kein Leser es mit Mißvergnügen aus der Hand legen wird. Dieser Jahrgang enthält

I. Altrauben, und seine Garten Anlagen, wie sie waren, sind, zum wenigsten wie sie seyn sollten, und seyn könnten, von A. F. Krauß.
II. Der Garten zu Carlsruhe in Schlesien.
III. Beschreibung des Naturgartens zu Bebröb in Ungarn.
IV. Der Naturgarten des Herrn Baron Ladislaus von Ortzy bey Pest, so wie er von Herrn Petri entworfen und ausgeführt worden ist.
V. Rhapsodien über die schöne Gartenkunst, mit Hinsicht auf verschiedene reizende Anlagen und Naturgärten; von dem Herrn Profeßor Becker, aus dem Coup d'oeil sur Beloeil, mit Geschmack und Beurtheilung gezogen.
VI. Neue Einrichtung eines Cabinets von Bäumen und Sträuchern, welche unter unserm Himmelsstrich ausdauern. Nach einer neuen Methode geordnet von dem Herrn Haus-Marschall Freyherrn von Racknitz in Dreßden.

VII. Verzeichniß derjenigen Bäume und Gesträuche, welche in dem Königreich Ungarn wild wachsen von Herrn Petri.

VIII. Bemerkungen der Kälte-Grade, welche nachstehende Pflanzen, in dem ehemaligen Herzogl. Pfalz-Zweibrückschen botanischen Garten zu Karlsberg nach mehrjährigen Versuchen ausgehalten haben; von Herrn Petri.

Dieses klimatische Pflanzen-Verzeichniß ist ohnstreitig von großem Werth, und gewiß jedem Garten Liebhaber so angenehm als nützlich.

IX. Verzeichniß derjenigen Pflanzen, welche im Churfürstlichen Orangen-Garten zu Dresden vom Jahr 1795 bis 1796. bei dem Hofgärtner Herrn Seidel zum erstenmale geblühet haben.

X. Verzeichniß von holzartigen Pflanzen, oder Bäumen und Sträuchern, welche nebst mehreren andern Gattungen im Jahre 1795. bei dem Herrn Hofcommissair Börner in Dreßden geblühet haben.

XI. Belehrende Nachrichten für Pflanzen-Liebhaber, die entweder kein Gewächshaus haben, oder ihre Vorräthe von Gewächshaus-Pflanzen in demselben nicht alle unterbringen können, ebenfalls vom Herrn Hofcommissair Börner. — Einer ähnlichen Methobe hat sich der verstorbene Herr Lieutenant Ranfft zu Freyberg, bey Auswinterung seiner Aurikeln bedient, und in der zu Meißen herauskommenden Aurikel-Flor im 1sten Hefte umständliche Nachricht davon gegeben. —

XII. Nachricht, wie die zwiebelartigen Gewächse vom Vorgebirge der guten Hofnung, sich in den mit Bretern oder mit Mauer eingefaßten Beeten in dem harten Winter 1794. bis 1795. gehalten haben, von Herrn Wendland.

XIII. Merkwürdige Ausartung der Hemerocallis Fulva, aus dem zweiten Bande der Abhandlung der Linneischen Societät in London 1793. 4. gezogen.

XIV. Vorläufige Bemerkungen über den Anbau und die beßere Benutzung des eßbaren Cypergrases, oder der Erdmandeln, Cyperus esculentus Linn.

Der Einsender dieses Aufsatzes hat versprochen, seine fernern Beobachtungen über den Anbau und die Behandlung des Cypergrases künftig ebenfalls mitzutheilen; welches sehr zu wünschen wäre. —

XV. Beschreibung einer vermuthlich neuen Pflanze aus der Familie der Kürbisartigen Gewächse.

XVI. Bemerkungen über die Ursache des in den Jahren 1794 und 1795 entstandenen beträchtlichen Mis-

wachſes an vielen Bäumen und Pflanzen, mit Vor-
ſchlägen, wie für die Zukunft den äußerſt nachtheili-
gen Folgen deßelben zu begegnen ſeyn mögte.
XVII. Anzeige für Blumenfreunde.
XVIII. Garten Litteratur.
XIX. Garten Proſpekte.
XX. Erklärung der Kupfer.
XXI. Eine Ankündigung des Plauiſchen Grundes bey
Dreßden, mit Hinſicht auf Naturgeſchichte und ſchö-
ne Gartenkunſt, vom Herrn Profeßor Becker.

Mit Ungedulb erwarte ich die Erſcheinung dieſes
gewiß vortreflichen Werkes, weil von dem Mahler des
Seifersdorfer Thales nichts Mittelmäßiges zu hoffen
iſt, und wird jeder Liebhaber der ſchönen Natur es
mit Freuden empfangen! —

---

2. Taſchenbuch auf das Jahr 1797. für Natur-
und Gartenfreunde, mit Abbildungen von
Hohenheim und andern Kupfern.

Dies Werk hat, (einige Auſſätze von Chriſt und
andern der Gärtnerey verſtändigen Männern ausgenommen,) wenig Werth; man müßte denn das einen
Werth nennen, daß die zum Theil ſehr albern in ei-

nem Garten angebrachten städtischen Gebäude der Römer, hier den Publikum bekannt gemacht werden, die ehedem der despotismus einem bürgerlichen Auge verborgen hatte,*) es wäre aber gut, wenn der Garten immer verschloßen geblieben wäre; denn Rec. kann nichts anders sagen, als daß mit dergleichen Beschreibungen, die überdies keinen Pinsel des Mahlers des Seifersdorfer Thals verrathen, Zeit und Papier verlohren seyn würde, wenn man aus diesen Büchelgen, das vorne ein teutscher und ein französischer Calender schmückt, weitläuftige Auszüge liefern wollte.

3. Fränkischer Haushaltungs und Wirthschafts= Calender auf das Jahr 1797. von G. F. Forstner. 4. Schwabach bey Johann Martin Friedrich Mizler.

Freylich nur ein Calender! — — er enthält aber mehr Brauchbares und Nützliches als manches, mit so vielen unnöthigen Zierereyen ausgeschmüktes Taschenbuch. Der Inhalt ist

1. Abwechselung mit den Gewächsen.

---

*) siehe Archenholz Minerva.

2. Nicht die starke Kälte, sondern die mit Feuchtigkeit begleitete Kälte, beschädigt den Weinstok und andere Pflanzen.

3. Zu solchen Gewächsen, bey deren Anbau immer noch allgemeine Vorurtheile herrschen, und bey welchen man sich noch nicht entschließen konnte, sie zum öftern aus Samen zu erziehen, rechne ich besonders die Erdäpfel.

4. Verbeßerungen des Erdreichs.

5. Beßerungs-Mittel eines leichten Bodens durch Steine.

6. Die Nothwendigkeit des Pflügens, oder Ackerns.

7. Kenntniß von der guten Lage eines Feldes, eines Gartens, und eines Weinbergs.

8. Anweisung, wie der Dünger am vortheilhaftesten und zuträglichsten auf unsere Getraidearten wirkt, und angewendet werden muß.

9. Das Unkraut.

10. Die Abwechselung mit dem Saamen.

11. Ein gewöhnlicher Fehler, den immer noch die Forstbedienten bey dem Anbau junger Eichbäume begehen.

12. Verschiedene Obstbäume verlangen eine besondere Behandlungsart.

13. Aufgestellte Beyspiele: daß man in einigen Ländern, die Braache kaum mehr dem Namen nach kennt.
14. Vom Eden.
15. Der meiste Saame kann viele Jahre aufbewahret werden, ohne das Vermögen zu keimen zu verlieren.
16. Was bringt wohl die große Verschiedenheit, und den so sehr verschiedenen Geschmack der Früchte zu wege?
17. Ein erläuterter falscher Ausdruck der mehresten Landleute.
18. Die Braache.
19. Vorschrift das mehrere oder mindere Herumackern der Felder betreffend.
20. Das Verpflanzen mancher Pflanzen, vorzüglich der Baumarten.
21. Der Flachsbau.
22. Anweisung zu Anlegung einer Baumschule.
23. Das stärkste Beförderungs=Mittel alles Wachsthums.
24. Das thierische Leben der Pflanzen.
25. Die Wurzeln der Pflanzen.
26. Blätter der Pflanzen.

27. Der Stamm des Baums, und seine Aeste.
28. Erklärung des Eingangs und des Laufes der Säfte in den Pflanzen.
29. Geschichte des Wachsthums.
30. Der Nahrungssaft der Pflanzen.
31. Die Ausdünstung der Blätter.
32. Die Blüthen; oder die Kenntniß von der Befruchtung der Blätter.
33. Die sogenannten tauben Blüthen einiger Gewächse.
34. Das Alter der Bäume.
35. Der Thau.
36. Der Nebel.
37. Der Schnee.
38. Der Hagel.
39. Der Reif.
40. Der Frost.
41. Das Sonnenlicht.

Manche Aufsätze verdienen allerdings eine weitere Entwickelung und Auseinandersetzung; man muß aber nicht übersehen, daß dieser Calender nur für den Landmann und Garten-Besitzer, der niedern Menschen-Claße bestimmt ist, und diese darf mit physicalischen, gelehrten Abhandlungen wohl nicht durchgehends be-

schweret werden: es ist daher das Gute in diesem Ca:
lender auf keine Weise zu verkennen. —

---

4. Taschenbuch für Blumen= Küchen= Feld= Gar=
ten= und Landwirthschaftsfreunde. 8. Halle
beym Kunsthändler Dreyßig.

Der ungenannte Sammler sagt in der Anrede an
seine Leser selbst, daß für jede Gegend manches nicht
paßen würde, welches der Fall bey allen Büchern ist,
so die Verrichtungen in Feld und Gärten, nach den
Monaten anweisen, und will ich nur eines aus meh=
reren anführen, so die Richtigkeit meines Satzes
beweisen wird. S. 13. will der Verfaßer im Monat
Mai erst seine Nelken versetzen; wir sind jetzt noch
im April und ich könnte demselben in meinem Garten
zeigen, daß der größte Theil meiner Nelken schon
spindelt, und ein Theil derselben schon gestängelt wird.
Das Büchel selbst ist in 3 Abschnitte eingetheilt. Der
1. enthält: Monatliche Verrichtungen des Blumen=
Gärtners.
2. Monatliche Verrichtungen des Küchengärtners.
3. Monatliche Verrichtungen in der Haus= und Land=
Wirthschaft.

Uebrigens enthält dieses Büchelchen mancher Gute, wenn gleich nichts neues. —

---

5. Vorerkennung der Witterung jeden Jahres, jeden Monats, jeder Woche; für den Bürger und Landmann. Von Johann Ephraim Keil, des Predigtamts-Candidaten zu Merseburg. 8. Leipzig bey Heinr. Friedr. Sam. Böttger.

Es scheint dies Büchelchen nur für den Bürger und Landmann bestimmt zu seyn, allein auch der Gartenfreund würde es, als ein angenehmes Geschenk annehmen, wenn die angenommenen Grundsätze zur Vorerkennung, ihre zuverläßige Gewißheit hätten; nur erst künftige Erfahrung wird die Richtigkeit der angegebenen Sätze bestimmen, und eher läßt sich auch diese Arbeit nicht beurtheilen. —

---

6. Der deutsche Obst-Gärtner, oder gemeinnütziges Magazin des Obstbaues in Deutschlands sämmtlichen Kreisen, verfaßet von einigen praktischen Freunden der Obst-

Pflege, und herausgegeben von J. V. Sickler, Pfarrer zu Klein-Fahnern in Thüringen, mit ausgemahlten und schwarzen Kupfern 8. Weimar 1797. 1tes 2tes und 3tes Heft.

Dies Werk erhält sich immer noch in seinem Werthe; diese 3 Hefte gehören zum siebenten Bande. Der erste Heft enthält;

Erste Abtheilung.

I. Besondere Naturgeschichte der Geschlechter der Obstbäume, als Fortsetzung von S. 310. des VI. Bandes. 3. des Kirschbaums.

II. Birn-Sorten. Die grüne Herbst Zuckerbirne Taf. 1. Die Schweizer-Hose Taf. 2.

III. Aepfel-Sorten. Der braune Matapfel. Taf. 3.

Zweite Abtheilung.

I. Obst-Plantagenwesen. Vom Baumschnitte, und zwar Methode des Herrn O. Pf. Christ.

II. Ueber die Witterung des 1796sten Jahres, und deren Einfluß auf die Obst- und Baumpflege.

III. Pflanzung junger Obstbäume, in Rücksicht der Zeit des Herbstes oder des Frühjahres.

IV. Ueber die Pomologie der Alten. Theophrast, von der Natur-Wissenschaft der Gewächse. Fortsetzung.

Der zweite Heft enthält.

Erste Abtheilung.

I. Besondere Natur-Geschichte der Geschlechter der Obstbäume; und zwar 3, des Kirschbaums.
II. Birn-Sorten. No. 36 die große Blanquette, mit langem Stiele.
III. Aepfel Sorten. No. 27 der englische Königsapfel No. 28 die graue Reinette.

Zweite Abtheilung.

I. Obst-Plantagenwesen. Vom Baumschnitte, und zwar Methode des Herrn D. Pf. Christ. Fortsetzung.
II. Ueber den Weinbau.
III. Erfahrungen beym Oculiren nach verschiedenen Methoden.
IV. Vorschlag, wie die Obstkultur zu einem Haupt-Nahrungszweige gebracht, und scientivisch behandelt werden könnte.
V. Pomologische Correspondenz.

VI.

VI. Pomologiſche Litteratur.
VII. Anzeige.

Der dritte Heft enthält:

Erſte Abtheilung.

I. Beſondere Naturgeſchichte der Geſchlechter der Obſt=
bäume; 3, des Kirſchbaums. Fortſetzung.

II. Birn=Sorten. No. 37 Bergamotte Craſſane. No. 38
die Pfundbirn.

III. Aepfel=Sorten. No. 29. der Winterſtreifling.

Zweite Abtheilung.

I. Obſt=Plantagenweſen. Vom Baumſchnitte, und
zwar nach Herrn D. Pf. Chriſts Methode. Fort=
ſetzung.

II. Ueber die Pomologie der Alten.

III. Pomologiſche Correspondenz.

Den folgenden Heften ſehe ich mit Ungeduld
entgegen.

─────────

7. Pomologiſches Cabinet.

Erſte, zweite und dritte Lieferung, jede Lie=
ferung hat 4 Aepfel, 4 Birnen, zwei Pflaumen und
2 Kirſchen, ſauber und täuſchend treffend, in Wachs

geformt und ist dies ohnstreitig ein sicheres Mittel, richtige pomologische Kenntniß zu befördern.

Die erste Lieferung enthält.

I. Aepfel.
1. Die weiße Reinette; Reinette blanche.
2. Der rothe Sommer-Rosen-Apfel. Pomme rose rouge d'ete.
3. Der gestreifte Winter-Erdbeer-Apfel. Calville rae gé d' hyver.
4. Der rothe Tauben-Apfel. Pigeon rouge.

II. Birnen.
1. Die Franz Madame. Poire Madame.
2. Der Sanct Herrmann. Le saint Germain.
3. Die Venusbrust. Tetton de Venus.
4. Die Straßburger Bergamotte. Bergamotte de Strasbourg.

III. Pflaumen und Zwetschen.
1. Die große Königin Claudie. La grosse reine Claude.
2. Die türkische Zwetsche. La prune Datte.

IV. Kirschen.
1. Die Herzogen-Kirsche. Cerise roiale. — Cerise de Montmorency.
2. Die Ostheimer Kirsche.

Zweyte Lieferung.

I. Aepfel.

5. Der rothe Sommer-Erdbeer-Apfel. Caville rouge d' Eté oder la pomme de Fraise.
6. der graue Kurzstiel. Courtpendu gris.
7. Der große oder der englische Pipping. Le grand Pepin.
8. Der Winter-Borstorfer. Reinette de Misnie. Reinette batarde.

II. Birnen.

5. Die lauge Schweißer-Bergamotte. Bergamotte suisse longue.
6. Die Hammelsbirne.
7. Die runde Sommer-Bergamotte. La Bergamotte ronde d' Eté.
8. Die Roberts-Muskatellerbirn. Muscat Robert.

III. Pflaumen und Zwetschen.

3. Die grüne Zwetsche.
4. Die cyprische Eyer-Pflaume. Prune de Chypre.

IV. Kirschen.

3. Die große schwarze Herz-Kirsche. Guignier á gros Fruit noir.
4. Die kleine Frühamarelle. Petite cerise rouge précoce.

Dritte Lieferung

I. Aepfel.

9. Der Veilchen-Apfel. La pomme violette d' Eté.
10. Der rothe Fenchel-Apfel. Fenouillet rouge.
11. Der weiße Winter Calvill oder Cardinal. Calville blanche d' hiver.
12. Der gelbe Stettiner.

II. Birnen.

9. Die Jagdbirne. Echasserie.
10. Die lange Mundnetzbirn. Mouille bouche longe.
11. Die lange Sommer-Bergamotte. Bergamotte d' Eté longue.
12. Die Schweitzerhose. Bergamotte panaché.

III. Pflaumen und Zwetschen.

5. Die kleine Mirabelle. La petite mirabelle.
6. Die große Mirabelle. Mirabelle double.

IV. Kirschen.

5. Die große Mai-Kirsche, oder Früh-Weichsel.
6. Die kleine weiße Früh-Kirsche. Petit Bigarreau halif.

In der zweyten Lieferung ist ein Druckfehler vorgegangen, indem bey den Pflaumen, die grüne Zwetsche sub. No. 3. und die Cyprische Eyer-Pflaume sub. No. 4. stehen soll. Jeder Lieferung ist ein Verzeichniß beygelegt, worinnen die Zeitigung oder die Reife auch die Dauer der Früchte angezeigt wird. Die Fortsetzung dieses Cabinets wird gewiß jedem denkenden Pomologen angenehm seyn, und man kann zu deßen Lobe nicht mehr sagen, als: „komm und siehe!" —

---

8. Kurze Beschreibung der gefährlichsten Giftpflanzen für Kinder und Ungelehrte. Erstes Heft mit neun Kupferstichen von J. H. A. Duncker, Prediger zu Rathenau. Brandenburg 1796.

Herr Pastor Duncker hat, wie er selbst sagt, blos die Absicht, Kindern und Ungelehrten, einige Kenntniß der vorzüglichsten Giftpflanzen unsers Vaterlandes mitzutheilen, um dadurch die traurigen Zufälle zu verhindern, die durch den unvorsichtigen Genuß derselben hervorgebracht werden; um dies leichter zu bewirken, hat er die kunstlosen Beschreibungen, so drucken laßen, daß sie mit den Kupfern, auf Pappe geklebt, in Schulen angehängt, und der Jugend gezeigt werden können. Er erbietet sich auch, die natürlichen Pflanzen, auf Papier geklebt, und mit einem Firniß überzogen, gegen ein billiges honorarium zu liefern, wenn solche zeitig in frankirten Briefen, bey ihm bestellt werden. Die gute lobenswerthe Absicht dieses Mannes wird gewiß Niemand verkennen, und wäre zu wünschen, daß in jeder Land-, und Stadt-Schule ein Exemplar dieses Büchels, oder vielmehr Gifttafeln zu finden sey, und sich der Lehrer die Mühe nehmen möchte, erst sich und dann seine Schüler, mit den so schädlichen Giftpflanzen bekannter zu machen; — dieser erste Heft enthält neun Tafeln, und wird die Fortsetzung versprochen. — Den höhern Garten- und Pflanzen-Kennern ist alles dies, aus Gmelins Geschichte der Pflanzen-Gifte, und Halles Gift-Pflanzen, besser bekannt, und auch für diese, die Gifttäfelchen nicht gemacht.

VI.

Anzeigen.

1. Endesbenannter hat sich seit mehr als zwanzig Jahren mit der Blumistik beschätiget, und es so weit damit gebracht, daß er eine ansehnliche Sortenmenge, der vorzüglichsten klaßischen Nelken, engli-

schen und Lulfer Auriteln, holländischen Tulipanen und Ranunteln, alle nach Nummern und Nahmen besitzet, wovon die gedruckten Verzeichniße auf Verlangen gratis ausgegeben werden.

Gegenwärtig macht derselbe den Blumenfreunden, eine neue Art von Nelken bekannt, die ein Mittel-Geschlecht zwischen unserer bekannten Feder-Nelke und der so schönen Garten-Nelke, oder Graßblume seyn soll, und englische Pinks heißen.

Diese so artigen, als wirklich angenehmen Geschöpfe sind ein engländisches Product; sie werden in ihrem Vaterlande sehr geschätzt, und sollen hauptsächlich große Lieblinge der Damen seyn. Sie haben eine gezähnte, Federnelkenartige gefüllte Blume, die auf jedem Blatte mit einem bald größern, bald kleinern Gamsenartigen Spiegel, sanft und angenehm getuscht ist, der entweder in einem verschieden farbigen röthlichen oder weißen Grunde stehet, welcher die Einfaßung oder Peripherie ausmacht.

Gewiß sind diese Art Nelken nicht nur ihres sanften freundlichen Charakters, und vortreflichen Geruchs wegen, ein angenehmes Geschenk der Natur, sondern auch den Blumenfreunden vorzüglich deswegen schätzbar, weil sie zu einer Zeit floriren, wo das sanfte

Aurikel und die prangende Tulpe, mit ihren Schön=
heiten entschlummert sind, und die so allgemein be=
liebte Garten=Nelke ihre blätterreiche Knospe erst zu
entwickeln strebt.

Außerdem unterhält auch der Besitzer der obigen
Blumen=Geschlechter, ein Sortiment englischer Sta=
chelbeere nach Nummern und Namen, die sich durch
eine besondere Größe, einen vorzüglich guten Ge=
schmack, die Farbe der Früchte, und selbst durch ein
fetteres und größeres Laub von unsern gewöhnlichen
Stachelbeeren gar merklich auszeichnen.

Liebhaber und Blumenfreunde belieben sich in
ganz postfreien Zuschriften unter nachstehender Addresse
zu wenden.

An den
Churfürstl. Sächsischen Garnison=Cantor
Samuel Gottlob Pfeilschmidt
in Dreßden.

Von allen diesen Blumen und Stachelbeeren hat
Herr Garnison=Cantor Pfeilschmidt besondere Ver=
zeichniße drucken laßen, die bey ihm gratis zu haben
sind; und muß der Herausgeber versichern, daß deßen
Sammlungen jeder Holländischen zur Seite stehen
können.

2. Herr Doctor Seelig in Planen hat im Januar 1797. sein Verzeichniß eines Sortiments englischer Aurikel herausgegeben, die er unter folgenden Bedingungen zum Verkauf anbietet.

1. Wer die Wahl ihm überläßt, und wenigstens ein oder zwey Dutzend verschreibt, erhält das Dutzend vor 3 Rth. — sächsisch.
2. Wer noch einmal soviel oder mehrere Sorten verschreibt, als er haben will, erhält ebenfalls das Dutzend vor 3 Rth. — Sächsisch.
3. Wer aber Stückblumen verschreibt, das heißt, wer bestimmt diese und keine andere Sorten haben will, muß vor jede Sorte unabänderlich 12 gr. — zahlen.

Der Herr D. sagt, wer nur einigermaaßen, mit den Preisen der Aurikeln bekannt wäre, und wer da wisse, wie langsam und sparsam sie sich vermehreten und wie leicht sie während der Zeit dem Verderben unterworfen wären, der würde gewiß diese Bedingungen äußerst billig finden, und hoffentlich nicht noch geringere Preise von ihm verlangen. Da er die Aurikeln bloß zu seinem Vergnügen unterhielte, und also keine Kosten, um die schönsten Sorten zu erhalten, gespart hätte, und da er ferner schon seit 8 Jahren, die schönsten Sorten aus Saamen durch künstliche Befruchtung selbst erzogen habe, und auch diese nicht eher in sein Sortiment aufnähme, bis sie zwey oder dreymal bey ihm geblühet hätten; so könnte sich jeder Blumen-Liebhaber darauf verlaßen, daß alle darinnen enthaltene Sorten von vorzüglicher Schönheit wären.

Die Pflanzen wären alle selbstständig, gesund, stark und blühbar.

Die Nummern, die am Ende mit dem Buchstaben S. bezeichnet zu finden, wären Sämlinge von ihm.

Das Verzeichniß der Luiler, würde erst aus bewegenden Ursachen nach der Flor gedruckt werden.

Da er auch von diesen gegen 400 verschiedene, und gewiß vorzüglich schöne Sorten besäße, so könnten Liebhaber auch diese mit Nummern und Namen das Dutzend zu 3 auch zu 2 Rth. — von ihm erhalten. —

Die Verzeichniße sind bey ihm gratis zu haben, wenn man sich postfrey an ihn wendet.

---

3. Herr Johann Caspar Lehr, Gräflich Einsiedelscher Gärtner zu Gersdorf bey Roßwein, wird nach der Nelkenflor ein neues Verzeichniß seiner mehrentheils aus eigenen Zöglingen bestehenden Nelken-

Sammlung herausgeben, welches jedermann gratis erhalten soll. —

---

4. Der Herausgeber dieses Journals hält es vor Schuldigkeit seinen Freunden und Correspondenten die Ursache anzuzeigen, warum er die ihm zugeschickten Verzeichnisse nicht mit hat abdrucken lassen. Er hat es sich bisher zum Vergnügen gemacht, jedermann hierunter gefällig zu seyn, hat auch solches ohne alles Interesse gethan; theils aber ist er von andern Freunden ersucht worden, diese Anzeigen einzuschränken, theils auch von einigen Garten=Journalisten darüber sehr hämisch behandelt worden, ja sogar hat einer der letztern, in dem nehmlichen Journale, in welchem er einen bekannten Nelken=Catalog von 22 Seiten eingerückt; sich sehr unartig über die, in diesem Journale mit abgedruckten Catalogen aufgelassen, und schwerlich an Langbeinen gedacht, der zu dummen Kunst=Richterchen sagt!

Denkst du etwa, du hast den Blick des Falken?
Und willst die Splitterchen aus meinem Auge ziehn?
O armer Schächer gehe hin,
Und zieh aus deinem erst die Balken!

Nicht aus Furcht vor den letztern, sondern aus Liebe und Freundschaft vor meine Leser, sollen künftig alle Catalogs, auch sogar der meinige hinweg bleiben, und werden diejenigen meiner Freunde, denen ich hierunter gefällig gewesen, es billig finden, wenn ich ihnen ferner nicht willfahren kann; da ich doch den Wünschen des größern Theils nachgeben muß: doch soll es Jedermann frey stehen, seine Blumen- und Garten-Geschäfte, in gedrängter Kürze in diesem Journale bekannt zu machen; ohne daß einige Gebühren für das Einrücken derselben bezahlt werden dürfen.

Gleich nach der Nelkenflor, soll mein Verzeichniß gedruckt erscheinen, und jedermann gratis zu Diensten stehen. —

VII.
Todesfall. *)

In diesem 1797sten Jahre ist Herr Professor Theil, zu Dreßden, ein Mann, der wegen seiner besondern Kenntnisse, in seinem Fache sowohl, als wegen

---

*) Da auch über diesen Artikel, in einem neuern Garten-Journale eine witzige Bemerkung gemacht wor-

seiner besitzenden zwar nicht großen, aber ausgesucht schönen Aurikel- und Nelken-Sammlung bekannt war, mit Tode abgegangen. Die schönen Künste haben dadurch einen ihrer eifrigsten Verehrer, die Blumisten einen warmen Freund, die Welt überhaupt aber einen edeln Mann verlohren. — Seine Blumen-Sammlung soll Herr Hofgärtner Ludewig im Japanischen-Palais-Garten, in Neustadt bey Dreßden käuflich an sich gebracht haben. —

---

den, so halte ich vor nöthig, hier zu erklären (weil wahrscheinlich der Herausgeber dieß nicht eingesehen hat) daß nur Todesfälle von Naturliebhabern, großen Gärtnern und Blumisten, in diesem Journale, wenn mir solche zur Wissenschaft kommen, mit bemerkt werden, weil solche Nachrichten gleichen Liebhabern gewiß nicht unangenehm seyn können, wenn gleich jener Herausgeber wenig Interesse dabey fühlt.   d. H.

Inhalt.

I. Rhapsodische Bemerkungen über die Cultur und Erziehung der Nelke, vom Senat. Sellert in Plauen.   385

II. Einige Vorsichts-Regeln bey Erziehung eines guten Nelken-Saamens.   398

III. Beschreibung des englischen Parks zu Hagley.   401

IV. Vermischte Nachrichten.   447

V. Neueste Garten-Litteratur.   452

VI. Anzeigen.   470

VII. Todesfall.   476

www.ingramcontent.com/pod-product-compliance
Lightning Source LLC
Chambersburg PA
CBHW051900300426
44117CB00006B/472